本书出版受厦门大学南洋研究院"南洋文库"项目资助

南洋文库

多元族群社会的族群政治
马来民族主义和马来西亚的建国

Racial Politics in Multiracial Society:
Malay Nationalism and the Nation Building of Malaysia

[马来西亚] 陈中和 (Chin Chong Foh) 著

中国社会科学出版社

图书在版编目（CIP）数据

多元族群社会的族群政治：马来民族主义和马来西亚的建国／（马来）陈中和著．—北京：中国社会科学出版社，2021.3（2024.4 重印）
（南洋文库）
ISBN 978-7-5203-7775-1

Ⅰ.①多… Ⅱ.①陈… Ⅲ.①政治—研究—马来西亚 Ⅳ.①D733.8

中国版本图书馆 CIP 数据核字（2021）第 024641 号

出 版 人	赵剑英
责任编辑	宋燕鹏
责任校对	王　龙
责任印制	李寡寡

出　　版	中国社会科学出版社
社　　址	北京鼓楼西大街甲 158 号
邮　　编	100720
网　　址	http：//www.csspw.cn
发 行 部	010-84083685
门 市 部	010-84029450
经　　销	新华书店及其他书店
印　　刷	北京明恒达印务有限公司
装　　订	廊坊市广阳区广增装订厂
版　　次	2021 年 3 月第 1 版
印　　次	2024 年 4 月第 2 次印刷
开　　本	710×1000　1/16
印　　张	16.5
字　　数	192 千字
定　　价	89.00 元

凡购买中国社会科学出版社图书，如有质量问题请与本社营销中心联系调换
电话：010-84083683
版权所有　侵权必究

目 录

第一章 绪论 …………………………………………（1）
 第一节 导言 ………………………………………（1）
 第二节 族国主义、国族主义与国族整合之路 …………（5）

第二章 近代马来社会的传统文化和政治秩序 …………（15）
 第一节 西方殖民前马来社会的统治秩序 ………………（15）
 第二节 马来封建统治权威的来源 ………………………（24）
 第三节 英国法律在马来亚的建立：马来民俗和
     伊斯兰法律的制度化 ………………………（29）

**第三章 马来亚多元族群社会的形成与马来民族
   主义的兴起** ……………………………………（45）
 第一节 英殖民时期马来亚多元族群社会的形成 ………（45）
 第二节 英国分而治之的殖民统治 ………………………（51）
 第三节 太平洋战争前马来民族主义的兴起 ……………（64）

第四章 日本殖民统治时期马来亚的族群关系 …………（86）
 第一节 太平洋战争与马来亚的抗日运动 ………………（86）

第二节　马来亚联盟的出台 …………………………………（94）
　　第三节　日本殖民统治时期的民族政策与
　　　　　　族群矛盾的激化 ………………………………………（99）

第五章　从马来亚联盟到马来亚联合邦 ………………………（107）
　　第一节　马来人大团结运动和巫统的创立 …………………（107）
　　第二节　马来亚联合邦的成立 ………………………………（116）
　　第三节　首次跨族群的党派合作：《马来亚人民
　　　　　　宪法草案》的出台 …………………………………（123）

第六章　从排外到协商：独立前马来民族主义的转变 ………（131）
　　第一节　马来亚联合邦开放公民权的争议 …………………（131）
　　第二节　东姑阿都拉曼执掌巫统以及联盟的组成 …………（137）
　　第三节　从排他到包容：东姑阿都拉曼民族主义
　　　　　　观之转变 ………………………………………………（145）

第七章　马来亚立国的宪政规划 ………………………………（153）
　　第一节　独立前夕华人社团争取平等权益 …………………（153）
　　第二节　相互妥协的立宪谈判 ………………………………（161）
　　第三节　马来亚《联邦宪法》对马来民族
　　　　　　主义的意义 ……………………………………………（170）

第八章　马来西亚建国后马来人领导权的再巩固 ……………（181）
　　第一节　从东姑阿都拉曼的观点看建国初期的
　　　　　　国族整合 ………………………………………………（181）

第二节 "五·一三"事件与巫统一党独大体制的
　　　　建立 ………………………………………… (186)
第三节 马来西亚建国初期伊斯兰党对巫统的
　　　　挑战 ………………………………………… (194)
第四节 马来领导权体制的推动与新经济政策 ……… (202)

第九章　结语：对马来民族主义运动的总结与反思 ……… (214)

参考文献 ……………………………………………………… (224)

后　记 ………………………………………………………… (253)

图 目 录

图 3-1 马来人认同的三大要素 ……………………（81）
图 7-1 马来人认同的三大要素在马来西亚宪法的
　　　　呈现 ………………………………………（171）

表 目 录

表1-1　2010年马来西亚全国公民人口统计 ……………（2）

表3-1　英属马来亚（含新加坡）的总人口：1911年至1947年 ……………………………………（49）

表3-2　太平洋战争前后马来人政治思潮的分类 ………（67）

第 一 章

绪　　论

第一节　导言

马来西亚（Malaysia）是一个新兴多元族群的联合邦（federation）国家，由于其特殊的地理位置，一千多年以来，它就是多元宗教、多元族群并存的地区，马来亚（按：马来亚即马来西亚的前身）于1957年8月31日以和平协议的方式脱离英殖民统治，英国国会委托一群英联邦（British Commonwealth of Nations）的法律专家们仿照英国君主立宪的议会民主体制，[①] 以自由和公义（liberty and justice）的原则制定马来亚

[①] 1956年1月18日至2月6日英方和马方的代表在决定马来亚独立的伦敦会议上一起订出了一个制宪参考事项（term of reference）："将建议使这个国家拥有一个在英联邦之内，以两院制的议会民主为基础，单一，自治的政府单位和联邦形式的宪法。"见 Federation of Malaya Constitutional Commission, *Report of the Federation of Malaya Constitutional Commission* 1957, *Colonial* 330, London：HMSO, 1957; Wu Min Aun, *The Malaysian Legal System*. Kuala Lumpur：Addison Wesley Longman Malaysia Sdn. Bhd, 1999, pp. 39 – 40; R. H. Hickling, *Essays in Malaysian Law*. Petaling Jaya：Pelanduk, 1991, p. 91。

宪法，① 并因应英国君主立宪的传统订定马来社会的传统信仰伊斯兰教为国家宗教（state religion）。

在1957年马来亚独立建国时，马来人有约312万5000人，占总人口的49.8%，华人有约233万4000人；占人口的37.2%，印度人则有约70万7000人；占11.3%，② 依据2010年的人口统计，马来西亚人口分布如表1-1所示。

表1-1　　2010年马来西亚全国公民人口统计③

	马来人	其他原住民	原住民总人口	华人	印度人	其他族群	合计	非公民人数
全国人口合计	14191720	3331788	17523508	6392636	1907827	189385	26013356	2320770
占全国总公民百分比	54.56%	12.8%	67.36%	24.57%	7.34%	0.73%	100%	—

---

① 马来亚宪法并没有前言，故关于宪法的基本原则必须参照《马来亚独立宣言》和相关的代表性著作。《马来亚独立宣言》宣示"马来亚宪法是用以保障最高统治者的权力和特权以及人民的基本权利与自由，并作为以议会民主为基础的君主立宪体制让马来亚联邦和平和有秩序的发展"，"马来亚联邦将永远是一个立基于自由和公义，寻求它人民的福利和幸福并在世界各国间维持正义的和平的独立自主和民主主权的国家"。相关的讨论可参考以下著作：R. H. Hickling, *Essays in Malaysian Law*. pp. 92 – 93；R. K. Vasil, *Ethnic Politics in Malaysia*. New Dehli：Radiant Publishers, 1980, pp. 48 – 49；Tunku Abdul Rahman Putra Al-Haj, *Looking Back：Monday Musings and Memories*, Kuala Lumpur：Pustaka Antara, 1977, p. 96。

② H. Fell, J. M. N, *Population Census of the Federation of Malaya Report No. 14*, Kuala Lumpur：Department of Statistics, 1957, p. 20.

③ Department of Statistics Malaysia, "Table 2.1：Total Population by Age Group, Sex, Ethnic Group and Stratum and State, Malaysia, 2010", in *Population Distribution and Basic Demographic Characteristics* 2010, Putrajaya：Department of Statistics Malaysia, 2011, pp. 15 – 16.

因此马来西亚自独立以来，就一直是个族群界限分明的多元族群国家。虽然如此，马来西亚的《联邦宪法》（*federal constitution*）也特别授予马来人和原住民土著特殊的地位和权利，如《联邦宪法》第 32 条规定联合邦最高首长是最高元首（Yang di-Pertuan Agong），其地位在联合邦所有人之上，这位最高元首是由统治者会议从各州九位世袭的统治者中所选任，① 任期为 5 年，而拥有世袭统治者的相关州属，其州宪法亦有规定其统治者必须是马来人和伊斯兰信徒，从而确保了国家的最高元首必然为马来人和伊斯兰信徒；《联邦宪法》第 153 条也规定最高元首必须有责任保护马来人与沙巴及砂拉越任何一州原住民的特殊地位（special position），它们包括了马来人和土著（Bumiputra）在经济、教育、公务人员任用、社会等领域上的若干优先权或特权；② 为此，《联邦宪法》第 8 条虽规定法律面前人人平等，人人都享有法律的同等保障，不得以宗教、种族、血统、出生地或性别理由而歧视公民，却也在此条款内特别列出了一些排除事项：如保护马来半岛原住民福利、在公务体系中保留适当、合理比例的职位给原住民，设立只有马来人组成的马来军团等事项。

另外，马来西亚由于其地理环境和西方殖民经验，自 20 世纪以来国内就一直存有稳定的伊斯兰教、印度教、基督宗教、③

---

① 马来西亚拥有 3 个中央管辖的联邦直辖区，4 个没有世袭统治者的州属，以及 9 个拥有世袭统治者的州属，有世袭统治者的州属是霹雳（Perak）、雪兰莪（Selangor）、彭亨（Pahang）、森美兰（Negeri Sembilan）、登嘉楼（Terengganu）、吉兰丹（Kelantan）、柔佛（Johor）、吉打（Kedah）和玻璃市（Perlis）。

② 由于记载之马来人拥有特权的项目繁多，故《宪法》第 153 条为所有 183 条宪法中最冗长者。

③ 此基督宗教乃是指包含一切信仰耶稣基督的宗教，即天主教、基督新教等。

佛教和道教的信仰族群。① 故马来西亚在 1957 年立国之初，尽管以伊斯兰教为国教，穆斯林却仅占总人口的相对多数。唯伊斯兰教在马来西亚独立后就一直享有优势的地位，其地位反映在政府大力资助的伊斯兰教活动和伊斯兰教的相关设施，以及国家支持的伊斯兰法律体系。虽然如此，马来西亚《联邦宪法》亦设立了一系列相应的人权保障条款，如第 3 条第 1 款亦保障了其他宗教活动的自由："伊斯兰教为联邦之宗教；唯其他宗教可在安宁与和谐中在联邦任何地方奉行。"②《宪法》第 11 条之第 1 款也规定"人人皆有权信仰及奉行其本身之宗教"。然而，非伊斯兰教在法理上仍不能享有与伊斯兰教完全平等的地位，如《宪法》第 11 条第 4 款就明文授权地方政府有权立法禁止或"取缔"任何向穆斯林传播非伊斯兰宗教的活动。③

由此可见，马来西亚在立国之始，就是一个强调马来族群和伊斯兰教领导地位的国家。然而，上述的数据显示，马来西亚在 1957 年建国之初，并没有任何一个族群占绝对多数，相对多数的马来人也没达到总人口的半数，④ 它是一个没有任何族群

---

① 根据 2010 年的人口普查结果，马来西亚的宗教信仰人口如下：伊斯兰教 61.3%、佛教 19.3%、基督教 9.2%、印度教 6.8%、道教及其他华人传统宗教为 1.3%，或无信仰者为 2.1%。又，马来西亚每隔 10 年才会进行详细的人口信仰和职业等的普查，前三次为 1970 年、1980 年和 1991 年。见佚名《印裔 7.3% 非第三多人口》，《星洲日报》2011 年 7 月 30 日第 3 版。

② 见马来西亚《联邦宪法》第 3 条（1）原文："Islam is the religion of the Federation; but other religions may be practiced in peace and harmony in any part of the Federation."

③ 见《联邦宪法》第 11 条之 4："州法律，或就吉隆坡及纳闽和布特拉再也联邦直辖区而言，联邦法律可管制或限制向穆斯林传播任何宗教教义或信仰。"

④ Gordon P. Means. *Malaysian Politics*. London: University of London Press Ltd, 1970, p. 12.

占绝对优势的多元族群、多元宗教国家。究竟是什么样的原因，什么样的历史背景，让马来西亚在建国之初，就成为一个体制上的马来族群化和伊斯兰化的国家，我们还是要从19世纪末以来马来西亚各族群间的关系，以及马来民族主义的发展谈起。

第二节　族国主义、国族主义与国族整合之路

谈起族群，一般而言，族群的构成要素分成客观要素和主观要素两种，客观要素细分起来有外观、居住领域、血统、语言、宗教和风俗等，对此，人类自有信史文明以来就针对生物性的外显差异特别是肤色、眼睛等特征而划分出人种或种族（race），这些显而易见的差异形成人类最早的族群意识，并以此建构他们各自的文明论述。[①] 直至20世纪初，欧美学界仍然以人种差异来作为文明判定优越（superior）或低等（inferior）的分类依据。但20世纪以来人类迁移混杂的情形日逾增加，除非人为的政治控制，否则族群已经很难以客观要素来加以严格区分。[②] 当代科学界早就以基因的推断证实了当代人类拥有共同的族源，目前社会科学界普遍排除纯粹以人种（race）作为区别族群的方式：所谓人类的各个种族虽然主要依外观或体质来作为区分标准，但其只是统计学上可区分的群体，这些体质的

---

① Peter Kivisto & Paul R. Croll, *Race and Ethnicity*, NY：Routledge, 2012, p. 4.
② 但凭客观要素来界定族群，事实上会产生很大的混淆，好比美国总统奥巴马（Barrack Obama），他是非裔还是高加索裔？他的血统是高加索裔成分较多，还是非裔的成分较多？他是白色的黑人，还是黑色的白人？而这种人种混血的例子在世界各国所在多有。

差异和行为或心理差异并无关联。①

　　一些学者如王明珂认为，族群的认同，主要还是依据个人和集体的一种情感上的认知，这种情感认知，有来自个人在成长和社会化的经验中，自发性的情感依归，或来自后天的教育灌输，以建构出来的"客观标准"对族群界限作分类。这种对族群的情感认同，有追求安全感、归属感和排外的特质，它透过选择性的集体记忆（collective memories）和遗忘来建立共同血统、语言与文化特征的论述，以建立自身的族群性（ethnicity），以及一种可兹辨识的"我群意识"。② 这些学者认为，以主观为基础的族群认同，才是构成一个族群的要素，如果没有族群认同加以维系，一个族群也就会消失在历史的洪流之中。

　　虽然如此，由于显而易见的外在特征，种族一直仍然都是社会显著的族群界限，但当它发展成一个意识形态（ideology）或族群性（ethnicity）时，它就纳入了更多的文化元素如语言、宗教，以及共同历史、共享传统、共有地理溯源来加以理论化，使它成为一个族群界限的识别标志（ethnic boundary marker），让族群性更为巩固。③ 这些识别标志对内建构了一个经由美化，可供教育和传承的族群印象（ethnic image）。在建构我族的族群印象的过程中，他族的族群印象也不期然的一并建构了起来，以进一步加以美化，或"理解"我族。然而，这些对他族印象的描述往往都会流于简单化而形成刻板印象（stereotype），这些

---

　　① ［美］约翰·雷克斯（John Rex）：《种族与族类》，顾骏译，台北桂冠图书股份有限公司1991年版，第26页。
　　② 王明珂：《华夏边缘：历史记忆与族群认同》，台北允晨文化实业股份有限公司1997年版，第7—94页。
　　③ Peter Kivisto & Paul R. Croll, *Race and Ethnicity*, p.12.

刻板印象很容易使一个族群被加以定性和标签化，里头被凸显的是某些少数、被过度夸大的"族群特质"，并对不同族群间更多的共同性，和族群间相互同化的可能性视而不见，它为族群偏差的政策提供一个看似合理的借口，而最终产生了族群偏见和族群歧视。①

哈洛德·伊萨克（Harold R. Isaacs）认为，人为了寻求归属感和安全感，以及提振自尊心，乃天生有认同族群的心理要求，② 这种心理发展成族群意识，在特定的外在威胁与挑战出现时（按：不管是杜撰还是真实存在）就成为区分你我，团结族群和政治动员的能量，以寻求拯救。若团结和拯救的对象仅为国内的某个族群，这种意识形态即为族群主义，若为一国范围内之国民，这种意识形态可称为民族主义或国族主义。

民族主义或国族主义（nationalism）基本上是属于集体民族认同（national identity）的一种表述方式，③ 其对内是整合国内各次族群，达致各群体的融合，对外则是动员国内各群体以振兴国家政经实力，促进国家主权独立的一种理想或手段。④ 其中，一些国家的民族认同源自单一族群的族群认同（ethnic i-

---

① 相关的讨论，可参考 Peter Kivisto & Paul R. Croll, *Race and Ethnicity*, pp. 15–16。

② [美]哈洛德·伊萨克（Harold R. Isaacs）：《族群》，邓伯宸译，台北立绪文化事业有限公司 2004 年版，第 52—53 页。

③ 有些学者倾向把它翻译成国族主义，因为国族主义基本上"是一项政治原则，主张政治与国族的组成单元，两者必须等同一致"。见[美]艾尼斯特·葛尔纳（Ernest Gellner）《国族与国族主义》，李金梅、黄金龙译，台北联经出版事业有限公司 2001 年版，第 1 页。

④ 相关学说可参考朱谌《民族主义的背景与学说》，台北编译馆 2000 年版，第 99—106 页。

dentity），再经由族群同化的手段而将族群认同和国族认同合二为一，以促成国族的整合。①

艾瑞克·霍布斯邦（Eric J. Hobsbawm）主张民族的分类并没有如科学般的先验客观标准，②他断言民族主义早于民族的建立，即民族并非创造国家和民族主义，而是国家和民族主义创造了民族，③民族事实上就是来自民族认同和民族意识的操弄，即"民族乃是透过民族主义想象出来的产物"④。这种想象，即构成班纳迪克·安德森（Benedict Anderson）所谓的"想象共同体"，他认为18世纪的工业革命（特别是沟通工具的普遍化——印刷技术和资本主义的结合）和帝国主义的欧洲经验标志着传统宗教思维方式的终结，取而代之的是国家/民族共同体的建构，即透过传媒、教育系统和行政制度来灌输民族主义意识，是其国家建构的必经之路。20世纪后殖民国家也就依赖19世纪欧洲国族建设的模型来塑造自己的国族，并从被殖民的经验中汲取供自己民族所想象的素材，如依赖殖民者的人口统计、地图和博物馆等的制度来思考自己的共同历史。⑤如此一来则政府可动用国家机器来重构或消弭某些历史记

---

① 这种将民族和族群混为一谈的说法经常引起学界的困扰，相关讨论可参考［英］艾瑞克·霍布斯邦（Eric J. Hobsbawm）《民族与民族主义》，李金梅译，台北麦田出版社1997年版，第15—30页。

② 对此，霍布斯邦说："无论宣传家提出任何一种划分民族共同体的客观标准，都会受到各方的质疑，因为那些标准实则并不客观，几经挑战，反而变成漫无标准。"见艾瑞克·霍布斯邦《民族与民族主义》，第10页。

③ ［英］艾瑞克·霍布斯邦：《民族与民族主义》，李金梅译，台北麦田出版社1997年版，第63—101页。

④ 同上书，第12页。

⑤ ［美］班纳迪克·安德森（Benedict Anderson）：《想象的共同体：民族主义的起源与散布》，吴叡人译，台北时报出版社1999年版，第52—56、95—115页。

忆以形塑单元的国族。① 因此民族主义可说是对民族认同的一种经营与操弄，以塑造一种共同的情感，它作为一种群体动员的力量，乃经由社会的意见领袖和权力机构不断的教育和灌溉而成。

对此，穆斯塔法·惹再（Mostafa Rejai）和辛迪亚·H. 恩若（Cynthia H. Enloe）认为由于一国之民族认同和政治自主（national identity and political autonomy），以及民族整合和政治主权（national integration and political sovereignty）之间存在多变的关系，这种变动使19世纪欧洲国家的民族主义造就了族国（Nation-States），反之，战后新兴独立国家造就的却是国族（State-Nations）。② 学者朱浤源认为民族主义的发展，可分成以民族为主体或以国家为主体两大发展方向，以民族或族群为基础要求建国者，称为"族群民族主义"或"族国主义"（ethnic nationalism），③ 以国家为前提，要求境内人民相互同化与认同者，就称为"国族主义"。④

由此可见，民族主义的演进有单元化和多元化的发展脉络，传统上所指的民族主义是属于单元化"族国主义"，即力求居主宰地位的族群文化作为国家认同发展的主体，易言之，就是政治的单元和族群的单元重合一致。这种类型的民族国家，其性格来自领导族群内涵的强化。⑤ 但如此的民族主义建构可能会在

---

① ［美］班纳迪克·安德森：《想象的共同体：民族主义的起源与散布》，吴叡人译，台北时报出版社1999年版，第52—56、95—115页。

② Mostafa Rejai and Cynthia H. Enloe, "Nation-States and State Nations", *International Studies Quarterly*, Vol. 13, No. 2, Jun., 1969, pp. 140 – 168.

③ 其实按照英文原意，"族国主义"一般翻译成"族群民族主义"，笔者以为，朱浤源教授提出如斯译文，乃是方便使其和"国族主义"作一语意上的对比。

④ 朱浤源：《从族国到国族：清末民初革命派的民族主义》，《思与言》20卷2期1992年版，第7—37页。

⑤ 江宣桦：《自由主义、民族主义与国家认同》，台北扬智文化事业股份有限公司1996年版，第234—235页。

多元族群国家形塑一种族群霸权统治（ethnic hegemony），违反多元主义和自由主义的基本精神。反之，以国家为主体，让国内多元族群相互融合、平等共存的民族主义，强调的是尊重社会多元价值的共存，并尊重个体和价值的自主性，反对国家侵犯和禁制个人的种种权利和个别文化与价值的表达。由于当代国家多非单一族群所组成，"族国主义"在实践上就往往成为对内的排除异己，以强求一个单一族群的国家，其极端的形式就是族群差别待遇的体制，或甚至族群歧视。

有的学者如朱谌主张，"族国主义"所追求的"族国"，乃是人为塑造而成，属霸道之所为，其努力的成果在人类历史上几难达成；反之"国族主义"所追求的"国族"，则是自然演进而成，属自然力王道而就。① 作为矫正之道，朱谌认为当代民主国家所主张的普遍平等民权提供了一个族群整合的契机，"尤其民主政治的修养，容忍共存的精神，有助于一国之内不同的民族共享公同利益，而成互助团体，增进各民族融合凝聚为一体"②，进而演化成一国族。

虽然如此，并不是所有多元族群国家皆能顺利地朝向国族整合之路。以马来西亚为例，它自建国以来就被学界喻为一个"族群霸权国家"（Ethnic Hegemonic State），③ 除了其是因为在1969年以后由马来族群政党巫统（United Malay National Organization，UMNO）掌权，一党独大的体制之外，更是

---

① 朱谌：《民族主义的背景与学说》，台北编译馆2000年版，第17—18页。
② 同上书，第16页。
③ 关于马来西亚是族群霸权国家的缘由和相关讨论，可参考祝家华《种族威权民主国家的政治反对势力之形成与结盟——大马两线政治的评析（1985—1992年）》，硕士学位论文，台北政治大学，1993年，第69页；何启良《面向权威》，吉隆坡十方出版社1995年版，第2—10页。

因为马来西亚早在 1957 年独立时就已经确立了马来人领导主权的宪政体制。这个宪政体制乃深受马来民族主义（Malay nationalism）的影响。不少学者认为，这个由国家权力机构所诠释的马来民族主义乃是一种族群的民族主义（ethno-nationalism），① 或排他的马来民族主义（exclusionary Malay nationalism），② 即以某一种族群为主体的国族主义观，它展现的"政策风貌"很大程度是土著主义至上，且具有强烈的排他性。③

于是乎，马来西亚立国以来，国族主义运动在族国主义的宰制下几乎无所进展，如李光耀在 1963 年号召打造"马来西亚人的马来西亚"，最后竟成为新加坡被驱逐出马来西亚的主要导火线，④ 1991 年马来西亚首相马哈蒂尔·穆罕默德（Mahathir bin Mohamad）（按：后简称马哈蒂尔）虽大胆提出在 2020 年打造一个"马来西亚国族"（Bangsa Malaysia），⑤ 却在稍后又提倡"新马来人运动"以巩固马来人领导霸权，最终打造"马来西亚

---

① Anthony Reid, "Understanding Melayu (Malay) as a Source of Diverse Modern Identities", in Timothy P. Barnard ed., *Contesting Malayness: Malay Identity Across Boundaries*, Singapore: Singapore University Press. 2004, pp. 1 – 24.

② Cheah, Boon Kheng, *Malaysia: The Making of a Nation*. Singapore: Institute of Southeast Asian Studies (ISEAS), 2002, p. 27.

③ 何启良：《面向权威》，吉隆坡十方出版社 1995 年版，第 10 页。

④ 相关数据可参考李光耀《李光耀回忆录》，台北世界书局 1998 年版，第 625—691 页；R. K. Vasil, *Ethnic Politics in Malaysia*. New Dehli: Radiant Publishers. 1980, pp. 155 – 156。

⑤ 马哈蒂尔在 1991 年 2 月 28 日更提出了"2020 年先进国宏愿"（Vision 2020），订立九项策略目标，以让马来西亚在 2020 年成为一个已开发的先进国家，其中一项即为"打造马来西亚国族"。请参考曾庆豹《与 2020 共舞——新马来人思潮与文化霸权》，吉隆坡华社资料研究中心 1996 年版，第 3—4 页；Anis Nadhirah, *Tun Dr. Mahathir bin Mohamad*, Petaling Jaya: Nur-Ilmu Sdn. Bhd., 2007, p. 14。

国族"的主张也在 2006 年 11 月被许多巫统政治领袖公然否决而再度式微。①

如果我们检视马来西亚建国后的历届政府，其政府也属于国内各个主要族群的代表政党所组成的联合政府，此联合政府在 1974 年之前称为联盟（Alliance），1974 年至 2018 年称为国民阵线或国阵（Barisan Nasional，BN），2018 年至 2020 年称为希望联盟（Pakatan Harapan，PH），2020 年 2 月之后又称为国民联盟（Perikatan Nasional，PN），无论执政的政党联盟为何种名称，其仍然是由一个马来族群代表政党领军，再联合其他族群代表政党或多元族群政党组成一个执政的政党联盟，多年来其执政的主要模式仍然是各族群代表政党的协商和利益分配，提倡国族融合的多元族群政党仍无法真正主导国家的政局。

马来西亚自 1957 年独立至今没有任何一个政党单独执政，纵然国家独立以来都是联合执政的局面，但大多数学者都认为，迄至 2018 年，马来西亚的政府是由一个马来族群政党巫统（United Malay National Organization，UMNO）威权领导，一党独

---

① 2006 年 11 月柔佛州州务大臣（menteri besar，MB）阿都干尼（Abdul Ghani Othman）在一场演讲中宣称反对马来西亚国族的概念，因为它违反了马来人的利益，破坏马来人的特殊权益，以及削弱这个国家的政治稳定。此言论引起广大的讨论，并引起包含反对党和执政党在内的华裔政党领袖的不满，最后不了了之。虽然如此，此种言论事实上反映的是马来西亚掌权者一贯的主张，而且也具体陈述了当今马来西亚的政治现实。可参考"Johor MB intimidating minorities"，*Malaysiakini*，November 7，2006，http：//www.malaysiakini.com/letters/59180，accessed December 1，2018；"MPs back Bangsa Malaysia concept"，*Malaysiakini*，November 6，2006，http：//www.malaysiakini.com/news/59130，accessed December 1，2018。

大的体制。① 这个马来政党不但主导了建国和立宪过程，也主宰了整个国家的施政方向。而巫统就是在马来西亚独立初期，推动马来族国主义，建立马来人领导体制的关键政治力量。

如果我们再进一步检视马来民族主义发展的历史进程，就会发现20世纪初期马来社会所产生的民族主义事实上具有多元的论述和多重的特质，但最终掌握国家统治权的胜利者却是由巫统所代表的马来族群主义。笔者认为这种排外式的族群主义最终在建国时期得到大多数马来人的支持，主要乃是立基于多元族群社会下马来人和非马来人的互动关系，更具体而言，是源自马来族群对非马来人，特别是华人威胁的回应，它可以是来自凭空想象的论述，或个别的生活经验，它经由意见领袖的不断宣传和灌输下，多年来却似乎成为许多马来人的共识，而成为马来民族主义的主要动员力量。

在此我们不禁要问，作为一个马来人仅占人口相对多数的多元族群国家，马来民族主义是如何生成的，它有什么主要的表现形式？而当中的"他者威胁论"又是如何影响马来人和非

---

① 相关文献相当丰富，可见 Harold Crouch, *Government and Society in Malaysia*. Ithaca and London: Cornell University Press, 1996, p. 34.; R. S. Milne & Diane K. Mauzy, *Malaysian Politics under Mahathir*. London: Routledge. 1999, p. 18; Edmund Terence Gomez, "Capital Development in Malaysia", in Jahara Yahaya, Tey Nai Peng, Yeoh Kok Kheng eds, *Sustaining Growth, Enhancing Distribution: The NEP and NDP Revisited*, Kuala Lumpur: Centre for Economic Development and Ethnic Relations, University of Malaya, 2003, pp. 74-140; R. K. Vasil. *Ethnic Politics in Malaysia*. p. 225; John Funston, *Malay Politics in Malaysia: A Study of UMNO and PAS*, Kuala Lumpur: Heineman Educational Books (Asia) Ltd, 1980, p. 239; Hwang, In-Won. *Personalized Politics: The Malaysian State under Mahathir*. Singapore: ISEAS, 2003, pp. 10-13; 何启良：《面向权威》，吉隆坡十方出版社1995年版，第2页；黄明来：《一党独大：日本和马来西亚政党政治比较研究》，吉隆坡大将事业出版社2003年版，第1—34页；陈鸿瑜：《东南亚各国政府与政治》，台北翰芦图书出版有限公司2005年版，第542—619页。

马来人的关系，进而影响马来民族主义的发展方向？在这当中，马来民族主义的发展又是如何影响了马来西亚的国家体制和国族的塑造？

  为探讨以上的问题，本书以民族主义、马来人相关研究为基础，针对马来民族主义的发展，本书透过回顾众多相关重要的研究文献如学者著作、档案材料、报章新闻、马来民族的开国领袖如东姑阿都拉曼（Tunku Abdul Rahman Putra Al-Haj, 1903—1990）的观点和言论，以历史的纵向比较分析来探讨马来民族主义在马来西亚各个时期的面貌以及其对国家建设的影响。因此，本书从传统马来社会的统治秩序谈起，再从英殖民时期马来人和非马来人族群关系之发展，谈到太平洋战争时代日本殖民时期的社会变迁，再论及战后马来民族主义领袖和非马来人领袖、英殖民政府三方之间的博弈关系，最后陈述战后马来民族主义对马来西亚国家体制建立的推动和影响。以借此论证和剖析当代马来民族主义的发展脉络，其所面临的各种困境和挑战，以及其未来可能的发展方向，并以此作为多元族群国家政治和社会相关研究的借鉴和参考文本。

第二章

近代马来社会的传统文化和政治秩序

第一节 西方殖民前马来社会的统治秩序

谈到近代马来西亚马来人社会的统治秩序，必须先从马来社会的伊斯兰化谈起。早期马来西亚的核心地区马来半岛是属于印度化的地区。半岛上各邦国奉行的是印度教化的封建统治制度，之后马来社会的伊斯兰化大幅改变了马来社会的整体面貌。关于了伊斯兰教如何传播到今天的马来西亚地区乃是众说纷纭的课题，① 唯马来西亚学界普遍认为公元 10 世纪左右马来

---

① 在 17 世纪以前各马来邦国宫廷文献的史料非常缺乏，马六甲王朝创立（按：马来西亚官方认为在公元 1400 年左右）之前当地完全没有任何文献资料留存，部分马来西亚学者甚至把马六甲前——即 15 世纪前的马来西亚史称为史前时代（Prasejarah）。因此伊斯兰教最早或主要是透过何种途径传播至东南亚或马来西亚地区，一直到今天在马来西亚国内的学术界仍然是一个没有定论的问题。目前主要有三种说法，其一是由印度次大陆的穆斯林商人传入；其二是由阿拉伯商人和伊斯兰苏菲主义学者直接从中东传入；其三是由中国的穆斯林商人传入。众多的马来西亚学者如 Mohammad Redzuan Othman 认为伊斯兰教主要是由阿拉伯人直接传入。见 Abu Talib Ahamd, "Zaman Pra-Melaka/Pra Islam dan Identiti Politik Melayu", in Abdul Rahman Haji Ismail ed. *Malaysia*: *Sejarah Kenegaraan dan Politik*, Ampang, Selangor: Dawama Sdn. Bhd, 2005, pp. 15 – 61; Mohammad Redzuan Othman, *Islam dan Masyarakat Melayu*: *Peranan dan Pengaruh Timur Tengah*, Kuala Lumpur: Penerbit Universiti Malaya, 2005, pp. 2 – 10。

亚半岛地区就有伊斯兰教的踪迹。① 从 13—16 世纪马来人社会逐渐全面的信仰伊斯兰教。一些马来西亚学者相信在统一马来半岛的马六甲王朝（Melaka dynasty，1400—1511）时代前，②马来半岛上的吉打王国（Kedah）国王 1136 年就改信伊斯兰教并把称号改为苏丹（sultan）。③ 吉兰丹（kelantan）在 14 世纪初也有一个信仰伊斯兰教的国王。④ 一个著名的考古证据亦显示在 1303 年部分的伊斯兰法已经在马来西亚登嘉楼（Terengganu）

---

① 伊斯兰教何时来到目前的东南亚和马来西亚地区，一直都存有许多争论，西方的文献一般以马可波罗的游记为伊斯兰教传播至东南亚最早的证据，根据他的记载，1292 年北苏门答腊 Perlak 地区已经有一个伊斯兰教的王国，14 世纪完成现存最古老的马来文献《巴塞国王传记》（Hikayat Raja-raja Pasai）也记载了王国创始人 Sultan Malikul Saleh 梦见先知而信仰伊斯兰教的故事，他于 13 世纪末统治东南亚最早的伊斯兰国家巴塞（Samudera-Pasai）；至于在马来西亚发现最早的伊斯兰教石碑是指彭亨（Pahang）州北根（Pekan）地区一个被标明是伊斯兰历 419 年即公元 1028 年的碑文，以及在吉打（Kedah）亚罗士打（Alor Star）发现的伊斯兰历 290 年即公元 902 年的碑文。由此可证马来西亚在 10 世纪就有伊斯兰的踪迹。马来学者 Abu Talib Ahmad 认为伊斯兰教传入马来西亚最重要的证据是指在 1887 年在登嘉楼州 Berang 河口发现的一个记载于伊斯兰历 702 年（公元 1307 年），以阿拉伯字母拼写的马来和梵语（Sanskrit）石碑。即著名的"文书石"（batu bersurat）。见 Mohammad Redzuan Othman, *Islam dan Masyarakat Melayu: Peranan dan Pengaruh Timur Tengah*, pp. 7 – 9；Abu Talib Ahamd, "Zaman Pra-Melaka/Pra Islam dan Identiti Politik Melayu", pp. 15 – 61.

② 马来西亚官方的历史主张马六甲立国起始年代为 1400 年，这并非定论。详见各个版本的马来西亚中学历史参考资料或教科书如 C. Lian, *Fakta Bersepadu Sejarah Malaysia Tingkatan 4 dan 5*, Kuala Lumpur: Sistem, 1995, p. 17。

③ 这是根据吉打宫廷本身所遗传下来的《吉打史》（*Sejarah Kedah*）的记载，然而研究者认为可信度不高。见 Mahayudin Haji Yahaya, *Islam Di Alam Melayu*, Kuala Lumpur: Dewan Bahasa Dan Pustaka, 1998, p. 19。

④ 一位叫 Ibn Batutah（1304—1377）的阿拉伯旅行家曾经从非洲前往中国，并在 1342 年路经吉兰丹，他指出该地有一善说阿拉伯语并信仰伊斯兰教的女王。见 Mahayudin Haji Yahaya, *Islam Di Alam Melayu*, p. 22。

其后势力含盖马六甲海峡两岸，作为马来半岛各邦国宗主国的马六甲王朝第一任国王拜里米苏拉（Parameswara），他于1414年娶信仰伊斯兰教的巴赛（Pasai）王国公主为妻，改信伊斯兰教并改名Iskandar Shah后，马来半岛上各邦国也陆续接受了伊斯兰教。② 根据早期马来民族史最重要的史话《马来纪年》的记载，③ 马六甲王朝的国王拉惹卡欣（Raja Kassim）（按：在

---

① 发现于登嘉楼州的"文书石"（batu bersurat）碑文记载了于1303年在当地颁布的10条法律，其中的大部分是属于伊斯兰法的条文如通奸罪（zina）的刑罚。这个石碑的发现是伊斯兰法在马来西亚地区实施的最早证明。见 Abdul Kadir bin Hj. Muhammad. *Sejarah Penulisan Hukum Islam di Malaysia*, Kuala Lumpur: Dewan bahasa dan Pustaka, 1996, pp. 2 – 3。

② 这主要是根据在1512年派驻马六甲的葡萄牙殖民官Tomé Pires的记述。他的著作《东方论文集》（*Suma Oriental*）成为西方史学家了解当时马六甲王朝生活形态的权威著作，当时东南亚许多邦国改信伊斯兰教也和阿拉伯商人控制中东至东南亚的远航贸易航线有关。但中国学者周伟民等却根据中国《明史》等的资料来推测是马六甲第二任国王母干撒干的儿沙（Megat Iskandar Shah，在位时间1414—1424）娶了巴赛公主而改信伊斯兰教。见 Barbara Watson Andaya, & Leonard Y. Andaya, *A history of Malaysia*, 2nd ed, Hampshire: Palgrave, 2001, pp. 34, 61；周伟民、唐玲玲《中国和马来西亚文化交流史》，台北文史哲出版社2003年版，第177页。

③ 大约完成于1612年，作者为柔佛王国（Johor）宫廷作家的Tun Sri Lanang的《马来纪年》（*Malay Annals*）是现存半岛本土关于马来族群最早的史料，原始名称为《列王史记》（*Sulalat-us-salatin*），它带有浓厚的神话色彩，内容大多描绘马六甲朝诸王的故事，它主要记载了马六甲诸王一系的起源，把马六甲诸王的系谱一直从苏门答腊巨港（Palembang）附近的Bukit Siguntang的马来由河（Sungai Melayu）地区的统治者上推到半人半神的亚历山大大帝（Iskandar Zulkarnain），同时它也记载了马六甲朝灭亡的经过。事实上《马来纪年》是由英国殖民官莱佛士（Stamford Raffles）在1821年重新命名的著作，其内容主要是描写马六甲诸位君王的传记。虽《马来纪年》充满神话色彩和荒诞的故事，和别国记载的正史也有很大的出入，但正如许云樵所言，《马来纪年》是当时"马来民族唯一文献"，"表现马来文化思想的代表作"，《马来纪年》所传述的故事代表了马来宫廷的"世界观"，故其对马来民族的传统塑造有着重要的作用。因此《马来纪年》在两百年来已经被无数的东西方学者加以研究和探讨。见 Anthony Reid, "Understanding *Melayu* (Malay) as a Source of Diverse Modern Identities", *Journal of Southeast Asiau Studies*, Vol. 32, No. 3, 2001, pp. 1 – 24。

位时间约 1446—1459）即位后改信伊斯兰教而改名苏丹穆扎法沙（Sultan Mudzaffar Shah），并颁布了一套伊斯兰色彩浓厚的《马六甲法典》（*Malacca Digest*），伊斯兰法遂正式被引进而成为马来半岛地区的官方成文法典。① 此法典随着王国势力的扩张而传抄至半岛各属国如吉打（Kedah）、彭亨（Pahang）、霹雳（Perak）和廖内（Riau）等地，马六甲王朝在 1511 年被葡萄牙灭亡，马来半岛大部分马来苏丹国仍然以《马六甲法典》为其主要的法典，甚至加里曼丹岛的坤甸（Pontianak）和文莱王国（Brunei）等亦继承了《马六甲法典》。②

《马六甲法典》可说是马来半岛各伊斯兰化邦国的母法，它现存最早的版本据信是由马六甲末代苏丹马末沙（Sultan Mahmud Shah）（按：在位时间 1488—1511）所整理，③ 它拥有 44 个主要条文和若干次要条文，马来西亚学者计算出其中的 40.85% 内容是属于伊斯兰法的部分，其余皆是印度化的传统民俗法律，而且也多和伊斯兰教义有所抵触。④ 这个混合传统马来

---

① 这个记载在许多文献都提到，如 Abdul Kadir bin Hj. Muhammad. *Sejarah Penulisan Hukum Islam di Malaysia*, pp. 5 – 8；Mahayudin Haji Yahaya, *Islam Di Alam Melayu*, p. 194。

② 如《马六甲法典》在彭亨发展为《彭亨法典》，在吉打就发展成《吉打法典》等；著名的东南亚学者廖裕芳曾经就《马六甲法典》作了一个权威的诠释。见 Liaw Yock Fang ed., *Undang-Undang Melaka. The Laws of Malacca*, The Hague：Nijhoff, 1976。

③ 马六甲王朝 1511 年亡国后苏丹马末沙先后逃亡到柔佛、彭亨、民丹岛（Bintan），最后在 1528 年在原马六甲属地今苏门答腊的甘巴（Kampar）去世。他的两个儿子 Raja Muzaffar 和 Raja Alauddin 分别成为伊斯兰马来王朝霹雳邦（Perak）和柔佛邦（Johor）的开国者。

④ 关于《马六甲法典》和伊斯兰法抵触的部分，也请参考 Ruzian Markom, *Apa Itu Undang-undang Islam*. Bentong, Pahang：PTS Publications & Distributor Sdn. Bhd, 2003, p. 125。

第二章　近代马来社会的传统文化和政治秩序　　19

印度化习俗的法典一直要等到英殖民政府于 1874 年介入马来半岛内陆事务后，才开始逐步被英国普通法所取代。在马来西亚官方历史上，马六甲国王改信伊斯兰教，并在全国颁布伊斯兰化的法律是为马来族群开始全面信仰伊斯兰教的起点。

　　由于马六甲王朝事实上乃是由南苏门答腊的马来贵族所建立，学者安东尼·米尔纳（Anthony Milner）认为，马来人的概念原本只属南苏门答腊占卑（Jambi）地区的族群认同概念〔按：因为当地有一条叫"马来由河"（Sungai Melayu）的小河〕，随着 15 世纪马六甲的兴起并统治马六甲海峡两岸之后，马来人的概念始扩张至马来半岛，马六甲文化也被视为马来人的文化。① 时至 19 世纪之前，欧洲人都以马六甲称呼马来半岛地区，作为马来西亚史上最早有完整史料记载的马六甲王朝，其对半岛上整个马来族群的历史有莫大的意义。首先，它确立了马来族群对马来半岛的统治权，② 并代代相传至今，如马哈蒂尔所言："在马来亚，无疑的是马来人成立第一个有效的政府……因此，马来人是马来亚的确定人民，马来亚的真正和原

---

① Anthony Milner, *The Malays*, UK：Blackwell Publishing Ltd., 2011, pp. 84 – 90.
② 有学者认为马来半岛上早期可考的印度化王国如 6 世纪的狼牙修（按：记载于《梁书·诸夷传》）、7 世纪的赤土（按：载于《隋书·南蛮传》）等可能并非"马来族群"建立的王国。而所谓马来族群，一般是指来自苏门答腊岛南部原室利佛逝/三佛齐（Srivijaya）王国的臣民。7 世纪中叶（公元 671 年）唐朝（唐咸亨二年）高僧义净以海路前往印度取经曾经路经室利佛逝一重要属邦"末罗瑜"国，即为"马来由"在历史上最早的记载。见邱炫煜《明帝国与南海诸蕃国关系的演变》，台北兰台出版社 1995 年版，第 16—74 页；Leonard Y. Andaya, "The Search for the 'Origins' of Melayu", in Timothy P. Barnard, *Contesting Malayness：Malay Identity Across Boundaries*, pp. 56 – 75。

来的统治者和主人。"① 其次，它建立一套影响全马来半岛各邦国的统治模式和典章制度，如《马六甲法典》即为后世各马来邦国典章制度的主要参照依据。② 最后，它遗留了大量马来宫殿文化艺术、神话传说以及风俗习惯，进而发展成一套马来族群的世界观，成为今日马来社会的传统。也就是说，马六甲王朝的历史和文化内容建立了当代马来族群的族群性（ethnicity），也成为马来族群认同的要件。③

T. N. 哈伯（T. N. Harper）指出马六甲王朝的历史常被马来民族主义者用来作为延续和合理化当代马来统治的基础，马六甲王朝的文明也被马来史学家称为马来伊斯兰文明（Malay Is-

---

① ［马］马哈蒂尔（Mahathir Mohammad）：《马来人的困境》，刘鉴铨译，吉隆坡世界书局（马）有限公司1981年版，第122页。

② 根据邱家金（Khoo Kay Kim）的整理，直至第二次世界大战前，马来半岛有以下几个拥有世袭统治者的半独立王朝：吉打（1160年立国）、柔佛（于1528年立国）、霹雳（1530年左右立国）、登嘉楼（于1725年立国）、雪兰莪（1740年立国）、吉兰丹（1764年立国）、森美兰（1773年脱离柔佛独立）、玻璃市（1841年脱离吉打独立）以及彭亨（于1881年脱离柔佛独立）。其中霹雳苏丹朝是马六甲王朝的嫡系后代，柔佛、雪兰莪、森美兰、彭亨都曾是马六甲王朝的属地，这些王朝都遵循马六甲王朝所遗留的典章制度。至于吉打等其余四个王国尽管不受马六甲统治，但也大多采用马六甲王朝的法律和制度。以上所列诸邦的立国年代是指延续至今的马来伊斯兰王朝而言，事实上述部分的邦国如吉兰丹和登嘉楼（按：最早名为丁家卢）的国名早在宋代赵汝适所著作的《诸蕃志》中就已经出现，可见它们的立国年代更为久远。见 Khoo Kay Kim, *Malay Society: Transformation & Democratisation*, Kuala Lumpur: Pelanduk Publication, 1991, pp. 6–54；周伟民、唐玲玲《中国和马来西亚文化交流史》，台北文史哲出版社2003年版，第107—120页。

③ 依著名东南亚马来史学家安东尼·瑞德（Anthony Reid）的看法，"马来人"在16世纪才开始逐渐广泛地使用，其主要是指统治室利佛逝（Srivijaya），以及其后继王朝马六甲朝（Melaka）、Pagarruying 朝（按：在今苏门答腊岛东和东南部）的王家贵族及其后裔，以及奉行马六甲的语言、习俗和商业规范的商业族群，简言之，在马六甲王朝全盛时代（1400—1511），"马来人"就是指马六甲王朝的统治族群或奉行马六甲王朝习俗的族群。见 Anthony Reid, "Understanding Melayu (Malay) as a Source of Diverse Modern Identities", pp. 1–24。

lamic civilization）：① 如马六甲王朝以降的各个马来王朝亦常被称为"马来伊斯兰君主国家"（Negara Melayu Islam Beraja），这种说法也记载在另一个新兴的马来民族国家，独立于 1984 年的文莱王国的建国独立宣言当中。② 对此许多马来西亚学者主张马六甲王朝确立了一个马来—伊斯兰的民族（Bangsa Melayu-Islam），并定下了"马来人就是伊斯兰，伊斯兰就是马来人"的民族传统，③ 而传统马来社会也有"成为穆斯林（masuk Islam），就是成为马来人（masuk Melayu）的说法"。④ 这种说法随着 19 世纪末马来半岛多元宗教和多元族群社会的成形，也更加盛行。我们也不难理解一些马来民族主义者如伊斯迈·诺（Ismail Noor）就主张信仰伊斯兰是成为"纯正马来人"（Melayu jati）的要件。⑤

15 世纪马六甲的统治族群——马来人虽然跟随他们的统治者——苏丹信奉伊斯兰教，唯当时的信仰主流是主张万物有灵，

---

① T. N. Harper, *The End of Empire and the Making of Malaysia*, Cambridge: Cambridge University Press, 1999, pp. 11 – 16.

② 文莱王国在 1984 年 1 月 1 日宣告的独立宣言中就有提到文莱王国是"伊斯兰马来君主体制"。但该独立宣言的英文版本指文莱是"independent Malay Muslim Monarchy"，显然对文莱王国而言伊斯兰和穆斯林可混为一谈。英、马、阿三种语文版本的独立宣言可参考文莱文化部出版的一本著作：Hj. Mohd. Zain bin Hj. Serudin, *Melayu Islam Beraja*: *Suatu Pendekatan*, Brunei: Kementerian Kebudayaan, Belia dan Sukan, 1998, pp. 26 – 28。

③ Hj. Muzaffar Dato' Hj. Mohamad, Tun Suzana Hj. Othman, eds., *Suatu Menifesto Melayu*: *Melayu Islam Beraja*; *Menggali Hakikat Leluhur*, Kuala Lumpur: Pustaka BSM Enterprise, 2003, pp. 12 – 13.

④ Gorden P. Means, *Malaysian Politics*, p. 17.

⑤ Ismail Noor & Mohammad Azaham, "Prakata" in Ismail Noor & Muhammad Azaham, *Takkan Melayu Hilang di Dunia*, Subang Jaya, Malaysia: Pelanduk Publication, 2000.

接受泛灵论（pantheism）的苏菲主义（Sufism）伊斯兰教。① 马来民间在接受伊斯兰教之后仍然奉行许多印度化或非伊斯兰的传统文化习俗，如马来社会仍然分成贵族、平民和奴隶三大阶级等即为一例。② 直至20世纪，马来族群仍然保留了大量受印度教影响的密教文化，如巫术，描述印度教故事的皮影戏，印度教化的婚礼，传统舞蹈、圣墓崇拜等。由此可证，早期伊斯兰教传入马来民间社会时仍然须要和泛灵或印度教的信仰加以融合，使得马来族群的伊斯兰教信仰产生了许多调适性的实践。这种情形在带头接受伊斯兰教信仰的马来宫殿亦同样显著。

　　半岛上各个传统马来政权自古以来就是维持一种松散的封建（feudalistic）和家长式（patriarchal）的统治制度，作为全国的家长，国王对臣民有绝对的生杀大权，他借由分封土地和获取税赋来进行阶层化的统治。③ 在印度教的熏陶下，为便于统治，伊斯兰化前的马来半岛诸邦的统治者皆采用印度化"神王"（god king）意涵的"Raja"作为其称号，并以"神王"概念来神化自己，以让人相信他拥有某种超自然的威慑力量（如咀咒他人）。如他们被认为具有半人半神的地位，身上流着白色的血液，一般平民不得与之接触。④ 换言之，马来统治者信仰伊斯兰

---

① Richard Winstedt, *The Malay: A Cultural History*, London: Routledge & Kegan Paul Ltd, 1961, pp. 33-44.

② 伊斯兰教反对奴隶制，也反对伊斯兰信徒的差别待遇，唯《马六甲法典》第8条很清楚地说明其法律实施的对象可分成自由人和奴隶两大阶级。见 Mahayudin Hj. Yahaya, *Tamadun Islam*, Shah Alam: Penerbit Fajar Bakti Sdn Bhd., 1999, p. 195.

③ 马来统治阶层早期按印度化的种姓制度来建构，而马来统治层是属于刹帝力（Kshatriya）阶级。见 Anthony S. K. Shome, *Malay Political Leadership*, London: Routledge Curzon, 2002, pp. 15, 21。

④ Muhammad Kamil Awang, *The Sultan and the Constitution*, Kuala Lumpur: Dewan Bahasa dan Pustaka, 1998, p. 6.

教并不代表印度化神王观念的结束，伊斯兰教反而被用来协助巩固马来君王政教统治的地位。

在这种政教合一的制度下，国王以臣民的保护者自居，使臣民加以崇拜和效忠。① 学者安东尼·修姆（Anthony S. K. Shome）相信象征召唤国王神秘力量的复杂仪式仍然在马来宫殿内流传至今。② 理查德·温斯特爵士（Sir Richard Olaf Winstedt）在20世纪30年代就记录 Perak 苏丹在继承王位装扮成"印度神"，请宫廷巫师作法以及祭拜先人坟墓等一系列的仪式。这些仪式乃根源于印度化的传统，和伊斯兰教并无关系。③ 因为相信拥有这些"神秘力量"，各邦的马来国王在被统治者间享有无上的权威和专断的裁决力量，任何对国王的叛逆将会受到严重的诅咒，④ 因此在马来传统社会虽有王位争夺战争，却鲜有平民反叛国王的历史。马来国王的权威亦超出疆域的限制，王国统治秩序借由印度化超验的宗教道德赏罚机制来加以维系并得到巩固。⑤ 马来文"政府"（kerajaan）一词就是指"有国王的地方"，因此君权在马来社会不可或缺，一句传统马来谚语"没有

---

① 马来西亚已故著名的法律学者大法官 Ahmad Ibrahim 认为早期马来统治者继承印度神王概念的传统，皆以印度湿婆神（Siva）或毗湿奴（Vishnu）的化身自居。见 Ahmad Ibrahim. *Towards a history of Law in Malaysia and Singapore*, Kuala Lumpur: Dewan Bahasa dan Pustaka, 1992, p. 5.

② Anthony S. K. Shome, *Malay Political Leadership*, p. 17.

③ Richard Winstedt, *The Malay: A Cultural History*, pp. 64 – 70.

④ Anthony S. K. Shome, *Malay Political Leadership*, p. 22.

⑤《马来纪年》曾记载"马来臣民永不违逆君王，永不侍奉其他主人，否则就会死亡"。另一部最早产生于1736年，在马来社会流传甚广的著名宫廷马来史诗《汉都亚传》（*Hikayat Hang Tuah*）把马六甲的水师提督汉都亚（Hang Tuah）描绘成忠君爱国的马来民族英雄，他曾经说"对国王的反叛（derhaka）就等同于对神犯下罪恶"。见 Anthony S. K. Shome, *Malay Political Leadership*, p. 17; Barbara Watson Andaya & Leonard Y. Andaya, *A History of Malaysia*, Andaya & Andaya, 2001, p. 47。

王，就没有国"（tiada raja，tiada negeri）就充分表达了这个文化传统。① 对此，安东尼·米尔纳（Anthony Milner）主张 19 世纪以前的马来族群普遍上皆以个别国王的臣民来作为其群体身份的认同识别。② 这种作为国王臣民的认同识别要等到 20 世纪马来民族主义运动的兴起后才被打破。

第二节　马来封建统治权威的来源

除了马六甲王朝前两任国王之外，14 世纪以降东南亚的马来统治者们在信仰伊斯兰教后皆把他们的称号改为"苏丹"（Sultan），这主要是受到 13 世纪西亚和印度各伊斯兰王国统治者开始流行以"苏丹"作为称号之影响。③ "苏丹"一词来自《古兰经》，本来指的是"权威"，但兴起于西亚的塞尔柱（Sel-

---

① Muzaffar, Hj. Dato' Hj. Mohamad dan Tun Suzana Hj. Othman, eds., 2003, *Suatu Menifesto Melayu*：*Melayu Islam Beraja*；*Menggali Hakikat Leluhur*, p. 13.

② Anthony Milner, "Who Created Malaysia's Plural Society?", *Journal of the Malaysian Branch of the Royal Asiatic Society*, Vol. 76, Part 2, 2003, pp. 1 – 23.

③ 首先苏丹称号的是伽色尼（Ghaznavid）朝（962—1187）第四任国王 Yamin ud-Dawlah Mahmud。他为脱离阿拔斯王朝（Abbasid Dynasty，750—1258）独立，并和阿拔斯统治者"哈里发"（caliph）分庭抗礼，遂自封为"苏丹"而称为 Sultan Mahmud，该称号遂广泛被各个伊斯兰王国统治者所引用，最著名的有横跨欧亚非的塞尔柱（seljuk）土耳其苏丹朝（1037—1157）和奥斯曼（Ottoman）帝国（1299—1922）等。在 1206 年至 1526 年，印度也出现了许多以德里为中心的苏丹国（sultanate）。东南亚历史上第一个可考的苏丹国是由巴赛的国王 Malik al-Salih 在 1297 年所创立。由此可见，13—14 世纪东南亚马来统治者改称号为苏丹乃受到当时中东和印度政治情势的影响。目前仅有阿曼王国国王、文莱国王、马来西亚各邦统治者和印度尼西亚日惹总督仍然保有苏丹的称号。见 A. H. Johns, "Political Authority in Islam：Some Reflections Relevant to Indonesia", in Anthony Reid ed. *The Making of an Islamic Political Discourse in Southeast Asia*. Victoria：Centre of Southeast Asian Studies, Monash University, 1993, pp. 17 – 34。

juk）朝（1037—1157）苏丹却把它称为"神在地球的影子"（shadow of God on earth），自此"苏丹"一跃而成为"真主在世上的代理人"。安东尼·米尔纳认为这一层意义使习惯"神王"观念的马来国王得以转信伊斯兰教并自封为苏丹。① 易言之，印度教的"神王"观念并没有在马来统治者转信伊斯兰教后被剔除，反而融合在苏丹的体制里。

根据学者邱家金（Khoo Kay Kim）的说法，和《马来纪年》一样，《马六甲法典》里最重要的内涵仍然是表达"至上王权"（Daulat）的意识形态。② 在这个 Daulat 的观念下，《马六甲法典》里对马来苏丹地位有如此的形容：其一，人民对他一切的行为须加以崇敬；③ 其二，无论君王暴虐与否，其所颁布的命令是否合理，人民皆必须加以遵从；其三，他应得安拉的恩泽。对此，穆罕默德·卡米尔·阿旺（Muhammad Kamil Awang）认为传统马来社会生活中所有形态的中心是马来统治者，而非伊斯兰或马来社群。④ 马来社会的这种认同形态一直要等到 20 世纪初期马来民族主义和伊斯兰改革的兴起才逐渐被打破。由此可见马来统治者——苏丹王权的合法性来自伊斯兰教的加持：

---

① Anthony Milner, *The Invention of Politics in Colonial Malaya*, Cambridge：Cambridge University Press，1995，pp. 146 – 147.

② 有些学者如 Muhammad Kamil Awang 把"daulat"译为"divine majesty"，大多数学者译为"sovereignty"，它是马来传统社会对君王属性最崇高的表示，也是马来君权的基础。见 Khoo Kay Kim. *Malay Society*：*Transformation & Democratisation*，p. 18。

③ 直到今日，马来人对苏丹"他"的称呼不是采用一般的"dia"（对普通人的称呼）或"beliau"（对较尊贵的人之称呼），而是采用对先知穆罕默德同等级的称呼—"Baginda"（袍），同样地，马来人在朝觐马来苏丹时必须自称"hamba"（奴仆）或"patik"（奴隶）；而马来苏丹的日常生活作息和各种情感表露，均有一套专有的名词称呼之。请参考 Muhammad Kamil Awang，*The Sultan and the Constitution*，p. 6。

④ Muhammad Kamil Awang, *The Sultan and the Constitution*, p. 8.

如他在即位时亦必须得到宫廷清真寺掌教（Imam）的祝福与认可。唯在实际上马来苏丹不但是马来社会的最高政治领袖，亦是伊斯兰教的保护者（defender）和仲裁者（arbiter），① 他利用伊斯兰教的宗教伦理来行使专断统治权力。

纵然殖民前马来半岛各邦的统治者在信奉伊斯兰教后采用伊斯兰法，但它们仍然是属于绝对王权的体制，伊斯兰法的引进对王权而言不过是另一种形式的君权神授。这种封建王权和伊斯兰结合的体制，被马来学者 A. B. 山苏（A. B. Shamsul）称为"封建的政治伊斯兰"（feudal political Islam），以为和传统的政治伊斯兰制度作区隔。教士或伊斯兰学者虽在此时被引进宫廷，唯他们所传播的教义必须以承认绝对王权为前提。地方上的清真寺虽然在传统的马来社会成为重要的活动中心，但其教长（imam）却常由地方的统治阶层如村长（penghulu）兼任。迄至 19 世纪为止马来各邦国虽有执行部分的伊斯兰法，却也缺乏执行伊斯兰法的官僚如法官（kadhi），地方上的村长通常兼有行政和仲裁的双重角色。②

这种视马来苏丹为圣人，王权为君权神授的制度在 20 世纪初自中东返国的新一代伊斯兰学者兴起后才受到广泛的质疑。曾担任马来西亚司法院院长，以及马来西亚第 9 任最高元首（1989—1994）的霹雳州苏丹阿兹兰莎（Sultan Tun Azlan Shah）

---

① 马来民族主义学者 William Roff 对这种即位过程有详细的描述。见 William Roff, *The Origins of Malay Nationalism*, Kuala Lumpur: Penerbit University Malaya, 1974, p. 3。

② A. B. Shamsul, "Islam Embedded: 'Moderate' Political Islam and Governance in the Malay World", in K. S. Nathan & Mohammad Hashim Kamali eds, *Islam in Southeast Asia: Political, Social and Strategic Challenges for the 21st Century*, Singapore: Institute of Southeast Asia Studies (ISEAS), 2005, pp. 113 - 120.

认为英殖民前马来君主扮演了法规制定者的角色，"王位"（takhta）等同于一个随意立法的国会；如《马六甲法典》第1条就规定任何穿着黄色衣物的个人均须处以死刑。而君主亦可颁布或取消任何行政命令，其亦扮演了司法专断的仲裁者之角色；① 甚至，苏丹阿兹兰莎也认为，过去一些传统上作为苏丹顾问的宗教学者或乌拉玛（ulama）们并无法导正苏丹滥权和偏离伊斯兰的行为，"他们敬畏人类（按：指苏丹）更甚于敬畏安拉"②。在苏丹作为专断统治者的情况下，传统马来各邦国的伊斯兰法往往会遭到任意的曲解和滥用而变得有名无实。

尽管如此，就伊斯兰在英殖民前马来各邦的法律地位而言，诺哈希玛（Norhashimah Mohd. Yasin）认为可作出以下的总结：

一、伊斯兰是大部分马来邦国的法律基础。

二、虽不普及，但伊斯兰法体系的官僚如"卡迪"（Qadi，即法官）和"穆夫帝"（Mufti，即大法官）经已存在。

三、英殖民前各马来王国的私法或公法均包含了伊斯兰的要素（Elements），纵然伊斯兰前的文化和马来传统习俗的要素亦含括在这些法律体系当中，但相对而言，伊斯兰得到更大的重视和考虑。③

---

① 上文的说法摘自霹雳州苏丹阿兹兰莎作为马来西亚最高法院院长时，1980年6月29日在马来西亚理科大学的一场演讲，见Tan Seri Raja Sultan Azlan Shah, "Ucapan di Majlis Konvokesyen Universiti Sains Malaysia. Pulau Pinang", in Abu Bakar Hamzah eds., *Takhta Kekal di Tangan Rakya*, Kuala Lumpur: Media Cendiakawan Sdn. Bhd, 1992, pp. 19 – 20。

② Tan Seri Raja Sultan Azlan Shah, "Ucapan di Majlis Konvokesyen Universiti Sains Malaysia. Pulau Pinang", pp. 19 – 20.

③ Norhashimah Mohd. Yasin. *Islamization/Malaynisation: A Study on The Role of Islamic Law in The Economic Development of Malaysia 1969 – 1993*, Kuala Lumpur: A. S. Noordeen, 1996, p. 59.

诺哈希玛也承认事实上各马来邦国法律条文里的伊斯兰法并没有得到充分执行，所有抵触伊斯兰法的罪行往往就以马来习俗（Adat）的方式罚款了事。① 甚至在经济上因为统治者可任意征收土地，使马来社会普遍存在因失去土地而充当徭役和农奴的劳动人口，这些穆斯林农奴在法律上的地位又和一般穆斯林有所不同，如此亦违反伊斯兰法律中穆斯林皆平等的观念。②

　　在君权神授制度以及印度化的马来习俗之限制下，纵然有所规定，伊斯兰法在传统马来苏丹国往往仍要让步于当地不成文的民俗条例，③ 阿末·依布拉欣（Ahmad Ibrahim）也指出传统马来各邦的伊斯兰法并不是纯粹的伊斯兰法，而是掺杂了许多非伊斯兰的民俗习惯。④ 虽然如此，各马来邦国的法规都包含了伊斯兰的公法（包括刑法等）和私法（包括婚姻法等）各个层面。尽管没有得到充分执行，英殖民前各个马来邦国的伊斯兰法律仍然广泛触及个人和集体生活上的层面，唯一切政教事务的最高权柄皆归于马来统治者，"神律"伊斯兰法仍然要让位于君主的独裁权力。

---

　　① 马来 Adat Law 有两种，一种是传承自《马六甲法典》的 Adat Temenggong，另一种是传承自苏门答腊米南加保族（Minangkabau）的母系社会的习俗法——Adat Perpateh。见 Wu Min Aun, *The Malaysian Legal System*, p. 19。

　　② 事实上因为能借此敛财，以霹雳州为例，当地的酋长和苏丹更喜欢以罚款的形式来处分犯人。见 Norhashimah Mohd. Yasin. *Islamization/Malaynisation：A Study on The Role of Islamic Law in The Economic Development of Malaysia* 1969 – 1993, pp. 59 – 63。

　　③ 对此 R. H. Hickling 就指出在登嘉楼邦虽法律记载偷窃应被施于断手之刑，但却往往以罚款了事，而且罚款的金额有很大的弹性。同时在森美兰邦，当民俗和伊斯兰法有所抵触时，以民俗习俗为优先选择。见 R. H. Hickling, *Essays in Malaysian Law*, pp. 2 – 3。

　　④ Ahmad Ibrahim, *Towards a History of Law in Malaysia and Singapore*, p. 9。

综上所述，我们可得知英国殖民前的传统马来社会，是以马来王权为认同中心，伊斯兰和马来传统习俗是诠释和制约这种生活形态的规范，经过数百年的实践，这些规范逐渐在19世纪的马来半岛打造出一个独特的马来社会文化和性格，由此也发展出一种结合马来文化和伊斯兰的君主制度——"马来伊斯兰君主体制"，随着时代的演变，这种政治制度发展到今天就是所谓的马来西亚君主立宪制。

第三节　英国法律在马来亚的建立：马来民俗和伊斯兰法律的制度化

首先在马来半岛建立殖民地的欧洲势力是1511年攻克马六甲的葡萄牙（按：殖民时间为1511—1641），其次是荷兰（按：殖民时间为1641—1824），最后是英国（按：殖民时间1786—1957）。前两国只占据马来半岛沿海的零星据点，唯有在1874年后全面控制马来半岛的英国殖民势力对马来西亚的社会发展影响深远。它的影响广泛涉及政治和文化如宗教、语言、人文思想以及生活方式等各个层面。

马来西亚的英国殖民时代可分成三个阶段。第一个阶段是从1786年莱特（Francis Light）夺取槟城（按：又名槟榔屿）开始到1874年。这段时间英国只占据马六甲海峡北、中、南部的三大港口槟榔屿（1786）、马六甲（1824）和新加坡（1819）地区，并成立海峡殖民地（Straits Settlements，1826－1946），①

---

① 海峡殖民地起初属英属印度的一部分，新加坡于1832年成为其行政中心，1867年从印度独立出来成为一个直属英国殖民部（Colonial Office）的属地。

借以控制国际航道和垄断贸易；虽然期间英国曾经多次干预马来半岛内陆各邦的王位继承斗争，① 但半岛上各马来邦国除一些暹罗的属邦外，仍维持基本独立自主的体制。②

英国殖民马来亚的第二阶段是 1874 年开始英国展开对马来半岛各邦的全面控制，到 1941 年太平洋战争爆发，英国在 1874 年至 1914 年陆续以"保护侨民"或"协助平乱"等的名义先后对半岛上九个独立邦国的马来统治者签订条约将之置于"保护国"（protected states）的地位，③ 并派遣参政官（resident）或顾问（adviser）驻扎宫殿直接干涉或主导马来各邦国的内部事务。名义上马来亚各邦仍然是独立的国家，各邦马来统治者仍然是名义上的主权者，但实际上马来各邦国沦为英国殖民地，各邦马来统治者亦成为英国殖民统治的台前傀儡，以安定马来

---

① 最著名的例子如莱佛士（Stamford Raffles）于 1818 年拥立 Tengku Hussein 为柔佛苏丹以换取对新加坡的占领，再来是 1857—1867 年彭亨发生因首相之争而引起内战，交战的一方得到泰国和登嘉楼邦（Terengganu）的支持，另一方得到英国的支持，虽然亲暹罗的 Wan Ahmad 最后得到胜利，但却换来暹罗势力退出彭亨的承诺。见 Barbara Watson Andaya & Leonard Y. Andaya, *A History of Malaysia*, pp. 117 – 159。

② 在这期间荷兰与英国签署 1824 年英荷条约，此条约以马六甲海峡中线以及新加坡南方为界，把马来人主要的居住区域一分为二，荷兰承认马来半岛是英国的势力范围，英国则认可荷兰对爪哇岛和苏门答腊岛的控制权，日后马来西亚和印度尼西亚的国界也由此而生。

③ 英国控制马来半岛各邦的时间顺序如下：霹雳（1874）、雪兰莪（1874）、彭亨（1888）、森美兰（1889）、登嘉楼（1910）、吉兰丹（1910）、柔佛（1914）、吉打（1923）和玻璃市（1930）；前四邦于 1896 年 7 月 1 日组成马来联邦，首都设在吉隆坡。后五邦为马来属邦（或非马来联邦），并没有统合成一个政治实体，其中吉打、登嘉楼、吉兰丹和玻璃市原是暹罗的属邦，它们的命运在 1909 年英国和暹罗签署条约承认其乃英国势力范围后就尘埃落定。至于沙巴和砂拉越则在 1881 年和 1841 年分别由英国的北婆罗洲公司（North Borneo Company）和英国人詹姆士·布洛克（James Brooke）所取得，并于 1946 年才正式成为英国政府的殖民地。这种保留殖民地传统君主制度的统治模式被视为"间接统治"（indirect rule）。相关历史可见诸马来西亚的高中教科书。

社会的民心。在英国的治理之下，大批的英国官僚、学者和资本家亦随之而来，紧接而来的外籍移民如华工和印度劳工更完全改变了当地的人口结构，自此马来各邦国的独立地位逐渐名存实亡。① 随着柔佛王国（Johor Empire）在1914年接受英国派遣总顾问（general advisor）后，英国也就完全控制了马来半岛各邦国。

到1941年为止，英属马来亚半岛分成三个辖区，依英国控制权的大小依序为1867年开始由英国殖民部（Colonial Office）直接管辖的海峡殖民地，1896年开始由设在吉隆坡的总参政司（Resident-General）直接管辖但保留各邦君主体制的马来联邦（Federated Malay States，FMS），以及马来君主拥有较高自治权的马来属邦（Unfederated Malay States，UMS），这三个各自属性不同的殖民地在1946年才统合成一个马来亚联盟（Malaya Union）。以上三个辖区就被通称为"英属马来亚"（British Malaya）。② 1909年英国在马来联邦的吉隆坡设立一个由英国钦差大

---

① 马来统治者如有不受参政官之节制，将被英国参政官毫不留情地加以推翻，然后另立统治者。如1875年11月2日霹雳邦第一任参政官J. W. W. Birch出巡地方时被反英的土酋聚众埋伏杀害，英国派军弹压之后宣称苏丹Abdullah"涉及反英阴谋"而将其和一干涉案皇室放逐至新加坡，以作为参政官被杀害的报复。而1920年被怀疑"和地方反英势力勾结"的登嘉楼苏丹亦被放逐。第二次世界大战结束后的1945年当英国人回到马来亚时，也立即来个"下马威"，将曾经公开支持日本占领军的玻璃市邦拉惹、登嘉楼邦苏丹和雪兰莪邦苏丹撤换，一度使其余各邦马来统治者人人自危。由此可见英殖民时期的马来统治者可说只是英殖民统治的台前"傀儡"。资料综合整理自 Barbara Watson Andaya & Leonard Y. Andaya, *A History of Malaysia*, 2001, pp. 166, 205；Tunku Abdul Rahman Putra Al-Haj, *Challenging Time*, Subang Jaya, Malaysia：Pelanduk Publication Sdn. Bhd.，2007, p. 25。

② "英属马来亚"一词最早出现在海峡殖民地总督 Sir Frederick weld 于1883年的一场演讲中，而后英属马来亚之名就成为东南亚英属马来半岛和周边岛屿的总称。见 William Roff, *The Origins of Malay Nationalism*, p. 91。

臣（High Commissioner）担任主席的联邦议会（Federal Council），作为全联邦最高行政和立法的机关，联邦议会就成为日后马来西亚联邦国会的前身。①

英殖民时代的第三阶段是第二次世界大战后到马来亚独立建国的时期，此时期马来半岛要求独立或自治的政党如雨后春笋般成立，马来亚共产党亦在这段时间发动武装叛乱；英国被迫快速建立民选政府并主导宪法的草拟，把政权和平移转到其所属意的政党联盟手上，延续至今的马来西亚宪政体制于焉成形。

自1874年英国全面控制马来半岛各邦后，它对当地产生了以下五项重要的影响：其一是马来君主们传统的绝对王权被削弱而成为虚位元首，取而代之的是一个英籍参政官所主控的现代化行政体系；其二是传统封建制度被瓦解并由现代化的官僚体系取而代之，失去权力的马来贵族和领主被收编其中；其三是以自然法和保障人权为基础的西方法律制度取代传统君王专断的法律体系；其四是当地主要是自给自足的农村经济逐渐被资本主义经济制度所取代；其五是大量引进印度和中国劳工造就马来半岛的多元族群社会，永远改变了半岛上的人口结构和文化。②

最早在马来亚实施的英国法律是1807年在槟城实施的《皇家公正宪章》（*Royal Charter of Justice*）。在此宪章下，一个简单

---

① 随着联邦议会的成立，总参政官一职也在1910年被取消。见 Wu Min Ann, *The Malaysian Legal System*, pp. 35 – 36。

② Leong Yee Fang, "Zaman Penjajahan dan Munculnya Susunan Politik Baharu di Tanah Melayu", in Abdul Rahman Haji Ismail ed, *Malaysia: Sejarah Kenegaraan dan Politik*. Ampang, Selangor: Dawama Sdn. Bhd. , 2005, pp. 229 – 278.

的裁判庭（court of judicature）得以在该岛设立以处理当地居民民事、刑事和宗教事务（civil, criminal and ecclesiastical matter）的法律诉讼。① 在英国陆续获得新加坡和马六甲的主权后，英殖民政府以1807年的公正宪章为基础再订定涵盖槟城、新加坡和马六甲三地（即通称海峡殖民地）的1826年公正宪章以及1855年公正宪章。1867年海峡殖民地自英属印度的管辖下脱离，成为伦敦政府的直属殖民地——通称"海峡殖民地"（Straits Settlement）。次年海峡殖民地即成立了一个高等法院（Supreme Court of the Straits Settlements），参照英国制度设立了"检察总长"（Attorney-General）和"副检察总长"（Solicitor-General）。② 1873年海峡殖民地亦设立大法官（chief justice）和上诉法院（court of appeal）。此后现代英国法律体制开始在马来半岛成形，但其权力范围仍然只限于海峡殖民地。③

作为东南亚的重要航运据点，原先人口稀少的槟城和新加坡在英国计划经济的发展下于19世纪初大量涌入外国移民而迅速发展成一个多元族群的港口城市。④ 这些外国移民出身的文化背景不一，他们缺乏对西方法律的认识，故很难接受英国法律

---

① Wu Min Aun, *The Malaysian Legal System*, p. 14.

② 检察总长（attorney general）和副检察总长（solicitor general）的职位在马来西亚仍然存在，其职权明定于马来西亚《联邦宪法》第145条。关于检察总长（attorney general）和副检察总长（solicitor general）的中文翻译问题，研究者是参考杨培根律师的意见。见杨培根《法律常识第九集——宪法》，吉隆坡华社资料研究中心1993年版，第105—112页。

③ Wu Min Aun, *The Malaysian Legal System*, pp. 14–17.

④ 以新加坡为例，1871年全岛97111人当中，其中华人就占了54572人（即56.2%），占了总人口一半以上，马来人却仅占有26141人（即26.9%）。见 Hua, Wu Yin. *Class and Communalism in Malaysia: Politics in a Dependent Capitalist State.* London: Zed Book Ltd., 1983, p. 25。

对他们的家庭和传统习俗事务的干涉。针对英国普通法（common law）适法性的问题，1858年海峡殖民地法官宾森·麦克斯韦尔（Sir Benson Maxwell）在一项判决中就主张"英国法律不适用于外侨（alien races）的宗教和社会习俗之处，将以他们本身原居住地的习惯法来作裁判依据，这种判决所采取的原则和限制和我们法院对外国人和外国交易采取国外法（foreign law）的原则和限制等同"①。

由此一来，针对外来族群的特定个人事务如婚姻或财产继承等可以作为英国法律的排除事项（an exception to English law）。② 在这个前提下，海峡殖民地马来穆斯林社群的婚姻、财产继承事务等和英国法律冲突之处以伊斯兰法和马来习惯法为优先考虑——如穆斯林重婚不受英国法律的管束。

此后，为了降低英国法律和外来移民生活习俗的冲突以维持社会稳定，英国在海峡殖民地遂依以上的原则发展出一套"属人法"（personal law）体系以规范殖民地主要的非英籍族群——马来人和华人的家庭和民俗事务，③ 这些属人法就被视为一种习惯法（customary law），它被认可为当地普通法的

---

① 不少相关著作皆有记载以上著名的判决。见 Moshe Yegar, *Islam and Islamic Institutions in British Malaya*: *Policies and Implementation*, Jerusalem: The Magnes Press, 1979, p. 128; Wan Arfah Hamzah and Ramy Bulan. *An Introduction to The Malaysian Legal System*. Shah Alam: Penerbit Fajar Bakti Sdn. Bhd., 2003, pp. 135 – 136。

② Wan Arfah Hamzah and Ramy Bulan. *An Introduction to The Malaysian Legal System*, p. 136。

③ 属人法是英国普通法体系下的法律观念，它是指"针对特定的宗教群体或族群而设计的法律，主要用以规范他们各自的家庭事务"。属人法可被称为属人主义的法律。见 Wan Arfah Hamzah and Ramy Bulan. *An Introduction to The Malaysian Legal System*, p. 136。

一部分。① 在这个基础下，1880 年海峡殖民地立法议会通过了一个《穆罕默德教徒婚姻条款》(*Mahomedan Marriage Ordinance 1880*)以保障穆斯林个人的"宗教事务"；自此伊斯兰法开始纳入英属海峡殖民地的法律体系当中。② 然而，伊斯兰法的施行范围仅局限于属人法的范围内，更明确而言，当时英国法律体系中的伊斯兰法是属于以穆斯林的家庭法（Family Law）为主的习惯法，它的法律位阶和在当时也获当局认可的印度人、华人的习惯法等同。③ 对英国人而言，法院认可伊斯兰法并不是因为他们认同伊斯兰的法学观，而是认可穆斯林有权以穆斯林的习俗来处理他们的家庭事务。④ 这种视伊斯兰法为穆斯林个人信仰和家庭事务的立法原则便成为日后英属马来亚殖民政府评估制定伊斯兰法的基本原则。⑤

---

① 关于属人法在马来西亚的发展历史，可参考 M. B. Hooker, *The Personal Law of Malaysia*, Kuala Lumpur: Oxford University Press, 1976, pp. 1 – 14。

② 当时的检察总长 1880 年 6 月 1 日立法议会的备询上宣称"英国的政府在印度从来就不会干涉印度人和穆斯林的宗教事务，一些英国法律如属人法不适用于穆斯林社群上"。见 Moshe Yegar, *Islam and Islamic Institutions in British Malaya: Policies and Implementation*, pp. 129 – 130。

③ 当时英国殖民政府定义其所认可的属人法是属于特定群体的家庭法部分，即在这个部分上他们"宗教、风俗和习俗"（religion, manners and custom）有关的事务。在这个原则下，被承认的华人习惯法是指结婚、离婚和财产继承方面——即华人之婚姻事务不受英国法律之管辖，唯 1976 年马来西亚联邦政府通过《1976 年结婚和离婚条例》（*Marriage and Divorce Act 1976*, Act 164）之后，华人和印度人的属人法被该法完全取代而不复存在。见 Wan Arfah Hamzah and Ramy Bulan, *An Introduction to The Malaysian Legal System*, pp. 136, 153, 174。

④ 1858 年海峡殖民地法官 Sir Benson Maxwell 就直接陈明"如果穆斯林的离婚方式被认可，是因为英国的法律认可它存在"。见 Pawancheek Maricen, "The Syariah/Civil Law Dicthotomy and Its Impact on the Malaysian Legal Syatem" *International Islamic University of Malaysia (IIUM) Law Journal*, Vol. 12, No. 2, July-December, 2004, pp. 235 – 258。

⑤ Mahmood Zuhdi Abd. Majid, *Pengantar Undang-undang Islam Di Malaysia*, Kuala Lumpur: Pernebit Universiti Malaya, 1997, p. 147.

从1874年英国和霹雳（Perak）苏丹国签署《邦咯条约》（*Treaty of Pangkor*）开始，① 就陆续以和马来统治者缔约的方式取得马来半岛内陆各邦国的统治权力，所有的条约都以《邦咯条约》的精神为基础。《邦咯条约》最主要的内容是苏丹"必须委任一个英国官员作为参政官驻扎当地，国内所有的政务除了马来宗教和习俗外必须要咨询参政官的意见"②。在这条约的制约下，霹雳邦苏丹设立了一个由参政官主导的邦议会（state council）以协助立法的工作，虽然苏丹有解散议会和否决法案的权力，但国家的实际行政大权操纵在英国参政官手上，苏丹只是给予法案的同意权。而作为出让统治权的回报，英国也给予苏丹优厚的津贴。从1874年到1889年英国以这种治理模式先后控制雪兰莪苏丹国（Selangor）（按：自1874年开始）、森美兰联合酋长国（Negeri Sembilan）（按：自1889年开始）③ 和

---

① 《邦咯条约》（*Treaty of Pangkor*）是1874年英国海峡殖民地总督Andre Clark在协助平定霹雳邦内战后，和被英国拥立的新任苏丹阿都拉亲王（Raja Abdullah）所签署的条约。在此条约下霹雳邦成为英国的保护国。此条约象征英国殖民势力第一次伸入马来半岛内陆。

② 条约原文如下所示："That the Sultan receives and provides a suitable residence for a British Officer, to be called resident, who shall be accredited to his court, and whose advice must be asked and acted upon in all questions, other than those touching Malay religion and custom."。见Hamid Josh, "Pemakaian undang-undang Islam Kini dan Masa Depannya di Malaysia", in Ahmad Ibrahim ed, . *Al-Ahkam Jilid* 1：*Undnag-undang Malaysia Kini*, Kuala Lumpur：Dewan Bahasa Dan Pustaka. 1995, pp. 58 – 83。

③ "森美兰"（Negeri Sembilan）在马来文是"九个州属"之意，即森美兰是由来自苏门答腊（Sumatera），奉行母系社会制度的米南加保族（Minangkabau）中的九个氏族于1773年（他们的移入最早可追溯到1677年）因对抗外侮而组成的联合邦，各族的首领称为拉惹（Raja），联合邦的领袖称为严端（Yamtuan）或最高统治者（Yang di-Pertua Besar）。见Haji Buyong Adil, *Sejarah Negeri Sembilan*, Kuala Lumpur：Dewan Bahasa Dan Pustaka, 1981, pp. 3, 45。

彭亨苏丹国（Pahang）（按：自 1888 年开始）。① 自此各邦马来统治者仅对宗教或民俗的事务有统治权力，其余世俗权力皆被参政官所侵夺。

1896 年 7 月上述各马来土邦的统治者在英国的威迫利诱下，签署条约同意把他们的邦国合并为马来联邦（Federated Malay States，FMS），由设在吉隆坡的总参政官（Resident-General）统合管理，②"总参政官在穆斯林宗教事务以外的一切行政事务上的建议必须要被各邦统治者所接受"③。1909 年吉隆坡再设立一个由英属马来联邦钦差大臣（High Commissioner for the FMS）担任主席的联邦议会（federal Council）掌管全联邦大部分的立法权，各邦的地方议会只剩下对传统马来人事务即马来人的信仰——伊斯兰教以及马来习俗事项有立法权，同时各邦马来统治者对中央联邦议会所订定的法案也没有否决权。④ 至此，马来联邦内的四个邦国名义上虽仍属"独立国"，各邦马来统治者仍拥有法定"统治者"的地位而享有刑事和民

---

① 有关这方面的历史，可参考 Andaya，Barbarra Watson & Leonard Y. Andaya，*A History of Malaysia*，pp. 157 – 204. 或 Muhammad Kamil Awang，*The Sultan and the Constitution*，pp. 18 – 64。

② Wan Arfah Hamzah and Ramy Bulan，*An Introduction to The Malaysian Legal System*，pp. 137 – 139.

③ Wu Min Aun，*The Malaysian Legal System*，p. 148.

④ 联邦议会最初的成员有一位最高专员（按：直至第二次世界大战后马来联邦解散时此位置一直由海峡殖民地总督所担任），一位总参政官（按：在 1910 年被新设的总秘书取代），四位马来统治者，四位相关邦国的参政官以及四位由最高专员所提名的代表。换言之在一人一票的情况下，马来统治者在议会的地位和其他的成员等同。马来联邦议会成立的经过可参考 Eunice Thio，*British Policy in the Malay Peninsula，1880 – 1910：Vol. 1，The Southern and Central States*，Kuala Lumpur：University of Malaya Press，1969，pp. 190 – 221。

事的免责权，① 但实际上他们却沦为英殖民政府颁布法案的橡皮图章，各邦国亦成为联邦内的州属。

为安抚马来统治者，马来联邦英国最高专员仿照印度模式自1897年起就不定期召开集合四邦统治者的"杜邦会议"（Durbar conference），此会议日后又称为统治者会议（conference of rulers），以征询各邦统治者关于"穆斯林宗教和马来人利益"的意见。② 马来联邦的政治体制就成为马来西亚的前身——它的联邦制度、马来君主地位以及中央立法议会至上的制度就是构成日后马来西亚宪法的基本要件。③ 至于半岛上其他五个邦国登嘉楼（Terengganu）、吉兰丹（Kelantan）、吉打（Kedah）、玻璃市（Perlis）和柔佛（Johor）由于被英国侵占的时间较晚，得以免除被并入联邦的命运，直至1946年，它们都是以个别缔结条约的方式接受英国派遣顾问（advisor）并承认英国宗主国的地位，唯相较马来联邦内各邦，它们的统治者享有更高的自主权，这些邦国统称为马来属邦（Unfederated Malay States，UMS）。

1909年联邦议会协议（Federal Council Agreement）第9条规定任何"关于穆斯林宗教、清真寺、政治退休金、地方酋长和村长以及其他钦差大臣认为影响各邦统治者权力和特权（prerogative）的事项应交由邦议会并由其专责来处理"④。因此从联邦议会的设立伊始，伊斯兰事务成为地方分权的主要事务。

---

① 19世纪曾经有一系列英国籍人民控告马来统治者的诉讼，但英国法院裁定马来各邦统治者是"独立主权国家的国家元首"（a sovereign ruler of an independent foreign country），所以有免责权。见 Wu Min Ann，*The Malaysian Legal System*，p. 23。

② 关于 Durbar 会议的召开始末，可参考 Eunice Thio，*British Policy in the Malay Peninsula*，1880—1910：Vol. 1，The Southern and Central States，pp. 177 - 179。

③ Wu Min Ann，*The Malaysian Legal System*，p. 91。

④ Ibid.，p. 35。

由于各马来邦国的法律体系相当粗糙,① 自从英国在各马来邦国设立参政官制度开始就积极立法,这些法律大多直接抄录自英属印度的相关法律,主要包括《刑事法典》(Penal Code)、《证据法》(The Evidence Enactment)、《契约法》(The Contact Enactment)、《刑事程序法》(The Criminal Procedure Code)、《民事程序法》(The Civil Procedure Code)和《土地法》(Land Enactment)等,② 这些法案一经制定就立即取代传统上以伊斯兰法为主的马来诸邦的法典,伊斯兰法的施行范围一再萎缩至个人家庭和宗教事务的领域,其中唯一受英殖民政府认可的伊斯兰刑法是1894年开始在马来联邦四州订定的《通奸防治条例》(The Prevention of Adultery Registration),③ 这主要还是英国殖民官不承认通奸罪为刑事罪行,而将其视为和属人法一般的习惯法之故。④

综合诺哈希玛(Norhashimah)和依布拉欣·依斯迈(Ibrahim Ismail)的观点,他们认为英国法律乃透过以下的两种途径在马来亚各邦实施:

一、透过立法途径:在英国参政官或顾问的强行主导下,一系列以英国法律为模式的成文法典陆续被马来各邦采用。

---

① Moshe Yegar 认为殖民前的马来西亚各邦国虽都有各自名义上通行全国的法典,但事实上根本没有所谓的法庭,裁判权完全掌握在地方的酋长手上。见 Moshe Yegar, *Islam and Islamic Institutions in British Malaya: Policies and Implementation*, pp. 150 - 151。

② Ahmad Ibrahim, *The Administration of Islamic Law in Malaysia*, Kuala Lumpur: IKIM, 2000, p. 38.

③ Mahmood Zuhdi. Abd Majid, *Pengantar Undang-undang Islam Di Malaysia*, Kuala Lumpur: Penerbit Universiti Malaya, 1997, p. 69.

④ Ahmad Ibrahim, *The Administration of Islamic Law in Malaysia*, pp. 193 - 194.

二、透过司法人员对法律的诠释途径：由于英国将法官派驻当地，使得当地大部分的法官为英国人或受英式法律教育的官僚。他们本能地只采用他们所熟悉的法律来审议诉讼案件，因此英国法律中的衡平法原则（rule of equity）就以此种方式渐渐被引进马来各邦。①

1937年马来联邦议会颁布了以英国普通法为基础的《民法条例》（Civil Law Enactment 1937），该法案第2条第1款明确说明英国普通法或衡平法为马来联邦所有法律的基础法律。② 此法律在1956年重新修订后扩张至马来半岛全境，于1972年再一次修正后扩张至东马来西亚地区，而成为目前通行全马来西亚的《民法》[Civil Law Act 1956（Revised 1972）]。因此，自1937年以降英国普通法作为马来西亚法律母法的地位于此确定；它的地位亦明确载入今日马来西亚《联邦宪法》第160条当中。③

当英国殖民官和其所属的议会全面改革马来西亚地区法律制度时，伊斯兰法就被定义为规范穆斯林个人事务的属人法而纳入殖民地的法律体系当中；与此同时也存在着华人和印度人的属人法，故属人法并非专为马来人的伊斯兰事务而设。此后

---

① Norhashimah Mohd. Yasin, *Islamization/Malaynisation: A Study on The Role of Islamic Law in The Economic Development of Malaysia 1969 – 1993*, pp. 89 – 90.

② Wan Arfah Hamzah and Ramy Bulan, *An Introduction to The Malaysian Legal System*, pp. 108 – 109.

③ 见马来西亚《联邦宪法》第160条："法律包括在联邦内或当中一部分迄今所执行的成文法、普通法，以及在联邦内或当中一部分迄今所执行的、具有法律效力的习俗或习惯。"（Law includes written law, the common law in so far as it is in operation in the Federation or any part thereof, and any custom or usage having the force of law in the Federation or any part thereof）

马来联邦内的各邦亦各自定义制定它们的伊斯兰法;① 其所施行的范围包括家庭事务如婚姻、财产继承、宗教事务如宗教捐献和清真寺设置等、宗教上的禁忌如通奸罪和污辱伊斯兰先知等。②

1904 年马来联邦四个成员霹雳邦、雪兰莪邦、森美兰邦和彭亨邦皆分别通过了规范穆斯林宗教义务的《穆斯林法律条例》(*The Muhammadan Law Enactment 1904*);这项立法意味着马来联邦内各邦的伊斯兰规范的订定朝向标准化发展。③ 不久马来联邦设立的联邦议会亦在 1935 年制定《穆斯林婚姻条款》(*Mohammedan Marriage and Divorce Registration Enactment, Chapter 197 of the Revised Law of the Federated Malay States 1935*) 和《穆斯林法条款》(*The Mohammedan Laws Enactment, Chapter 198 of the Federated Malay States 1935*),以整合境内四邦的伊斯兰法律。④ 与此同时,马来亚各邦的英殖民官也先后设立了伊斯兰法院 (Islamic religious court) 来授权穆斯林管理以上的事务,制度化伊斯兰的体制和专职官僚如法官 (kathi) 也随之设立。同时英国亦在各邦议会设立特别委员会以处理马来民俗和伊斯兰

---

① 最早是霹雳邦所订定的《1885 年穆斯林婚姻条例》(*Registration of Muhammadan Marriage and Divorce Enactment of 1885*)。见 Norhashimah Mohd. Yasin, *Islamization/Malaynisation: A Study on The Role of Islamic Law in The Economic Development of Malaysia 1969 – 1993*, p. 92。

② 通奸罪在古典的伊斯兰法是属于刑法,最高惩罚是处死。见 Wan Arfah Hamzah and Ramy Bulan, *An Introduction to The Malaysian Legal System*, pp. 138 – 139。

③ 所规范的宗教义务如强制穆斯林必须周五 (Jummat) 前往清真寺礼拜,在斋戒月进行斋戒等。见 Moshe Yegar, *Islam and Islamic Institutions in British Malaya: Policies and Implementation*, pp. 192 – 194。

④ Mahmood Zuhdi. Abd Majid, *Pengantar Undang-undang Islam Di Malaysia*, pp. 67 – 68。

的立法事务，过去传统的宫廷官僚就被收编其中，而这些特别委员会后来就演化成今日马来西亚各州的伊斯兰理事会（Islamic council）。① 仅就属人法或习惯法的范围而言，伊斯兰法所规范的内容在这段时间已经远远大于规范华人的习惯法。虽然如此，伊斯兰法院的裁判权仍然必须受到英国法律的制约：如《1905年的马来联邦法庭条例》（*1905 Federated Malay States Courts Enactment*）就规范了伊斯兰法庭的结构和其判决处分的最高额度。②

自从英国在各邦议会设立"英国式的"伊斯兰法院以来，马来西亚在私法或民法事务上的审理机构出现了伊斯兰法庭和一般民事法庭并存的现象，在1957年马来亚独立后，这种同时拥有伊斯兰法和民法的二元法律体制，仍然保留了下来。③ 同时，英殖民时期的伊斯兰法院也只享有审判权力，执行逮捕和处罚的权力仍然操纵在英国参政官手上。④ 再者，伊斯兰法院的权责亦远不如一般民事法院（civil court）。伊斯兰法院的判决只要和民法有冲突之处，也以民法条例为优先。⑤ 这种情况一直持

---

① William Roff, *The Origins of Malay Nationalism*, p. 73.

② Ibid..

③ Pawancheek Maricen, "The Syariah/Civil Law Dicthotomy and Its Impact on the Malaysian Legal Syatem", *International Islamic University of Malaysia（IIUM）Law Journal*, Vol. 12, No. 2, July-December, 2004, pp. 235–258.

④ Shamsul, A. B., "Islam Embedded: 'Moderate' Political Islam and Governance in the Malay World", pp. 113–120.

⑤ 除了海峡殖民地在1880年就有伊斯兰法院之外，半岛上内陆各邦伊斯兰法院的设立年代如下：霹雳（1880）、雪兰莪（1885）、彭亨（1900）、森美兰（1901）；以上为马来联邦，至于马来属邦的部分，则有：吉兰丹（1904）、丁加奴（1917）、吉打（1905）、玻璃市（1911）、柔佛（1905）。见 Mahmood Zuhdi Ab. Majid, *Bidang Kuasa Jenayah Mahkamah Syariah di Malaysia*, Kuala Lumpur: Dewan Bahasa dan Pustaka, 2001, pp. 125–135。

续到马来西亚建国后，马哈蒂尔主政时代的 1988 年。①

总言之，英国以统治印度时期在当地设立管理穆斯林家庭事务的法律制度，来作为制定马来半岛伊斯兰法律的参照依据，伊斯兰法被肢解为穆斯林的私法或属人法而成为英国法体系的一员，伊斯兰法原先作为马来半岛各邦国主要法律体系的地位在殖民时期被降级为个人家庭或民俗事务的法源基础。虽马来统治者可主导伊斯兰事务的立法事宜，唯所有邦议会通过的法律包括穆斯林事务的相关法律必须以英文来书写，也必须经由英国参政官的副署同意方能生效，② 它也可以说是一套英国化的伊斯兰规范：如各邦议会在其所订定的伊斯兰法中一律把穆斯林称为"穆罕默德教徒"（Mohammedan）不但反映出当时英国人对伊斯兰的偏差理解，也具体地反映了英国殖民官对伊斯兰事务的干涉权力。③ 因此表面上设立伊斯兰法庭，似乎代表英国人尊重马来社会的自治权利，但一切法律的英语化、英国化也可以看出英国对马来社会的全面控制。

尽管如此，英国人让马来统治者担任各邦名义上的元首和

---

① 1988 年 6 月 10 日马来西亚国会通过了《联邦宪法》第 121 条之 1（1A）的修正案，规定民事法院的管辖权不能及于伊斯兰法院所管辖之事务。从此联邦法院对伊斯兰法院的判决不再拥有任何干涉的权力，这是马来西亚法律发展的一项重要的改变，从此马来西亚伊斯兰法庭的地位大幅提升。相关内容见陈中和《当代马来西亚政教关系研究——以伊斯兰法律地位的变迁为视角》，《南洋问题研究》2018 年第 1 期，第 46—62 页。

② Abdul Kadir bin Hj. Muhammad, *Sejarah Penulisan Hukum Islam di Malaysia*, pp. 134, 180.

③ 伊斯兰教徒信仰的是安拉，而非穆罕默德，穆罕默德只是安拉的其中一位先知，把信仰伊斯兰教比作信仰穆罕默德，是对伊斯兰教的一种误解。法律上"穆罕默德教徒"的称呼在 20 世纪 50 年代马来亚联邦各州开始陆续制定伊斯兰行政法时才陆续被"正名"为穆斯林。见 Abdul Kadir bin Hj. Muhammad, *Sejarah Penulisan Hukum Islam di Malaysia*, p. 163。

伊斯兰教的领袖，并担负捍卫和保护伊斯兰教的角色，至少让马来族群在心理上认为这个国家仍然是属于他们的国家。① 另外，英国式的民法在马来亚的实施，代表英国制度和权力在马来亚的行使，他的法官大多皆由英籍人士所担任。同时英国化的伊斯兰法庭的建制，也代表了英国在马来社会构筑了一个规范马来社会所有生活层面的法律体系，唯和其他民事法庭不同，伊斯兰法庭的法官和行政人员事实上全都是由马来穆斯林本身所担任，也就是说，尽管有以上种种的约束，在整个英殖民时期，伊斯兰法庭大体而言仍然是属于马来人自治的范围，在这个情况之下，伊斯兰在英殖民地时代不但成为马来王权的象征，亦逐渐发展成为"马来主权"（Malay sovereignty）的象征，在20世纪初期开始和马来民族主义结合起来。

　　重要的是，因为英国殖民统治保留了伊斯兰的法律体制，过去附属于王权的伊斯兰乌拉玛集团并不因为英殖民的到来而消失，他们反而成为英殖民统治下官僚体系的一分子，使他们的地位得以保全。这无形中也巩固了一个马来伊斯兰体制的利益集团，这些伊斯兰教育源流出生的利益集团，在20世纪初就成为推动马来人伊斯兰主义的一支重要力量。

---

① Moshe Yegar, *Islam and Islamic Institutions in British Malaya: Policies and Implementation*, p. 263.

第 三 章

马来亚多元族群社会的形成与马来民族主义的兴起

第一节　英殖民时期马来亚多元族群社会的形成

马六甲王国在创建初始就是一个国际性的港市，早在15世纪郑和下西洋访问马六甲时，就发现当地就有不少华人居住。15世纪初期，一共有三位马六甲王朝的国王或苏丹曾经五次跟随郑和的船队前往中国朝贡。① 15世纪中叶之后，马六甲亦有派遣移居当地的华人，作为苏丹的特使前往中国朝贡的记录。②

---

① 根据学者对《明实录》的追查，永乐元年（1403）至正统十年（1445）43年间，是马六甲王朝与明朝关系最为密切的一段时期（按：马六甲当时称为"满剌加"），在这期间马六甲国王十六次遣使到中国朝贡，而郑和七下西洋皆访马六甲，三代马六甲国王共有五次亲赴明朝朝贡。其中在永乐九年（1411）7月马六甲的开国国王拜里迷苏剌率妻子及陪臣多达540人入朝，在中国住了两个多月，为当时一大盛事。见龚晓辉《马六甲王朝与明朝的朝贡关系》，《韶关学院学报》2009年第2期，第51—54页。

② 作为例子，《明实录》记载景泰七年（1456）马六甲派李霄充任正使来朝贡，复又在正德四年（1509）派亚刘当副使来朝，而后来查实这位亚刘原是江西万安人萧明举，后因犯罪逃往马六甲再成为通事。可见当时已有华人在马六甲的朝廷任职。见陈鸿瑜《民国前中国与东南亚关系史料编注（二）》，台北新文丰出版公司2018年版，第353、433页。

由此可见，马六甲时代的马来半岛，就有多元族群社会的雏形。

葡萄牙殖民马六甲时期（1511—1642），当地就有一个华人小区，被当地人称为"华人村"，① 这些华人在当地主要从事进出口的贸易行业，他们长年皆和各邦的马来统治者维持良好的关系。当中有的更娶马来女子，进而演化成独特的峇峇文化（Baba culture）。② 因此早在英殖民时代前，华人就已成为马来各邦主要的商业族群。事实上在马来封建体制之下，其统治权力长期阶层化，任何人若私自累积大量财富就是对专制王权的威胁。因此各邦马来统治者皆大力压抑马来平民累积财富，以维系阶层化的统治。而这种压抑私有财产的统治文化提供了华人在当地经商的契机，主要原因还是作为外侨的华商，并不会威胁马来统治者的地位。学者安东尼·米尔纳认为这些马来统治者一方面以不干涉马来人内部事务为交换条件提供土地让"外邦人"华商居住以从事商业活动，另一方面却又全面压制土著商人（indigenous entrepreneurs）的成长，这种打压的结果造成马来社会一直到 19 世纪末都无法拥有一个坚强的商人阶层，也间接促成华人主导当地的商业活动。③

19 世纪初工业革命的兴起带动全球殖民地工业原料的开发，当时马来半岛各邦如霹雳邦已有马来统治者授权华人公司开采

---

① 16 世纪葡萄牙治下的马六甲（1511—1641）就有一个华人村，荷兰人治下的马六甲也有 400 多位华人，占当地人口十分之一，而 19 世纪中叶马来文学家文西阿都拉（Munshi Abdullah）在他的游记也记载彭亨和登嘉楼亦有数十户家的华人村落。见 Anthony Milner, "Who Created Malaysia's Plural Society?", pp. 1 – 23。

② 所谓"峇峇"，就是指融入马来社会，却仍保留若干中国人外观和生活方式的华人。他们在英殖民时代很快就成为英国重用的对象，马来西亚马华公会的创始者即为马六甲的峇峇陈祯禄。

③ Anthony Milner, "Who Created Malaysia's Plural Society?", pp. 14 – 19.

锡矿，并有一些颇具规模的华人社区。① 随着英国 1874 年陆续全面入主马来半岛各邦后，对工业原料特别是锡矿的大量开采，导致 19 世纪末出现极大量的契约华工和华商的移民潮。②

1929 年全球经济大萧条爆发之后，为了防止华人和印度人继续大量移民英属马来亚而造成人口比例进一步失衡，英属马来联邦政府于 1928 年 5 月订立《移民限制法令》(*The Immigration Restriction Ordinance*)，并在之后规定从 1930 年 8 月 1 日起必须限制每个月入境马来亚的外国移民，1930 年 2 月 5 日上任的海峡殖民地总督金文泰（Cecil Clementi）进一步对华人采取严厉限制的移民政策，③ 把每个月从中国入境的华人大幅限定为

---

① 如马来西亚著名的锡矿产地霹雳邦拉律（Larut）在 1850 年左右只有 3 位华人居民，发现锡矿后华人在 1872 年已经增加到 4 万人。他们主要是前来开矿的契约劳工，大多来自以客家人为主的海山（Hai San）公司和以广东人为主的义兴（Ghee Hin）公司。1871 年这两家公司为争夺地盘甚至介入霹雳邦两位王子的王位继承战争。在内战僵持不下之际，交战的其中一方王子拉惹阿都拉（Raja Abdullah）邀请英国海峡殖民地总督克拉克（Andrew Clark）派军队来"进行调解"，在克拉克主导下交战双方包括海山和义兴公司的领袖于 1874 年 1 月 20 日在邦咯岛签署条约并承认拉惹阿都拉为霹雳邦苏丹，但苏丹必须接受英国派遣参政官以为回报，此为英国全面控制马来内陆各邦的开始。见 Barbara Watson Andaya & Leonard Y. Andaya, *A History of Malaysia*, pp. 153 – 159。

② 19 世纪末的华人通常先从中国到达新加坡港，再从新加坡港转移到其他地方。一项海峡殖民地档案的统计显示，从 1881 年至 1941 年的 61 年间，从中国南来英属马来亚，入境海峡殖民地的华人就累积多达 1000 万人次（1008 万 7185 人）。数量之多，可说是人类史上少见的移民潮，当然这个数据也包含多次入境的人次，而且当中也有一些人选择衣锦还乡回中国，但当中也有许多人就在英属马来亚落地生根，安居落户。见 Saw Swee Hock, *The Population of Peninsular Malaysia*, Singapore：Singapore University Press, 1988, pp. 19 – 32。

③ 金文泰在海峡殖民地总督任上的任期为 1930 年 2 月 5 日至 1934 年 2 月 17 日，在这之前他是香港总督，他担任海峡殖民地总督的同时也担任马来联邦的钦差大臣（High Commissioner），因此他是实际上英属马来亚的最高长官。见 William Roff, *The Origins of Malay Nationalism*, pp. 64 – 65。

6千人，此举成功遏阻了非马来人的移民潮。《移民限制法令》颁布后，从中国入境英属马来亚的华人从1930年的24万2149人，急降至1931年的7万9091人，1932年更降至3万3543人，①1933年英属马来联邦政府又订定了《外国移民条例》(*Alien Ordinance 1933*)，进一步限制非马来人成为马来联邦公民的权利，移民潮才稳定减缓，马来亚社会的人口比例才逐步稳定下来。②

为避免干扰马来社会，这些华人被限定居住在特定的区域。当中的一些人在当地累积财富后亦从事经商行业。华人聚集地亦逐渐发展成商业城镇，这些华人对英属马来亚的经济发展有极大的贡献，更是各邦政府税收的主要来源。③ 为平衡大量移入的华工，20世纪初英国也从印度引进大量的印度劳工从事当时新兴的橡胶种植业。④ 如表3-1所示，发展所至，太平洋战争前的英属马来亚就成为一个多元族群的社会，甚至亦造成马来族群的人口在1921年首次少于英属马来亚总人口的半数，反之，到了1931年非马来人居民已经大幅超越了马来人口，占

---

① 印度移民的降幅虽不比中国人，但也同样可观，从印度入境的人从1930年的7万317人分别降至1931年的2万734人和1932年的1万8637人。见Saw Swee Hock, *The Population of Peninsular Malaysia*, pp. 19-32。

② 相关资料可见Hua Wu Yin, *Class and Communalism in Malaysia: Politics in a Dependent Capitalist State*, pp. 64-65。

③ 以1890年雪兰莪邦为例，虽不满一半的人数，但华人缴纳的赋税占了该邦的税收的89%。而马来联邦第一任总参政官瑞天咸（Sir Frank Athelstane Swettenham, 1850—1946）曾说："马来联邦的繁荣主要是归功于华人的企业和华工。"见Andaya & Andaya, *A History of Malaysia*, p. 178; T. N. Harper, *The End of Empire and the Making of Malaysia*, p. 24。

④ 印度移民主要是以南印度淡米尔人为主，他们在1947人口统计中占了所有印度移民的78.9%。见Gordon P. Means, *Malaysian Politics*, New York: New York University Press, 1970, p. 40。

434 万总人口的 55.6% 之多，其中华人人口数量有 170 万人，占 39.2% 之多，已经逼近马来人的 190 万人。

表 3-1 英属马来亚（含新加坡）的总人口：1911 年至 1947 年①

族群	年份			人口比例		
	1921 年	1931 年	1947 年	1921 年	1931 年	1947 年
马来人	1623014	1930044	2543569	48.8%	44.4%	43.5%
华人	1171740	1704452	2614667	35.2%	39.2%	44.7%
印度人	471514	621847	599616	14.2%	14.3%	10.3%
欧洲人	14894	17686	18958	0.4%	0.4%	0.3%
欧亚混血人（Eurasians）	12629	15999	19171	0.4%	0.4%	0.3%
其他族群	32904	57676	52929	1.0%	1.3%	0.9%
总计	3326695	4347704	5848910			

这种情况如同成长于战前的马来民族主义领袖，后来成为马来西亚第四任（1981—2003）和第七任（2018—2020）首相的马哈蒂尔（Mahathir Mohammad）所言，"到了 20 世纪 30 年代初，马来人竟然逐渐成为他们自己国家的少数族群，要不是 20 世纪 30 年代的经济大萧条，许多华人和印度新移民选择回乡，马来人将完全失去马来亚"②。从这时开始，马来社会兴起了一种马来族群的危机意识，这种危机意识进一步促成马来民族主义运动的兴起。

由于沦为英国保护国的马来各邦在法律上仍然是属于主权

---

① 此表格中的"马来人"含非马来人原住民以及从荷属东印度（印度尼西亚）移入的原住民。见 Ariffin Omar, *Malay Concepts of Democracy and Community*：*1945 - 1950*, Kuala Lumpur：Oxford University Press, 1993, p. 8。

② Mahathir bin Mohamad, *A Doctor in the House*：*The Memoirs of Tun Dr Mahathir Mohamad*, Kuala Lumpur：MPH Group Publishing Sdn. Bhd.，2011, p. 27.

国家,对英国统治者而言,让马来社会保持原有的生活方式,维护马来统治者的传统地位,是其介入马来邦国政治的前提,①同时英国政府也不愿强迫马来人脱离其原有的传统农耕生活从事新兴产业活动以防激起民变,故引进廉价的印度和中国外籍工人乃势所难免。对马来社会而言,由于传统的马来统治者压抑马来平民累积财富,马来贵族本身亦不热衷于商业活动,从16世纪以来就有许多华商在当地成为马来社会对外贸易的中介。②19世纪末殖民政策在半岛各邦带来的资本主义市场经济也使大批刻苦耐劳的华商获益,半岛因经济繁荣而冒起的各大城镇更成为"华人城市";③反之,到1931年,马来人只有11%的总人口居住在城市地区,许多马来人仍然安于农耕生活的环境,不愿前往都市谋生,印度人则因职业关系多聚集在橡胶园坵周边。④

这三大族群在外观、宗教信仰、语言和文化特征上本来就有很大的差异,他们从事的职业又有所区隔:华人多从事矿业、劳工、运输,或以中间买办商人、零售商为主的商业活动,马来人则从事森林业与农渔业的工作,印度人大多从事与园坵(以橡胶园为主)相关的工作,在平均所得上通常以华人的收入

---

① 在此 William Roff 亦提到"从英国对马来各邦实施保护开始,英国人就不断承诺会保护马来人的土地和维护马来农民的传统生活方式"。见 William Roff, *The Origins of Malay Nationalism*, p. 122。

② Anthony Milner, "Who created Malaysia's Plural Society?", pp. 1 – 23.

③ 1901年在马来联邦最大城市吉隆坡(Kuala Lumpur)的32381人口当中华人就占了23000人,其中只有3727人是马来人。到了1921年马来联邦已有七个人口超过一万人的都市,但马来人却只占了总人口190606人当中的10%。见 William Roff, *The Origins of Malay Nationalism*, pp. 30, 112。

④ C. A. Vlieland, *British Malaya: A Report on the 1931 Census and in on Certain Problems of Vital Statistics*, London: Waterlow & Sons, 1932, p. 48.

最高，马来人次之，印度人居末，这种情况至今未变。以居住的环境而言，马来人绝大多数住在乡村，华人绝大多数住在城镇或矿场外围，印度人绝大多数住在园坵里头。① 基于各族群几乎泾渭分明的居住领域，20 世纪初期到战前一个如同傅尼瓦（J. S. Furnival）所说的多元族群社会（plural society）在英属马来亚于焉成形。②

第二节　英国分而治之的殖民统治

正如霍布斯邦（Eric J. Hobsbawm）所言，"族群之所以能成社会组织的一种形式，乃是基于后天文化的塑模，而非先天生物因素所能决定"③。对许多学者如阿里分奥玛（Ariffin Omar）和旺哈欣（Wan Hashim）等而言，马来亚多元族群社会的产生虽导因于引进外劳的殖民政策，但多

---

① 以 1931 年马来联邦人民职业统计为例，马来人（含其他荷属东印度马来新移民）占了所有稻农（92052 人）的 96.81%，华人占了所有矿工（76616 人）的 92.28%，在所有橡胶工人（280331 人）当中印度人占了 46.76%，而华人为 35.95%，马来人只有 17.29%；而在所有商人（22617 人）当中，华人就占了 74.70%，马来人只有 4.63%，甚至比占 19.59% 的印度人来得少，只比欧洲人的 1.08% 略多。见 Rupert Emerson, *Malaysia: A Study in Direct and Indirect Rule*, Kuala Lumpur: University of Malaya Press, 1970, p. 183。

② J. S. Furnival 是战前英国前往缅甸的学者，他针对缅甸族群分化的社会状况提出了"复式社会"（plural society）的概念，它是指"相异的社群各自生活在同一政治实体（political unit）内，每一个群体皆保有其原属的宗教、文化和语言以及生活方式，不同族群之间多只在市场上的交易过程中发生关系，甚至在经济领域中也有职业依族群而分类的现象"。这个著名的定义被许多学者应用在对马来西亚族群结构的探讨上。见 J. S. Furnival, *Colonial policy and practice: a comparative study of Burma and Netherlands India*, New York: New York University Press, 1956, p. 304。

③ ［英］艾瑞克·霍布斯邦：《民族与民族主义》，李金梅译，台北麦田出版社 1997 年版，第 83 页。

元族群社会的结构化却主要是来自英国人"分而治之的政策"(divide and rule policy)。① 综合而言,这个政策的内涵具有以下几种层面:

第一种分而治之的政策首先是各族群居住领域分化的政策:为保护马来人土地免受商人兼并,马来联邦议会(federal council)在1913年颁布了《马来人保留地法令》(*Malay Reservations Enactment 1913*),这些以稻米农耕地为主的马来保留地在马来人居住区域大量设立,从而阻止了非马来人对马来居住区域的"渗透"。② 但也由于马来乡村大幅实施马来保留地的制度,使非马来人较难以在城镇以外的地区发展经济活动,遂在20世纪初期造成三大族群在职业、所得与居住环境上泾渭分明的现象。③ 与此同时英国人在建设新都市时采取"族群分区政策",将都市的居住区域划分成欧洲人、马来人、华人和印度人的居住区,各区域皆有明显的特色,其中白人居住的地区和活动场所如高尔夫球场等更有明确的分界,除了受邀的马来贵族等社

---

① "分而治之"的政策(divide and rule policy)一词在许多讨论殖民政策的文献皆有提及。可参考 Tunku Abdul Rahman Putra Al-Haj, "Alliance Wins the First Round in Elections Shouts of Merdeka Fill the Air", in Tunku Abdul Rahman Putra Al-Haj, *Looking Back: Monday Musings and Memories*, pp. 44 – 51; Wan Hashim, *Race Relation in Malaysia*, Kuala Lumpur: Heinemann Educational Books (Asia) Ltd., 1983, p. 17; Collin E. R. Abraham, *Divide and rule: the roots of race relations in Malaysia*, Kuala Lumpur: Insan, 1997; Donald M. Nonini, *British Colonial Rule and the Resistance of the Malay Peasantry, 1900 – 1957*, New Haven, Connecticut: Yale University Southeast Asian Studies, 1992, p. 95; William Roff, *The Origins of Malay Nationalism*, p. 135。

② Anthony Reid, "Understanding Melayu (Malay) as a Source of Diverse Modern Identities", pp. 1 – 24。

③ 华社资料研究中心编辑部:《马来西亚种族两极化的根源》,吉隆坡华社资料研究中心1987年版,第12页。

会名流之外，他人未经许可不得擅自入内，① 这种"族群分区政策"除避免族群冲突外，也方便利用族群间的矛盾来巩固统治。② 对此，马哈蒂尔认为："在英国统治时期，马来人跟华人、印度人这两个种族除了日间生意和工作上的短暂接触之外，是从未混杂居住的。同样的，住在市镇和锡矿场的华人，也很少有机会见到马来人。因此严格的族群冲突并未发生。"③

第二种分而治之的政策，是采取职业分化的政策：根据学者唐纳德·M. 诺尼尼（Donald M. Nonini）的研究，第二次世界大战前马来亚职业分类的族群化并非来自市场机制，而是来自英国的人为操纵。④ 殖民前的马来半岛就有某种族群多集中从事某一行业的现象，唯英国殖民政策却使其变本加厉；如第一次世界大战期间为取得足够粮食供应，1917 年马来联邦各邦参政官订立《稻田法令》（*Rice land Enactment 1917*）除了禁止马来稻农耕种其他农作物之外，更禁止马来保留地被当成银行的抵押品，而次年修改的《1911 年土地法令》（*Land Enactment 1911*）亦禁止稻米农耕地转为他用。⑤

---

① Mahathir bin Mohamad, *A Doctor in the House*: *The Memoirs of Tun Dr Mahathir Mohamad*, Kuala Lumpur: MPH Group Publishing Sdn. Bhd., 2011, pp. 53 – 65.

② 最典型的就是吉隆坡和新加坡的都市规划，至今在吉隆坡和新加坡都可以明确区分印度人、马来人和华人居住的区域。"族群分区政策"乃是引用张集强的说法。又，根据马哈蒂尔的看法，假如吉隆坡不设立专门让马来人居住的马来保留区，马来人将在市区内会被完全驱逐出去。见张集强《英参政时期的吉隆坡》，吉隆坡大将出版社 2007 年版，第 70—71 页。

③ ［马］马哈蒂尔：《马来人的困境》，刘鉴铨译，吉隆坡世界书局（马）有限公司 1981 年版，第 10 页。

④ Donald M. Nonini, *British Colonial Rule and the Resistance of the Malay Peasantry*: *1900 – 1957*, p. 80.

⑤ 20 世纪 30 年代各个马来属邦的英国参政官也制定类似的法令。见 William Roff, *The Origins of Malay Nationalism*, pp. 123 – 124。

如此一来，广大的马来农民被束缚在原有的农村社会中，他们也无法参与新兴的经济活动如矿场、橡胶业和商业等；这些行业遂被华人、印度人和英国资本家所占据。英国人甚至有计划引进南印度移民当铁路、邮政雇员等。① 与此同时住在都市并接受英语教育的侨生华人亦受英政府的青睐，至太平洋战争爆发之前，大部分英属马来亚的低阶公务文员和技术劳工皆由这些拥有英语能力的华、印族群所担任。② 再者，英籍企业主亦普遍认为华、印移民远比马来人勤奋，因此马来人成为私营企业雇员的比例也偏低。③

英国政府在1910年设立了马来亚行政公务体系（Malaya Administrative Service，M. A. S.）专门吸收少数英语教育源流出生的马来皇室子弟担任地方公务中高阶主管（按：如县长或区长等），以培养马来统治阶层；反之，非马来人尽管充斥各部门，但他们只能担任低阶的基层公务员，完全被排斥在行政的阶层之外。④ 此外在各邦马来统治者和贵族的督促下，马来联邦

---

① William Roff, *The Origins of Malay Nationalism*, pp. 110 – 111.
② 一项统计显示，截至1938年，在马来联邦七个重要政府部门的6678位雇员当中，马来人仅占了1741人（26.07%），南印度人占了3181人（47.63%），华人占了1169人（17.5%），其他人种有588人（8.8%）。也就是说，即使在当时的殖民政府公务员体系，马来人仍然只是少数。见 William Roff, *The Origins of Malay Nationalism*, p. 120。
③ William Roff, *The Origins of Malay Nationalism*, p. 112.
④ 针对这个在公务员任用方面偏袒马来人的做法，1937年马来联邦钦差大臣 Sir Shenton Thomas 曾表示除了原住民（native）和英国国民之外，过去没有其他外来者（foreigner）可以担任公务体系行政工作的先例。相关资料见 Ong Hak Ching, *Chinese Politics in Malaya：1942 – 1955：The Dynamics of British Policy*, Bangi：Penerbit Universiti Kebangsaan Malaysia, 2000, p. 41；Mohd. Ashraf Ibrahim, *Gagasan Bangsa Malayan yang Bersatu：1945 – 1957*, Bangi：Universiti Kebangsaan Malaysia, 2004, pp. 43 – 44。

于 1934 年也设立了一个纯马来人组成的马来军团（Malay regiment），以协助英军捍卫马来联邦。①

这种居住环境和职业分配族群化的情况逐渐成为马来西亚社会族群分化的主要根源。② 对马来族群而言，从事职业的单元化导致他们无法享受因经济发展所带来的成果，如同马哈蒂尔所言，"在英殖民时代，马来人是整个马来半岛上最贫困的族群，在城市几乎看不见任何马来商店，而在乡下几乎所有的杂货店也都是由华人和印度人所经营"③。故而早在 1937 年，著名史学家鲁伯特·艾默生（Rupert Emerson）就指出马来亚殖民经济的成长反而"使马来人的经济地位在他们自己的国家被剥夺"④。

事实上，在英殖民经济体系下，英国的大资本家和财团才是最大的受惠者，如 1940 年作为世界最大的橡胶和锡矿生产地，英国和欧洲财团控制了马来亚 75% 以上的橡胶园地，其余才属中小型华人园主所拥有。⑤ 在锡矿产量方面，1937 年欧洲

---

① Ismail Noor dan Muhammad Azaham, *Takkan Melayu Hilang di Dunia*, Kuala Lumpur: Pelanduk Publication, 2000, pp. 28 – 29; Harold Crouch, *Government and Society in Malaysia*, p. 134.

② Wan Hashim 称这种现象为"居住地的隔离"（residential segregation）和"职业的专业化"（occupational specialization）。见 Wan Hashim, *Race Relation in Malaysia*, p. 61。

③ Mahathir bin Mohamad, *A Doctor in the House: The Memoirs of Tun Dr Mahathir Mohamad*, p. 88.

④ 原文："The result has been, aa the above summary indicates, that the Malay has been economically dispossessed in his own country." 见 Rupert Emerson, *Malaysia: A Study in Direct and Indirect Rule*, p. 185。

⑤ Victor Purcell, *The Chinese in Malaya*, Kuala Lumpur: Oxford University Press, 1967, pp. 241 – 242; Christopher Hale, *Massacre in Malaya: Exposing Britian's MyLai*, UK: The History Press, 2013, pp. 80 – 90.

财团生产 68% 的锡矿产量，华人矿主仅有 32% 的生产量。① 换言之，欧洲财团位居殖民经济结构的最顶端，华商由于多为中小企业主，或充当货物和农产品买办的角色，只位居中层，广大的马来农民处于殖民经济结构的最底层，但他们平常所接触的商人却往往又是位居中层的华商，久而久之，马来社会对华人的各种负面印象或传说（按：如华人控制马来亚的经济等）就逐渐成形。②

第三种分而治之的政策，是族群分化的教育政策：自 1880 年起，英国就在马来联邦各大城市设立英语学校招收各族学生，但由于都市马来人口相对稀少，且马来家长多不接受孩子前往英语学校就学，因此所招收的学生绝大部分为非马来人。③ 1905 年英国亦在霹雳邦的皇城瓜拉江沙（Kuala Kangsar）设立了一个以英语教学，专门收容马来亚各邦马来皇室和贵族子弟的马来住宿学校（Malay residential School），以培养马来贵族领导阶层，使其能成为各邦中高阶的行政官僚，以分担英籍主管在地方的行政工作。该学校在 1909 年升级为瓜拉江沙马来学院（Kuala Kangsar Malay College，KKMC），提供完整的中学教育，该校被称为"东方的伊顿"（Eton of the east），④ 该校许多学生毕业后继续公费留学英国，归国后多成为第二次世界大战前马来各邦在地方上的行

---

① 戴渊：《英属马来亚华人资本主义经济：1900—1941》，吉隆坡南大教育与研究基金会 2018 年版，第 90—104 页。

② 相关讨论可见古鸿廷《东南亚华侨的认同问题》，台北联经出版事业股份有限公司 1994 年版，第 7—29 页。

③ 到 1900 年为止马来联邦就有 24 所英语学校，其中 7 所是基督教教会学校。但所收学生绝大部分为非马来人。到 1941 年，马来人仍然只占了全国英语学校学生之 10%。见 William Roff，*The Origins of Malay Nationalism*，p. 29。

④ Wan Hashim，*Race Relation in Malaysia*，p. 17.

政主管，或被委任成为联邦议会的成员而成为本土的行政管理精英（administrative elite）。① 随后英国也在其他各邦开办这些为数不多的公立英语小学和中学，以培养马来贵族子弟。

英国在乡间亦大量设立马来母语学校（Malay vernacular school）招收马来学生，这些马来母语学校的课程皆由英国教育总监加以规划，它向学生们介绍《马来纪年》等的马来历史文本，以培养马来人整体的族群意识，巩固马来人对苏丹统治和英国的效忠。② 这些马来学校仅提供小学教育，只有少数成绩优秀的马来子弟可以被录取到公立英语中学就读。③ 1922 年马来联邦政府在霹雳邦创办了苏丹伊德里斯师范学院（Sultan Idris Training College，SITC）以培育全国马来母语学校的师资。该学院大量吸收一般马来农民子弟，在第二次世界大战前很快就成为当代马来文学、历史学和马来语言学的传播中心，④ 学者查尔

---

① "管理精英"（administrative elite）一词乃是采用 Wan Hashim 的说法。另一个学者 William Roff 则把这些管理精英称为"行政官僚"（administrative cadre）。见 Wan Hashim, *Race Relation in Malaysia*, p. 17; William Roff, *The Origins of Malay Nationalism*, p. 251。

② A. B. Shamsul, "A History of an Identity, an Identity of a History: The Idea and Practice of 'Malayness' in Malaysia Reconsidered", in Timothy P. Barnard, *Contesting Malayness: Malay Identity Across Boundaries*, Singapore: Singapore University Press, 2004, pp. 135 – 148.

③ 在 1920 年全英属马来亚有 757 所马来学校，46000 位学生。见 William Roff, *The Origins of Malay Nationalism*, p. 128。

④ 1922 年苏丹伊德里斯师范学院最初只有 400 位学生，之后它的老师和学生编写了许多现代马来文学和历史学的经典著作，相关著作均以罗马字母书写，而非早期的阿拉伯文体，以让更多人可以阅读马来文，对马来文的罗马字化功不可没。他们在 1930 年创立一个叫马来亚青年（Belia Malaya）的组织，以发扬马来语文与文化为己任，其主持人即为日后创立马来亚青年协会的依布拉欣·耶谷（Ibrahim Haji Yaakob）。见 Abdul Rahman Haji Abdullah, *Pemikiran Islam di Malaysia*, Kuala Lumpur: Dewan Bahasa dan Pustaka dan Pusat Pendidikan Jarak Jauh, 1998, p. 153。

斯·赫希曼（Charles Hirschman）认为英国人对位居社会上层的马来贵族实施英语的教育，对下层的马来平民实施马来语的教育，其实也加剧了马来社会的阶级分化，① 因此随着时间的推移，这些马来母语学校也就成为下层马来社会民族主义和社会主义思潮的重要发源地。②

根据马来亚开国领导人东姑阿都拉曼的回忆，迄 1933 年为止，乡下地区仍有许多华人小孩就读于马来学校，此举有利于族群的融合，但自 1934 年起，马来亚联邦就"禁止非马来人进入马来学校就读，并规定非马来人必须进入英校或华人学校就读"③。与此同时，自 19 世纪末起各地的华人社区亦相继设立他们的母语学校，唯英政府并不给予拨款补助，这些华人学校多采用中华民国政府的教育课程，它们缺乏对当地认同的经营而形成一个自成一格的教育体系。在这种教育分化的政策下，马来人和非马来人自小就缺乏互动与沟通，各种妨碍族群团结的刻板印象亦相继而生，而 20 世纪初期马来人和华人受教率的提高反而加强了其各自的族群认同，使族群分化的社会进一步巩固。

第四种分而治之的政策，是族群分化的人口统计和公民政策。马来族群原属于印度尼西亚苏门答腊地区的一个族群，它和印度尼西亚的亚齐人（Achiness）、武吉斯人（Bugis）、爪哇

---

① Charles Hirschman, "The Making of Race in Colonial Malaya: Political Economy and Racial Ideology", *Sociological Forum*, Vol. 1, No. 2, 1986, pp. 330 – 351.

② Wan Hashim Wan Teh, "UMNO dan Bangsa Melayu: Sejarah Silam dan Cabaran Mutakhir", in Wan Hashim Wan Teh eds. . *UMNO*: *Dalam Arus Perdana Politik Kebangsaan*, Kuala Lumpur: Mahir Publication Sdn. Bhd. , 1993, p. 159.

③ Tunku Abdul Rahman Putra Al-Haj. , *Looking Back*: *Monday Musings and Memories*, pp. 175 – 181.

人（Javanese）等有所分别，但1891年英属马来联邦在人口统计上开始把马来联邦内的各族群简略地划分为"华人""淡米尔和其他印度人""马来人和其他群岛原住民"（Malay and other Natives of archipelago）等类群；在随后的统计"马来人和其他群岛原住民"更被直接称为"马来人"（Malay）。① 此举事实上不但重新定义了"马来人"，也是对各支"泛马来族群"的内部整合和马来属性（Malayness）的塑造制造了有利的条件。② 对于英殖民者而言，凡被归类为马来人的群体就可被视为马来统治者的臣民，他们可以取得各邦的公民地位，尽管他们当中也有许多境外出生的新移民。反之，除了海峡殖民地的侨生非马来人具有英属殖民地公民身份之外，其他在马来联邦和马来属邦内的非马来人大多皆被视为外来者（foreigner），而不被赋予马来联邦的公民权，纵然他们当中也有不少人是当地出生者。③

这种将马来人和非马来人视为公民和非公民的划分进一步加深了族群间的藩篱：纵然各邦的邦议会和中央的联邦议会皆有委任华人和印度人为代表成员，唯他们仅可以就影响他们族群的事项参与决策，④ 而各邦又设有专责的"华民护卫司"

---

① Anthony Reid, "Understanding Melayu (Malay) as a Source of Diverse Modern Identities", pp. 1–24.

② Anthony Milner, *The Invention of Politics in Colonial Malaya*, p. 52.

③ Oong Hak Ching, *Chinese Politics in Malaya: 1942–1955: The Dynamics of British Policy*, pp. 30–42.

④ 这些议会内非马来人的代表通常就是华人商界领袖或华人社区领袖，他们在各邦并没有担任任何行政官职，他们只有在和华人产业或华人事务有关的立法事项拥有投票权利，而和马来事务相关的立法事宜这些非马来人代表通常都不被邀请出席。见 Mohd. Ashraf Ibrahim, *Gagasan Bangsa Malayan yang Bersatu: 1945–1957*, pp. 34–35。

（Chinese protectorate）来管理华人事务，[1] 如同学者芭芭拉·沃尔森·安达雅（Barbara Watson Andaya）和伦纳德·Y. 安达雅（Leonard Y. Andaya）所言，英国殖民当局将华人和马来人分开管治的方式充分地降低了华人和马来人的互动与接触，[2] 而20世纪初期英国参政官在马来联邦和马来属邦所实施一系列的"亲马来人政策"（pro-Malay policy）亦加深了非马来人和马来人的鸿沟。[3]

英国实施分而治之政策的说法，虽被某些学者如邱家金教授（2006）等所否定，[4] 但大体而言，它仍是众多相关学者的共同意见。笔者认为，英国在当时虽没有明言"分而治之"，但他的统治方式，却呈现出分而治之的结果："英国人这种分化的过程是很巧妙的，它利用既存的各种事物和英国所创的事物。"[5] 对此，学者唐纳德·M. 诺尼尼主张不管有意或无意，英国殖民

---

[1] Barbara Watson Andaya & Leonard Y. Andaya, *A History of Malaysia*, p. 179.

[2] Andaya 和 Andaya 称这种统治模式为"二元制度的政府"（dual system of government）。见 Barbara Watson Andaya & Leonard Y. Andaya, *A History of Malaysia*, p. 181。

[3] 这些"亲马来人政策"种类繁多，主要有：禁止非马来人成为公民，1933年开始限制非马来人移民人口、补助马来人教育、设立马来文官体系甚至设立马来人专属的军团（Malay regiment）等。见 Gordon P. Mean, *Malaysian Politics*, p. 27；John Funston, *Malay Politics in Malaysia: A Study of UMNO and PAS.*, p. 36。

[4] 著名的马来亚大学荣誉教授邱家金（Khoo Kay Kim）在2006年公开对报界提出英国根本没有实施"分而治之"政策，因为他并没有发现英国人当年的历史档案有记载"分而治之"，且"英国人只是根据各族群的生活习性来实施管理"而已。至于马来西亚族群的分化，主要的驱动力是来自各族群自身，而非外力。但很快他就受到许多学者如 Collin Abraham 教授等的批判。相关资料见 Collin Abraham, "Khoo Khay Kim's comments highly impressionistic", *Malaysiakini*, November 27, 2006, http://www.malaysiakini.com/letters/60149, accessed December 1, 2017。

[5] ［马］马哈蒂尔：《马来人的困境》，刘鉴铨译，吉隆坡世界书局（马）有限公司1981年版，第28页。

时期的统治方式就是分而治之。①

这种在职业分布、居住领域上和人口统计呈现族群分化的社会结构导致三大主要族群在第二次世界大战前多半生活在相互隔离的社群里。而教育的分化更使得各自的族群拥有大不相同的成长经验，各自族群社会化的体验也大异其趣。如同学者查尔斯·赫希曼所示，这种分而治之政策，让马来亚各个族群出现地理、经济和社会的隔离现象，在这当中，欧洲人又以所谓的肤色限制（color bar），在生活场域上和所有的亚洲人种隔离，他们只透过英语教育收编少数的马来人贵族和非马来人精英分子，高高在上操控一切。②

在这个殖民统治的多元族群社会结构下，各族群缺乏沟通的机制，这种疏离且冷淡的族群关系使他们彼此无法孕育共有的社会文化，更遑论出现整合各个族群的民族主义。各族群间的隔离以及忽略彼此的生活方式，遂导致各族群出现对其他族群的族群偏见和刻板印象，华人在马来乡村扮演的殖民经济中间人的角色如批发、零售或采购等，更加强了这种反感的情绪。③ 如马哈蒂尔所言，"当时马来人与华人的关系，甚至比他们跟英国人的关系更加疏远"④。

第二次世界大战前马来亚的各个主要族群虽相继出现以其自身族群利益为导向的民族主义运动：唯大多数华人和印度人的政治认同仍和其自身母国的民族主义运动息息相关，即使是

---

① Donald M. Nonini, *British Colonial Rule and the Resistance of the Malay Peasantry*, 1900 - 1957, p. 95.

② Charles Hirschman, "The Making of Race in Colonial Malaya: Political Economy and Racial Ideology", pp. 330 - 351.

③ 华社资料研究中心编辑部：《马来西亚种族两极化的根源》，吉隆坡华社资料研究中心1987年版，第12—13页。

④ ［马］马哈蒂尔：《马来人的困境》，刘鉴铨译，吉隆坡世界书局（马）有限公司1981年版，第75页。

最早在半岛上出现的本土政党马来亚共产党（Malayan Communist Party，MCP）亦无法避免单一族群化，而在数年后成为一个以华人为主的政党。① 至于马来人民族主义运动的产生，却主要就是来自当地非马来人的"挑战"与"威胁"而作出的反应。

对此，马哈蒂尔认为当时马来人强大的危机意识并非来自只占人口极少数的英国殖民者，而是工作勤奋，刻苦耐劳又人口众多的华人："华人一直都在逆境中挣扎求存，四千年来经过一代又一代的择优汰弱，只有强者才能生存，相较马来人不排斥近亲通婚，华人习俗禁止近亲通婚使华人产生更能适应不同环境的下一代。"②

这种高度的适应能力很快让华人成为当地较为富裕的一群，这对当时的马来人形成强大的压迫力："在马来人遗传上和社会影响力已经被削弱的情况下，面对华人移民的挑战，马来人毫无办法，只能不断地撤退，马来人所能够做的事，华人可以做得更好更便宜。"③

显然，在第二次世界大战前华人已经在马来人心目中成为一个强大的族群，这种强大对马来人构成生存空间的威胁："在城市的华人全面控制经济，使城市改变了面貌，小型的马来商人让位于一排又一排的华人商店，当华人不断增加人口，不断拓展他们的经济规模，城市土地价格飞涨，马来人只好逐渐迁居郊外"④；"请看看华人是如何摧毁马来人自给自足的手工艺，

---

① 马来亚共产党于1930年4月30日在森美兰邦的瓜拉庇劳（Kuala Pilah）成立，其核心党员和干部由始至终皆是以华人为主。关于马共的历史，可参考Gordon P. Means, *Malaysian Politics*, pp. 68 - 80。

② Mahathir Mohammad, *The Malay Dilemma*, Singapore: Donald Moore, 1970, p. 38.

③ Ibid., p. 39.

④ Ibid., pp. 39 - 40.

技术行业和商业，英国鼓励华人移民使马来人彻底地从这些工作领域中被排除出去。从这时开始马来人把华人视作一个威胁（menace）"①。同时在当时马来人的眼中，华人也是一个跟本土没有感情，唯利是图的族群，"华人尽可能在最短的时间内赚取最大的利益，仍然想着赚大钱后要回去中国"②。

事实上，马来半岛的许多所谓的城市都是由华人聚集区而发展出来，没有马来人被驱逐的问题，而当时半岛仍然有许多马来人占多数人口的大城市如亚罗士打（Alor Setar），哥打峇鲁（Kota Bahru）等。与此同时，早在20世纪初马来亚就出现一群以效忠本土、成为马来亚人为志愿的华裔，他们在1900年8月于新加坡成立英属海峡华人协会（The Straits Chinese British Association，SCBA），以凝聚和培养华人对英属马来亚的效忠与认同，唯这批华人只属于少数当地土生，并拥有英籍身份的华裔领袖。当时大多数华人和印度人只存有侨居的念头，即使是当地出生者也大多视自己为中国或印度的海外侨民，他们所关心的是中国和印度的民族主义运动，而非马来亚的建国。③

---

① Mahathir Mohammad，*The Malay Dilemma*. p. 41.
② Ibid. , p. 42.
③ 英属海峡华人协会（the Straits Chinese British Association，SCBA），在海峡殖民地三地即槟城、新加坡和马六甲均有分会，他们主张认同大英帝国和马来亚本土。如在1926年，作为英属海峡华人协会主要领袖，同时也是海峡殖民地立法议会议员的陈祯禄（按：他在1929—1934年担任英属海峡华人协会马六甲分会会长），就在海峡殖民地立法议会提出要"不分族群，在大英帝国底下打造一个拥有马来亚意识的马来亚的社群（Malayan community），而这个社群最终必须朝向一个民族自治的方向来发展"。可见当时也有一群华人开始推动认同本土的民族主义运动，唯他们只多属海峡殖民地的英文教育华人，或俗称"峇峇"的本土华人。见杨进发《新马华族领导层的探索》，新加坡青年书局2007年版，第37—46页；Alice Scott Ross，*Tun Dato Sir Cheng Lock Tan：A Personal Profile*，Singapore：A. Scott-Ross，1990，pp. 110 – 123。

在这个社会背景之下,当时许多马来族群主义者仍然认为,华人不但是在种族上、语言、宗教和生活习惯上的非我族类,也是一群拥有许多负面特征(如贪财、不关心本土)的族群,同时华人也被视为一种拥有强大竞争力的族群,"华人威胁论"乃在太平洋战争前逐渐出现,进而成为塑造泛马来族群主义的主要动力。

总言之,英国殖民马来亚的同时也维护了马来人的封建主义(Malay Feudalism),居上层的马来统治者和贵族们仍然在殖民地经济中受惠,华人也因为城市的蓬勃发展而出现了为数不少的富商和中产阶级,反而广大的乡下马来农民仍然生活在贫困之中,因此马来社会内事实上已出现了严重的阶级矛盾,[①] 但"华人威胁论"的出现却又让长期存在的阶级矛盾转化为族群矛盾,进而壮大了马来民族主义的发展。

第三节 太平洋战争前马来民族主义的兴起

艾尼斯特·葛尔纳(Ernest Gellner)主张民族主义出现在经济与政治皆处于劣势,文化上能够自我辨识的族群,这些人因为这样的处境被迫走上民族主义的道路。[②] 约翰·普列门内兹(John Plamenatz)在界定民族主义时,强调必须是

[①] 关于马来社会封建主义和阶级矛盾的问题,可见 Shaharuddin Maaruf, *Malay Ideas on Development: From Feudal Lord to Capitalist*, Strategic Information and Research Development Centre, 2014, pp. 56-73; Syed Husin Ali, *Ethnic Relations in Malaysia: Harmony and Conflict*, Kuala Lumpur: Strategic Information and Research Development Centre, 2008, pp. 39-61。

[②] [美]艾尼斯特·葛尔纳(Ernest Gellner):《国族主义》,李金梅译,台北联经出版事业股份有限公司2000年版,第149页。

一种文化上居于弱势的民族，由于跟其他民族一样追求"进步"（Progress），却无力实现此种普遍理想，于是接受了刺激而奋发图强，所产生的一种"反应"①。一般而言，不管是被怀疑还是真实存在，特定的外在威胁、恐惧与挑战是民族主义产生的缘由，因为它在根本上提供了族群团结和动员的能量。

　　早期马来族群多自我定位为某苏丹的臣民（subjects of Sultan），②唯19世纪末英国人以宗教信仰和"人种"来划分族群使马来族群的属性得到巩固与强化，③但英殖民所带来的西方现代文化思潮，非马来人快速暴增的人口以及其日渐优势的经济地位，加上马来各邦传统王室的衰败，马来社会逐渐出现被边缘化的危机意识，④许多马来知识分子纷纷以各种途径寻求民族团结和自救之路。马来人开始警觉到相对于非马来人，其是落后的（Backwardness），⑤甚至在他族强大的挑战下，马来人可能沦落成与北美的红印第安人相同的命运；⑥因此部分陈腐的马来传统封建制度与思想已不敷时代所需而逐渐遭到批评。如同

---

①　John Plamenatz, "Two Types of Nationalism", in Eugene Kamenka ed., *Nationalism: The Nature and Evolution of an Idea*. New York: St. Martin's Press, 1976, pp. 23, 27.

②　Anthony Milner, *The Invention of Politics in Colonial Malaya*, p. 26.

③　Anthony Reid, "Understanding *Melayu* (Malay) as a Source of Diverse Modern Identities", pp. 1 – 24.

④　马来知识分子对非马来人（英国人和华人）普遍认为马来人是懒散和没效率的印象尤其感到不平甚至愤慨，但与此同时也激起马来知识分子对马来民族的自我反省。见 James. P. Ongkili, *Nation-building in Malaysia: 1946 – 1974*, Singapore: Oxford University Press, 1985, p. 3。

⑤　Ariffin Omar, *Malay Concepts of Democracy and Community: 1945—1950*, p. 14.

⑥　Ibid., p. 55.

詹德拉·慕扎法（Chandra Muzaffar）所言，殖民时期由于开始深刻地意识到经济地位远低于以华人为主的非马来人，马来人开始兴起透过某些重要的精神象征来保护族群认同的心理。而这个象征，主要就是伊斯兰。① 因此，马来文化和伊斯兰，遂成为塑造马来民族主义两大主要的象征。

关于20世纪初期马来民族主义发展的源流众说纷纭，若以意见领袖的出身背景来分类，诸多学者如约翰·方斯顿（John Funston）、威廉·洛夫（William Roff）和邝锦洪（Khong Kim Hoong）等皆把第二次世界大战前马来民族主义领袖划分成三大群体，其一为属阿拉伯语教育背景的宗教改革主义者（Arabic educated religious reformist）：他们多属于自中东归国的学人；其二为属英语教育背景的行政精英（English educated administrative elite）：他们多出身瓜拉江沙马来学院（KKMC）并留学英国；其三为属马来语教育背景的知识分子（Malay educated intelligentsia）——他们以马来母语学校的教师为主，且多毕业于苏丹伊德里斯师范学院（SITC）。② 这三大源流主要代表了伊斯兰改革主义或伊斯兰民族主义、右倾民族主义和左倾民族主义三股意识形态（见表3-2）。

---

① Chandra Muzaffar, "Foreword", in, Rahman, S. A. *Punishment of Apostasy in Islam*, Kuala Lumpur: The Other Press, 2006, pp. 7-12.

② William Roff, *The Origins of Malay Nationalism*, p. 211; John Funston, *Malay Politics in Malaysia: A Study of UMNO and PAS*, pp. 29-35; Khong Kim Hoong, *Merdeka: British Rule and the Struggle for Independence in Malaya 1945-1957*; Petaling Jaya: Strategic Information Research Development, 2003, pp. 23-25.

第三章　马来亚多元族群社会的形成与马来民族主义的兴起　　67

表3-2　　　　　太平洋战争前后马来人政治思潮的分类

	伊斯兰民族主义	右倾民族主义	左倾民族主义
主要立场	奉伊斯兰是为最高的指导原则，在马来亚建立伊斯兰体制，持伊斯兰法本位的立场	维护马来传统君主王权，和马来人领导的体制，持排他性的民族主义的立场	反对传统王权，主张各族群融合为马来民族，强调社会主义，持包容性的民族主义立场
领导人的主要背景	留学中东归国的伊斯兰学者、阿拉伯裔马来人和伊斯兰学校教师	传统的王族、贵族和受英语教育的行政菁英	马来农村子弟、马来语教育背景的知识分子，印度尼西亚地区的新移民
主要代表性政党	穆斯林党（HM，1946—1947），伊斯兰党（PAS，1951至今）	巫统（UMNO，1946至今）	马来青年协会（KMM，1938—1942），马来国民党（MNP，1945—1950），人民党（PRM，1955至今）

注：图表笔者自制。

　　伊斯兰民族主义主要源自19世纪末在中东兴起的伊斯兰现代改革的波澜，而右倾和左倾的民族主义却深受英国现代化教育制度和文化的影响。在这当中，后两者较为世俗化，也拥有较广大的民意基础，其中右倾的民族主义以20世纪30年代在各邦兴起，以贵族为首的马来人协会为代表；而左倾的民族主义团体则多由接受马来文教育的中、下层平民和印度尼西亚新移民所组成，他们在1938年成立了半岛上第一个马来民族主义的政党——马来青年协会（Kesatuan Melayu Muda，KMM）。①

---

①　青年马来协会不但对马来统治者发动强烈的批判，更主张英属马来亚应和荷属印度尼西亚应摆脱腐朽的殖民统治，组成一个"大马来亚"（Malaya Raya，Greater Malaya）。这个政党后来在第二次世界大战时期和日军合作而被英殖民政府解散，其党员多流向战后成立的马来国民党（Malay Nationalist Party，MNP）。关于第二次世界大战前后马来人左派团体的运动，可参考以下的著作 Rustam A. Sani，*Social Roots of the Malay Left*，Petaling Jaya：Strategic Information and Research Development Centre，2008，pp. 10-71。

若以民族主义要求的内容而言,学者戈登·敏斯(Gordon P. Means)则把它区分为拥有激进反殖民色彩的激进民族主义者(radical nationalist),和较为亲西方、主张渐进式改革的保守派民族主义者(conservative nationalists)。① 若以阶级来分类,马来学者鲁斯坦·A. 沙尼(Rustam A. Sani)则认为第二次世界大战前的马来民族主义者可分为和马来皇室、英殖民者关系密切的上层统治阶级,以及以农村子弟为主的中、下层平民;② 另一位马来学者沙哈鲁丁·马鲁夫(Shaharuddin Maaruf)则把这两个阶层所兴起的民族主义运动分别喻为传统的民族主义和反封建的民族主义,两者虽都是捍卫马来民族的利益,但前者是以维系马来封建社会传统文化和利益为基础,后者则是反对封建和专制,主张阶级平等。③

若以伊斯兰化程度来分类,学者安东尼·米尔纳则把马来民族主义者分成主张伊斯兰优先的"伊斯兰法本位"(shariah-mindedness)团体和主张民族优先,较为世俗化的"民族本位"(Bangsa-mindedness)团体。④ 以上两大源流,不论是教育背景、生活方式、社经地位,还是思维方式,皆有很大的歧异,然而,以上的分类只能作为对不同群体的主要成员或主流立场的诠释,事实上当时各个群体的成员是有所流动的。这些群体彼此之间时而合作,时而对立。

---

① Gordon P. Means, *Malaysian Politics*, pp. 81 – 115.

② Rustam A. Sani. *Ke Mana Nasionlisme Melayu*, Kuala Lumpur: R Publishing Services, 2004, pp. 2 – 8.

③ Shaharuddin Maaruf, *Malay Ideas on Development: From Feudal Lord to Capitalist*, pp. 143 – 145.

④ Anthony Milner, *The Invention of Politics in Colonial Malaya*, pp. 109, 147, 284 – 289.

在英国殖民的统治下，受西方所涵化的群体获得最大的重视以及物质的回馈，① 以西方文明为仿效对象的马来思想家如文西阿都拉（Munshi Abdullah，1796—1854）② 和查巴（Za'ba，1895—1973）等人，③ 对马来封建和专制的社会以及落伍的物质文明感到沉痛，④ 他们改革马来文化的呼吁在 20 世纪初影响了一批知识分子，由此而逐渐催生了以西化为主旨，世俗化导向的马来民族主义运动。这股世俗化的民族主义运动在第二次世界大战前便是马来亚最早以政党形势崭露头角的反殖民主义运动。值得注意的是，世俗化导向的民族主义运动早期是以左倾的源流为主导，但在第二次世界大战之后经由英国的扶持下，最终右倾反共的民族主义者接收前人斗争的成果而获得胜利的果实，因此最终建国制宪的主导权还是由英语教育背景出生的马来行政

---

① 这些西化的群体不分族群，形成早期殖民后第三世界国家的主要领导阶层。如新加坡的李光耀、杜进才，马来西亚的东姑阿都拉曼、敦拉萨和印度的尼赫鲁等。

② 文西阿都拉全名为 Abdullah bin Abdul Kadir Munshi，1796 年出生于荷属马六甲。其代表作为《阿都拉游记》(*Voyage of Abdllah, Kisah Pelayaran Abdullah*)和《阿都拉自传》(*Hikayat Abdullah*)，他在 1837 年开始跟随英国商人前往马来半岛内陆各邦进行贸易，把对当时马来社会的观察整合成一部充满人文关怀的著作。他对各邦马来苏丹的草菅人命和腐败的生活（按：如吸食鸦片），以及马来族群的愚昧无知有深切的批判。同时他也主张马来人应接受西方文明的熏陶。他的著作成为了解当时马来人社会的权威记述，并在 20 世纪初期被英殖民政府列为马来国民学校重要的教科书。学者 Anthony Milner 对阿都拉的思想有相当深入的研究，本书引述乃整理自他的见解。见 Anthony Milner, *The Invention of Politics in Colonial Malaya*, pp. 12–58, 94–95。

③ 查巴原名 Zainal Abidin bin Ahmad，为 20 世纪初期极负盛名的马来文学家，对现代马来文法和马来语罗马字母化的创建有重大的功劳，他提倡理性主义，主张革除盲目效忠的陋习，他认为英殖民主义的统治促使了马来专制王权的没落，将长期被马来贵族压迫的农民解放出来，促进了马来社会的公义与民主化。见 Abdul Rahman Haji Abdullah, *Pemikiran Islam di Malaysia*, p. 188。

④ 关于马来封建社会的特色：詹德拉（Chandra Muzaffar）认为主要有绝对专制的王权以及逆来顺受和盲目效忠的人民。见詹德拉（Chandra Muzaffar）《改造马来政治文化的挑战》，吴益婷译，《星洲日报》2000 年 1 月 30 日。

精英或贵族阶层所获取。

最早引发近代马来民族改革思潮的源流，是主张"伊斯兰法本位"的伊斯兰民族主义者，或马来学者阿都拉曼·阿都拉（Abdul Rahman Hj. Abdullah）所称的伊斯兰改革主义者。改革主义者属于伊斯兰思想源流中自发的思想改革，即是一般所谓的伊斯兰原教旨主义者，他们主要的特色就是主张实施全面的伊斯兰化，他们主要的要求首先是推动正信伊斯兰运动，以革除马来社会腐朽的各种制度和陋习，其次是提倡伊斯兰的政治制度，以解放马来封建思想的束缚，并革除专制、保守和腐败的伊斯兰传统与封建统治文化。①

迄至19世纪末，马来社会对伊斯兰教和民俗的诠释权仍掌握在各邦马来统治者的手中，对各邦马来统治者而言，对伊斯兰活动的控制有助于巩固马来人的集体效忠，任何会威胁王权或和统治者的伊斯兰观点相违背的宗教活动皆受到压制；他透过随时收回伊斯兰教学的准证（tauliah），开除或选拔伊斯兰法官，② 以及严格控制伊斯兰书籍的印刷和流通以达到监控的目的，这和其是否违背伊斯兰教义并无直接关联。③ 这种威权的宗教行政体制亦培养了一批和马来统治者共生的宗教学者，他们"从不用伊斯兰教义来批评马来统治者"④，只一味因循（taqlid）由宫廷代代相传的伊斯兰传统，这些人被一些当代的

---

① Abdul Rahman Haji Abdullah, *Pemikiran Islam di Malaysia*, pp. 1—37.

② 以上是 Mahmood Zuhdi Ab. Majid 针对殖民时期的霹雳邦伊斯兰法执行情况的见解，见 Mahmood Zuhdi Ab. Majid, *Bidang Kuasa Jenayah Mahkamah Syariah di Malaysia*, p. 126。

③ William Roff, *The Origins of Malay Nationalism*, p. 74.

④ Ibrahim Abu Bakar. *Islamic Modernism in Malaya: The Life and Thought of Sayid Syekh al-Hadi 1867 – 1934*, Kuala Lumpur: University of Malaya Press, 1994, p. 13.

学者如威廉·洛夫形容为传统主义者（Traditionalists），[1] 或伊斯兰传统主义者，[2] 基于这些传统主义者维护以苏丹为中心的马来传统封建文化，且多主张苏菲主义的个人信仰修道知识和伊斯兰规范的辩证议题，因此其对政治改革运动采取较为回避的态度，也就无法发展成一股有力的政治意识形态。

然而马来统治者的权力无法及于直属于英国殖民部管辖，作为海峡殖民地首府的新加坡，后者基于其国际商港的地位，在经济上取得蓬勃发展，并呈现多元化的人口和宗教自由的学术风气。该地就成为马来各邦伊斯兰异议者的流浪之地，亦为20世纪初马来穆斯林伊斯兰改革的主要发源地。[3] 首先是海峡殖民地在19世纪中叶大量引进以英属南也门（Hadhramaut）地区为主的阿拉伯裔雇员，这批阿拉伯裔移民连同他们和马来人通婚之后裔即"土生爪夷人"（Jawi Peranakan）（按：此为当时对土生阿拉伯裔人的简称），在海峡殖民地兴办起伊斯兰经学院（madrasah）和各类伊斯兰的刊物，[4] 以提高了当地马来人的识字率和对正统伊斯兰教义认识。这些经学院以开放的态度吸纳了许多东南亚各地的伊斯兰学者和学生，使新加坡在19世纪末成为马、印两地的伊斯兰教育中心。[5]

---

[1] William Roff, "Kaum Muda-Kaum Tua: Innovation and Reaction amongst the Malays, 1900–41", in Ahmad Ibrahim, Sharon Siddique and Hussain, eds. *Reading on Islam in Southeast Asia*. Singapore: Institute of Southeast Asian Studies, 1985, pp. 123–129.

[2] Abdul Rahman Haji Abdullah, *Pemikiran Islam di Malaysia*, pp. 1–37.

[3] William Roff, *The Origins of Malay Nationalism*, pp. 36–39.

[4] 他们1876年在新加坡办起一部叫《土生阿拉伯裔》（*Jawi Peranakan*）的刊物。见 William Roff, *The Origins of Malay Nationalism*, p. 48。

[5] 他们所举办的伊斯兰学堂，被称为阿拉伯学堂（Arab school）。见 William Roff, *The Origins of Malay Nationalism*, p. 42。

与此同时，19 世纪末开始留学中东埃及（如著名的 AL-Azhar 大学）或麦加的马来子弟在 20 世纪初期纷纷返回新加坡，由于受到 19 世纪末在中东兴起的伊斯兰复兴和改革运动的影响，① 他们起初也和前人一样创立刊物，兴办伊斯兰学校以鼓吹反对因循错误的传统教义，回归正信伊斯兰的教导，并追求建立一个"伊斯兰信徒的族群"（umat community）；不久之后，他们也开始极力为马来人的各种困境发声。②

这批中东归国的马来青年所创办的许多刊物，如模仿中东著名伊斯兰复兴的期刊 *Al-Manar* 的《奥·伊曼》（*Al-Imam*）等，除了批判马来社会种种违反伊斯兰的传统陋习、仪式和观

---

① 19 世纪在中东各地不约而同兴起的伊斯兰复兴（Islamic revival movement）和改革运动（Islamic reform movement）就其形式和内容而言是复杂而多元的，大体上它们皆是为因应 19 世纪末西方殖民势力在经济和文化上对中东穆斯林社会日趋明显的宰制与挑战；以及穆斯林国家自身衰败的困境而作出的回应，它属于一种以伊斯兰为指导方针的民族自强运动。此运动的主轴是复兴（tajdid）与改革（islah），主张革除穆斯林种种落伍的陋习和观念，以回归正统的伊斯兰信仰，并务实地吸收新知识，以改革穆斯林各种积弱不振的各种体制，提升穆斯林的文化和生活质量，以恢复伊斯兰昔日之光荣。伊斯兰复兴运动在 20 世纪初也渐渐演变成全球性的伊斯兰改革运动，为全球穆斯林提供了大团结的契机，此运动后来又发展成泛伊斯兰主义运动（Pan-Islamism movement）和反殖民运动结合。它们在 19 世纪末主要的代表性人物为埃及的迦玛·阿夫哈尼（Jamal Al-din Afgahani, 1849 – 1897），穆罕默德·阿布都（Mohammad Abduh, 1849 – 1905），拉锡·里达（Rashid Rida, 1865 – 1935）；它们鼓吹的改革运动主要为文化导向的运动，而第二次世界大战后的伊斯兰复兴运动则大多转变为政治导向的运动，以建立伊斯兰国家体制为目的；其代表性人物则有埃及的赛益·库都布（Sayyid Qutb, 1906 – 1966），哈山·奥巴纳（Hassan al-Banna, 1906 – 1949），巴基斯坦的赛益·阿布·阿拉·毛都迪（Sayyid Abul A'la Maududi, 1903 – 1980），以及伊朗的霍梅尼（Ayatollah al-Khomeini, 1903 – 1989）。相关内容可参考 Peter G. Riddell, *Islam and the Malay-Indonesian World: Transmission and Responses*, London: Hurst & Company, 2001, pp. 81 – 96; Hamid Enayat, *Modern Islamic Political Thought*. Kuala Lumpur: Islamic Book Trust, 2001, pp. 78 – 285; Ahmad Moussalli, *Moderate and Radical Islamic Fundamentalism: The Quest for Modernity, Legitimacy, and the Islamic State*. Gainesville, FL: University Press of Florida, 1999, pp. 1 – 196。

② Anthony Milner, *The Invention of Politics in Colonial Malaya*, p. 144.

念之外，更批判起马来君主和传统宗教统治集团（religious hierarchy）的种种腐败和不当的作为。① 他们的代表性人物为来自米南加保（Minangkabau），师承著名麦加伊斯兰学者阿末卡迪布（Ahmad Khatib，1852－1916）的谢赫·穆罕默德·塔修尔（Syeikh Mohd. Tahir b. Jalaluddin Al-Azhari，1869－1957），以及师承著名中东伊斯兰改革领袖穆罕默德·阿布都（Mohammad Abduh，1849－1905），作为马来亚阿拉伯后裔教育家的赛德·谢赫·宾·阿末·奥哈迪（Syed Syeikh bin Ahmad Al-Hadi，1867－1934）等。② 这批主张伊斯兰改革的马来青年学者就被称为年轻团体或"少壮派"（Kaum Muda），与之相对的则是以传统宗教统治阶层为主的年长团体或"元老派"（Kaum Tua）。③

---

① 《奥·伊曼》虽然只生存了两年，随后却有许多仿效 *Al-Imam* 的刊物如《国家论坛》（*Warta Negara*）、《同志》（*Saudara*）、《伙伴》（*Al-Ikhwan*）等相继在新加坡和槟城创刊，它们皆对改革和复苏马来人的伊斯兰信仰做出了巨大的贡献。见 William Roff, *The Origins of Malay Nationalism*, pp. 123－127。

② Peter G. Riddell, *Islam and the Malay-Indonesian World: Transmission and Responses*, pp. 207－216.

③ 学者对 Kaum Muda 和 Kaum Tua 的翻译相当不一致，彼德·里戴尔（Peter G. Riddell）和旺·哈欣（Wan Hashim）称为"Young generation"和"old generation"，依布拉欣·阿布巴卡（Ibrahim Abu Bakar）称为"modernists"和"conservatives"，卡玛鲁尼占（Kamarulnizam Abdullah）称为"young guard"和"old guard"，邝锦洪（Khong Kim Hoong）称为"young faction"和"old faction"，而威廉·洛夫（William Roff）则称为"the reformists"和"traditional establishment"。部分学者如 Shanti Nair（1997）则干脆直接用原名称呼之。笔者在这里称为"少壮派"和"元老派"。可参考 Peter G. Riddell, *Islam and the Malay-Indonesian World: Transmission and Responses*, p. 211; Ibrahim Abu Bakar, *Islamic Modernism in Malaya: The Life and Thought of Sayid Syekh al-Hadi 1867－1934*, p. 17; Kamarulnizam Abdullah. *The Politics of Islam in Contemporary Malaysia*, Bangi: Penerbit Universiti Kebangsaan Malaysia, 2003, p. 41; Khong Kim Hoong, *Merdeka: British Rule and the Struggle for Independence in Malaya 1945－1957*, p. 22; William Roff, *The Origins of Malay Nationalism*, pp. 123－127, 254; Wan Hashim, *Race Relation in Malaysia*, p. 25; Shanti Nair, *Islam in Malaysia Foreign Policy*, London: Routledge, 1997, p. 16。

发展所至，后来凡是批判马来统治者，主张马来社会激进改革的团体，不论其是否具有伊斯兰教育的背景，皆通称为少壮派以为识别，这些主张全面实践伊斯兰法以改革马来社会的少壮派就被学者安东尼·米尔纳（Anthony Milner）称为"伊斯兰法本位"的团体，① 其余主张用西方世俗化途径改革马来社会的少壮派称为"民族本位"的团体。②

这批主张伊斯兰改革的少壮派一方面批评传统的伊斯兰学者，反对盲目因循（taklid buta）错误的传统见解；③ 另一方面坚持马来统治者的权威应低于伊斯兰法，而且更主张"腐化的马来传统统治阶层就是马来社会各种弊端的源头"④。然而他们直言不讳的批判已经动摇了传统马来君主体制的根基，半岛内陆各邦的宗教和传统统治阶级动员舆论进行围剿，某些土邦的统治者甚至指控他们为异端并立法查禁他们的著作。⑤ 两派学者遂从乡间到城市掀起长期的论战，这场长期论战的结果，不但提升了马来族群的集体伊斯兰意识，巩固了伊斯兰作为马来族群认同要素的地位，也使原本以地域认同为基础的马来族群认同得以整合起来，而逐渐发展成为一种泛马来人民族主义的认同。在太平洋战争结束后，这些伊斯兰主义者最终集结起来，

---

① "伊斯兰法本位"的原义来自西方著名伊斯兰学者 Marshall Hodgson 的说法。它是一种认为实践伊斯兰法是为人生最高目标的主张。见 Marshall G. S. Hodgson, *The Venture of Islam: Conscience And History in A World Civilization*, Vol. 1, Chicago: University of Chicago Press, 1974, pp. 238, 318, 351.

② Anthony Milner, *The Invention of Politics in Colonial Malaya*, pp. 147, 282 – 285.

③ William Roff, *The Origins of Malay Nationalism*, p. 58.

④ Anthony Milner, *The Invention of Politics in Colonial Malaya*, pp. 138 – 140.

⑤ William Roff, *The Origins of Malay Nationalism*, pp. 80 – 81.

成立了他们所属的政治团体,即创立于 1948 年 3 月,立场左倾的穆斯林党(Hizbul Muslimin),以及创立于 1951 年 11 月的泛马来亚伊斯兰党(Parti Islam Se-Malaysia,PAS),后者至今仍然在马来西亚的政治舞台上扮演重要的角色。

另外,除了伊斯兰主义之外,较倾向世俗化的"民族本位"民族自救运动,也在 19 世纪末逐渐兴起。马来学者阿都拉曼·阿都拉(Abdul Rahman Hj. Abdullah)认为这种倾向世俗化和西化的改革思想的可称为现代主义者,他们主张接纳伊斯兰思想以外的西方改革思想(如民族主义、马克思主义、人本主义、自由主义、世俗化、资本主义或民主制度等);并在接纳西方的价值观的同时也保留伊斯兰的信仰,他们也主张借用欧洲文明的经验(如军事科技、经济制度、西方的现代教育体系等)来强化民族和国家的力量。由于他们出身阶级的不同,以及立场的分歧,这群马来民族主义者,在太平洋战争前又可分为以贵族为领导、右倾的民族主义和以平民为领导、左倾的民族主义。[1]

早在 1840 年左右,一位马来籍翻译官文西阿都拉(Munshi Abdullah)在他著名的游记首先提出了"马来民族"(Bangsa Melayu)的概念,[2] 他强调马来语和伊斯兰信仰对马来民族的重要性。他大胆地谴责马来宫廷的腐化生活以及王室对马来臣民的压迫,他主张马来民族应摆脱苏丹腐朽的统治,放弃愚昧的

---

[1] Abdul Rahman Haji Abdullah, *Pemikiran Islam di Malaysia*, pp. 1 – 37.
[2] 许多西方学者如 Anthony Reid(2004)或 Anthony Milner(2003)认为"马来民族"(Bangsa Melayu)的概念最早就是来自文西阿都拉的著作。见 Anthony Reid, "Understanding *Melayu* (Malay) as a Source of Diverse Modern Identities", pp. 1 – 24; Anthony Milner, "Who Created Malaysia's Plural Society?", pp. 1 – 23。

思想和行为，并汲取伊斯兰和西方的人文知识以提高智能，否则"马来民族将永远受他族所统治"①。

1896年马来联邦成立后，由于欠缺马来王室的支持，19世纪末至20世纪初各邦地方土豪零星的反殖抗暴也迅速被镇压，②英国此时也开始在邦内各地开办官方的马来语小学，在马来社会里实行免费的义务教育，大幅提高马来农民的识字率，伴随马来语教育的普及，识字也不再是马来贵族的专利，马来联邦在1904年开始实行马来语文统一教材后，各邦马来族群的语言差异也逐渐消弭，为20世纪初期马来民族的整合创造了一个有利的条件。③

1907年新加坡一位英语教育背景的马来领袖穆罕默德·尤诺斯·阿都拉（Mohd. Eunos Abdullah，1876 – 1934）集资出版了第一份广为人知的马来语报刊——《马来前锋报》（*Utusan Melayu*）。④ 该报一出版就迅速成为马来民族主义者的喉舌，并

---

① Anthony Milner, *The Invention of Politics in Colonial Malaya*, pp. 12 – 58, 94 – 95.

② Margaret Shennan, *Out in the Midday Sun: The British in Malaya 1880 – 1960*, London: John Murray, 2000, p. 131.

③ 英国人认为马来人只需拥有小学教育程度，就可满足殖民经济的需要。因此英殖民时代的马来语义务教育只有到小学，直到第二次世界大战后才开始有官办的马来语中学。虽然如此，义务性教育的开办仍然有效扫除马来社会的文盲，促进马来社会的阶级流动。到了1921年，都市地区马来人的识字率已提高至接近50%，和1911年的30%相比，有很大的进步，识字率的提高为战前马来人民族思想的传播，创造了有利条件。关于马来人教育的发展，可参考 Barbara Watson Andaya & Leonard Y. Andaya, *A History of Malaysia*, pp. 230 – 240; Donna J. Amoroso, *Traditionalism and the Ascendancy of the Malay Ruling Class in Colonial Malaya*, Singapore: National University of Singapore Press, 2014, pp. 100 – 108。

④ 《马来前锋报》虽历经多次停刊，最长一次为1921—1939年，但仍然生存至今。

在半岛内陆各邦广为流传。唯和同时期出现的伊斯兰改革刊物 *Al-Imam* 等不同的是，该报对英殖民政府和各邦马来苏丹持肯定与拥护的态度，① 因此被获准成为马来各邦官办马来学校的教材。该报的出现不只提升了马来语的地位，更对马来民族认同的塑造造成了重大的影响。② 如该报刊把英属马来亚称为"马来人土地"（tanah Melayu），持续地推介"马来民族"的概念，介绍古代马来英雄故事以呼唤马来族群的集体记忆，使马来族群作为一个共同体（common community）的想象更为具体化。

《马来前锋报》也关切马来族群的经济发展，并对非马来移民特别是华人采取抗拒的态度，如反对马来联邦政府继续引进华工和反对华人拥有公民权等；其甚至把华人称为"黄色威胁"，③ 并呼吁英国参政官提供更多措施以保障马来人弱势的地位，以免"马来人在他自己的土地被其他民族所逐离"④。《马来前锋报》的诞生反映了当时马来知识分子对马来族群边缘化的焦虑，它为维护马来人政治和经济特殊的保障地位提供了舆论支持。而后马来亚半岛陆续产生了许多马来族群本位导向的

---

① 这和《马来前锋报》是英国报业财团 The Free Press 的旗下机构以及 Mohd. Eunos 其人就是新加坡立法议会（legislative council）的成员有关。作为英国委任的马来社团代表，其亲英的态度也可广泛见诸当时《马来前锋报》的社论上。虽然如此，该报亲英的风格并不影响其强烈拥护马来民族主义和马来人特殊地位的立场。见 Anthony Milner, *The Invention of Politics in Colonial Malaya*, pp. 90 – 92。

② 其时马来语的书写方式有阿拉伯字母和罗马字母两种，《马来前锋报》自创刊起就大胆扬弃阿拉伯文，全面使用罗马字母来拼写马来语，对马来语的罗马化产生了决定性的影响。安东尼·米尔纳也指出该报出版不久就成为马来半岛内陆各邦马来学校的重要参考教材。见 Anthony Milner, *The Invention of Politics in Colonial Malaya*, pp. 90, 94。

③ Anthony Milner, *The Invention of Politics in Colonial Malaya*, p. 119。

④ *Utusan Melayu*, 5 December, 1907, in Anthony Milner, *The Invention of Politics in Colonial Malaya*, p. 119.

马来语报刊,如同样由穆罕默德·尤诺斯·阿都拉创办的日报《马来人委员会》(*Lembaga Melayu*)和柔佛邦著名贵族拿督翁·嘉化(Dato' Onn Jaafar, 1895-1962)创办的《马来亚新闻》(*Warta Malaya*)等。① 这些报章被学者威廉·洛夫喻为世俗化的马来报章,它们和伊斯兰改革团体所创办的伊斯兰刊物有明显的区别,但在提升马来人民族意识上发挥更大的作用。②

1913 年英国在马来联邦议会通过的《马来保留地法令》(*The Malay Reservation Act*, *No. 15*, *1913*)首次对马来族群的识别作出了一个法律界定,它指出"马来人是指来自泛马来种族,习惯性地说马来语或泛马来语并信仰伊斯兰的人"③。这个界定清楚地表明了马来族群的检验标准就是血统、语言和伊斯兰教,④ 从此之后该界定就成为马来人的法律定义;它亦影响了日后马来西亚宪法的构造。

马来族群认同的形成主要还是来自马来知识分子的舆论塑造,并随着第二次世界大战前马来民族主义运动的推展而获得

---

① 讽刺的是,历史上的第一份马来语日报并非由马来人所创办,而是由新加坡华人基督教协会创办的《东方之星》(*Bintang Timor*)。流通日期为 1894 年 7 月至 1895 年 3 月。见 William Roff, *The Origins of Malay Nationalism*, pp. 161-168。

② William Roff, *The Origins of Malay Nationalism*, p. 158.

③ 原文:"Malay as a person belonging to any Malayan race, who habitually spoke Malay or any Malayan language and professed Islam." 见 Moshe Yegar, *Islam and Islamic Institutions in British Malaya: Policies and Implementation*, pp. 17-18。

④ 事实上,学者王明珂认为,一个族群的界定从来没有一个真正客观的标准,如语言、体质、文化在人群间常有同有异,而"无论是语言、宗教、风俗习惯与宣称的血统,都可能在认同的变迁中被集体创造或改变",因此它们作为族群的边界,并不真正客观,而所谓的"客观的文化特征最多只能表现出一个族群的一般性内涵"。一个族群事实上是靠人们维系特定的集体历史记忆来凝聚彼此,建立并保持族群边界而产生,也就是说,"族群边界"是建构出来的,它有很大的主观成分。见王明珂《华夏边缘:历史记忆与族群认同》,第 27、33、77、93、418 页。

巩固。销路广及英属马来亚各地，强调族群本位和亲英立场的《马来前锋报》连同当时涌现的一些民间伊斯兰改革杂志对马来民族的国族想象提供了共有的言论平台，各邦马来族群狭隘的地域认同在此时始跃升为整体性的国族认同，它不但充实了马来民族主义的理论基础，也协助确立了伊斯兰信仰、马来语言和马来习俗（adat）在马来人族群认同中核心的地位。

学者 A. B. 山苏认为马来属性（Malayness）的三大支柱（three pillars）为宗教（agama）、语言（bahasa）和君王（raja）。[1] 学者谢文庆则认为马来属性和马来语言、伊斯兰和马来皇室是为马来民族主义的四大支柱。[2] 而 Shanti Nair 和 Vidhu Verma 等则认为马来西亚独立前后马来人的政治意识和象征是为马来皇室（由各邦苏丹代表）、马来民族主义（由巫统代表）和伊斯兰教的三角关系，其中马来皇室是为马来社会的领导中心。[3] 维都·温玛（Vidhu Verma）则主张马来认同的三大特征（features）是伊斯兰、传统的政治文化和族群民族主义（ethnic nationalism），而其中所谓的传统政治文化，就是以效忠君主为核心的马来习俗。[4] 综合而言，以上所有学者皆对马来族群认同的核心要素有共通的看法。

学者安东尼·米尔纳对此作了一个较清楚的整理，他认为

---

[1] 三大支柱说乃是依据 A. B. Shamsul 的文章而来。见 Shamsul, A. B. 2004, "A History of an Identity, an Identity of a History: The Idea and Practice of 'Malayness' in Malaysia Reconsidered", pp. 135 – 148。

[2] Cheah Boon Kheng, *Malaysia: the Making of a Nation*, p. 78.

[3] Shanti Nair, *Islam in Malaysia Foreign Policy*, p. 15; Vidhu Verma, *Malaysia: State and Civil Society in Transition*, Petaling Jaya: Strategic Information Research Development. 2004, pp. 18 – 19.

[4] Vidhu Verma, *Malaysia: State and Civil Society in Transition*, p. 18.

这三大认同要素在20世纪初期演化成三个发展马来社群的方向或三种意识形态的导向（identical orientations）：① 即以王权定义的社群（raja defined community）、以马来族群主义定义的社群和以伊斯兰定义的伊斯兰社群（Islamic religious community）；它们各自可用马来语的"君主主权"（kerajaan）、"伊斯兰信徒"（umat）和"民族"（bangsa）作代表。

易言之，主张建立伊斯兰社群的观点认为伊斯兰是为最高的指导原则，马来王权与语言族群的地位次之，它在政治上的表述就是伊斯兰民族主义；而主张建立马来君主主权的观点认为伊斯兰和马来语言族群必须臣服于君主的权威下，它在政治上的表现以右倾的民族主义为代表；至于主张建立马来语言族群至上的民族主义者，则认为马来族群的发展优先于伊斯兰和马来王权的推动，它在政治上比较偏向左倾的民族主义——如图3-1所示。安东尼·米尔纳主张这三大理念的竞逐就是百年来马来人政治发展的主要内容，亦是马来人政治纷争的主要根源，② 同时它亦深刻地影响了日后马来西亚建国时期的宪政体制。

从图3-1我们不难发现君主主权、伊斯兰信徒和马来族群这三大认同要素事实上就是分别以"马来君王为中心的文化规范"、"伊斯兰教义"和"民族主义"为基础而衍生的思想要素。尤有进者，在20世纪初期马来族群集体认同的建构与发展过程当中，伊斯兰信仰被各个源流的马来意见领袖塑造成马来民族认同的依据，使之成为马来人族群性（ethnicity）的构成要

---

① Anthony Milner, *The Invention of Politics in Colonial Malaya*, pp. 287 – 289.
② Ibid., pp. 282 – 289, 294 – 296.

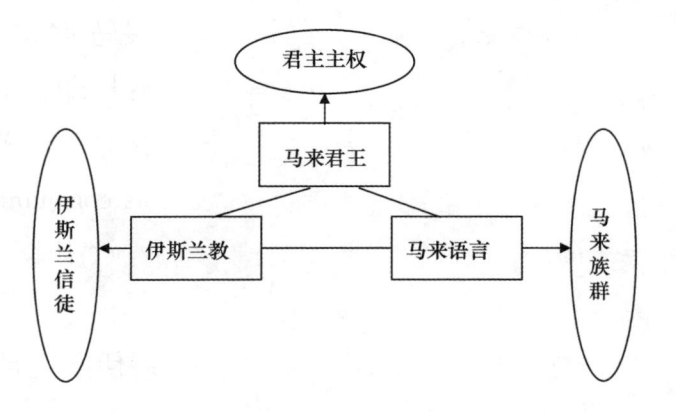

第三章 马来亚多元族群社会的形成与马来民族主义的兴起

```
                    君主主权
                       ↑
                    马来君王
                    ╱      ╲
伊斯兰信徒 ← 伊斯兰教    马来语言 → 马来族群
```

图 3-1 马来人认同的三大要素

件，并以此来作为判别非马来人和马来人的检验标准。在此情况下，伊斯兰的地位逐渐和马来族群的地位密不可分：成为马来民族主义运动的一股动员力量："任何对伊斯兰的威胁就是对马来人生活方式的威胁。"[①]

直至20世纪30年代前，由于英国政府的刻意压制，马来亚的马来人社群并无出现任何政治团体，对英参政官的申诉管道大体掌握在各邦马来统治者和马来议员手中——他们透过"杜巴会议"（Durbar）等机制成功向英政府争取到实施若干亲马来人政策（按：如限制华人移民）。[②] 无可讳言，在英国殖民的统治下受西方所涵化的群体获得最大的物质回馈和重视。如

[①] 此话乃引自 Kamarulnizam 的著作。见 Kamarulnizam Abdullah, *The Politics of Islam in Contemporary Malaysia*, p. 37。

[②] 马来联邦的总参政司（Resident General）自1897年起就不定期召开了一个集合四邦统治者的"杜巴"会议，以后分别在1903年、1927年、1932年、1933年和1939年各召开了一次"杜巴"会议，1948年战后召开的会议被易名为"统治者会议"（conference of rulers），此名称一直沿用至今，其权利义务并被写入马来西亚《联邦宪法》第38条之中。相关资料可见 Abdul Aziz Bari, *Majlis Raja-raja: Kedudukan dan Peranan dalam Perlembagaan Malaysia*, Kuala Lumpur: Dewan Bahasa dan Pustaka, 2006, pp. 18-22。

前所示，英殖民政府在控制马来各土邦后就有计划地以设立英式贵族学校（按：如瓜拉江沙马来学院）和资助出洋留学的方式来培育马来贵族子弟，使他们在学成之后被纳入马来行政公务体系（M. A. S）而成为协助英国和马来苏丹进行统治的行政官僚：如派任他们为县长、区长或各邦议会的议员。

这群西化的马来精英固然享受优势的政治地位，他们也关切非马来人对马来族群所形成的挑战。1926年以《马来前锋报》主编穆罕默德·尤诺斯·阿都拉为首的新加坡马来知识分子和商人在新加坡创立了马来人协会（Singapore Malay Union，SMU），以作为团结马来群众，向英政府争取民族权益的压力团体。[①] 随后在1938年彭亨邦和雪兰莪邦的贵族和马来行政精英在苏丹的支持下，也仿效新加坡设立马来人协会，半岛上各邦在第二次世界大战前遂相继设立了各自所属的马来人协会，这些马来人协会的主要成员几乎都属于英文教育背景出生的马来子弟和传统贵族，[②] 他们分别在1939年和1940年成功召集了两次马来亚泛马来人大会（Pan Malayan Malay Congress）。[③] 唯这两次的泛马来人大会的参与者多仅局限于上述西化的知识分子和贵族。真正促成各阶层马来民族大团结的催化剂，却是始于太平洋战争之后的马来亚联盟（Malayan Union）计划。

另外，在共产国际的指导下，主张以激进路线解放马来亚各民族，建立马来亚共和国的马来亚共产党（按：之后简称马

[①] Wan Hashim 认为新加坡马来人协会的成立主要是对当地华人置喙"马来亚是马来人"的主张而作出的回应。见 Wan Hashim, *Race Relation in Malaysia*, p. 27。

[②] Gordon P. Means 称他们为 "traditional Malay aristocratic elite"，见 Gordon P. Means, *Malaysian Politics*, p. 23。

[③] William Roff, *The Origins of Malay Nationalism*, pp. 242 – 245.

共）也在 1930 年 4 月 30 日成立。① 由于英方的积极镇压，马共只能在华人为主的城镇地区扩张，无法深入马来乡间，初期马共成员只有 10% 左右的马来人，是一个以华人为主的政党，虽然他们无法对英殖民统治形成足够的压力，但他们在马来亚社会播下了驱逐帝国主义、独立建国以及实施社会主义的政治火苗。②

1938 年 4 月，一群马来知识分子在吉隆坡创立了马来社会第一个主张独立建国的政治团体：马来青年协会（Kesatuan Melayu Muda，KMM）。该团体主要由前述苏丹伊德里斯师范学院所培养的马来教师所组成，由一位知名的马来教师依布拉欣·耶谷（Ibrahim bin Haji Yaakob）所领导。在太平洋战争前夕它发展成一个全国性的激进组织，号召全马来亚马来人不分阶级和出身，应整合为单一的马来国族，他们也主张把马来亚和印度尼西亚两地的泛马来族群联合起来，以建立一个横跨两地的马来民族国家；他们的基本方针为废除传统封建的马来王室，实施社会主义和马来民族主义相结合的建国路线。③

马来青年协会成立时会员仅数百名，影响力远不及右派马

---

① 根据马共最后一任总书记陈平（在任时间为 1947—2013）的记述，马共成立的日期为 1930 年 4 月 30 日，当时胡志明作为共产国际的代表也出席了是次大会。见陈平、伊恩·沃德（Ian Ward）和诺玛米拉·弗洛伊德（Norma Miraflor）：《我方的历史》，方山等译，新加坡媒体万事达有限公司 2004 年版，第 51 页。

② 据知名的马共研究者原不二夫的调查，1930 年马共成立初期约有 11000 位成员，马来人和印度人只占 1170 人。见［日］原不二夫《马来亚华侨与中国：马来亚华侨归属意识转换过程的研究》，刘晓民译，泰国曼谷大通出版社 2006 年版，第 12—48 页。

③ Arrifin Omar, *Bangsa Melayu*: *Malay Concepts of Democracy and Community*, *1945 – 1950*, pp. 25 – 27.

来人所主导的马来人协会，但在 1940 年依布拉欣·耶谷秘密和日方接触之后马来青年协会就大有扩张。① 1941 年 4 月依布拉欣·耶谷取得日本商人的资助，收购了位于吉隆坡的《马来亚报》（*Warta Malaya*），大唱亲日反英的论调。② 他以报社为掩护，为日本南进的情报组织藤原机关（*Fujiwara kikan*）提供情报，协助侦查英军在马来亚各地的防卫设施。③ 在 1941 年 12 月 4 日至 7 日，英殖民政府把各地马来青年协会的领导人和高级干部 110 人加以逮捕，押解至新加坡等地的监狱审讯看管。④ 太平洋战争爆发后，12 月 8 日约 6 万名日军从泰国兵分三路入侵马来亚半岛，英军措手不及，在马来青年协会成员的引路下，日军一路势如破竹，挺进各个城镇，马来青年协会的成员也跟随日军一路进行接替占领的行政和翻译工作，为日军部队提供了很大的便利。⑤ 2 月 15 日约 9 万名的英澳印联军在新加坡投降，马来青年协会的领袖也被日军释放，他们从阶下囚一跃而成为

---

① Andrew Barber, *Kuala Lumpur at War*, *1939 – 1945*, Karamoja Press, 2012, p. 17.

② Syed Muhd Khairudin Aljunied, *Radicals Resistance and Protest in Colonial Malaya*, Northern Illinois University Press, 2015, p. 72.

③ 藤原机关为日本 15 军情报主任藤原岩市上校于 1941 年 9 月在曼谷所成立，是对马来亚作战的情报机关，其目乃在于吸收马来精英、马来亚亲汪伪政权的侨领以及印度侨民从事战前侦察英方行动，以及战后辅佐日方统治的工作。其最成功的工作为在 1942 年 2 月英军投降后，策反 4 万名英方的印度籍战俘组成印度国民军，协助日本侵略缅甸和印度。关于藤原机关和马来青年协会合作的一些细节，可参考 Andrew Barber, *Kuala Lumpur at War*, *1939 – 1945*, pp. 62 – 63。

④ Syed Muhd Khairudin Aljunied, *Radicals Resistance and Protest in Colonial Malaya*, p. 72.

⑤ 这些马来青年协会成员手臂皆戴上涂写 F 字的臂套，以表示他们是属于 F 机关即藤原机关的一员，以和其他民众作区别。可参考 Andrew Barber, *Kuala Lumpur at War*, *1939 – 1945*, pp. 62 – 63。

日军统治马来亚社会的官僚。①

太平洋战争前马共也发动多场针对日本在马来亚的矿场和企业的罢工行动，其外围组织如"马来亚华侨各界抗敌后援会"（简称"抗援会"）就有3万多人，1937年马来亚境内的罢工次数达到空前的1094次，罢工以反日反帝为名，其对象亦波及英国资方，引起英方高度不满。1938年当中国抗日战争进行到最高潮时，马来亚就有多达600家售卖日货或有日方背景的商店被破坏，30位"汉奸"被暗杀，日本侨民也被攻击，这些行动最终导致英方积极逮捕共产党领袖和干部。直至战争爆发时马来亚仍有200多位马共干部和工会领袖被监禁，抗援会也转型为"抗日同盟会"，在太平洋战争时期成为支持抗日军的地下组织。虽然如此，战前马来亚风起云涌的抗日运动一般只发生在华人社会，马来人社会对日军侵华并无具体的声援行动。②

---

① 关于马来青年协会在这段时间的活动，可参考 Syed Muhd Khairudin Aljunied, *Radicals Resistance and Protest in Colonial Malaya*, pp. 42 – 105。

② 陈松沾：《日治时期的华人》，载林水檺、何启良等编《马来西亚华人史新编第一册》，马来西亚中华大会堂1998年版，第77—135页。

第 四 章

日本殖民统治时期马来亚的族群关系

第一节 太平洋战争与马来亚的抗日运动

太平洋战争（1941—1945）爆发后，日军在一年内迅速席卷东南亚诸邦，横扫区域内所有西方帝国主义的势力。长期雄踞东南亚各国的欧美殖民政府纷纷被驱逐，由日本殖民统治取而代之，这对东南亚各地产生了空前的冲击。日军的占领首先打破了英殖民主义不可战胜的神话，鼓舞了民族自决的情绪。[①]1945年日本投降后，西方帝国主义重新回到过去的殖民地时，发现当地已经物是人非。当年听话的顺民已经不在，取而代之的是敢于斗争、敢于抗暴的人民。大战结束后不久，东南亚各地皆出现了风起云涌、势不可当的独立建国运动，以致在太平洋战争结束后的短短几年内，东南亚诸国纷纷脱离殖民统治。唯独英属马来亚地区（British Malaya）一直等到1955年才成功组建了一个自治政府，并在1957年才和平脱离英殖民统治，取

---

① 本章主要的内容来自作者在以下期刊的文章：陈中和《太平洋战争前后英日殖民统治与马来亚独立建国运动》，《世界历史》2018年第3期。

得独立地位。① 英国早在战事结束的次年就在马来亚筹组了马来亚联盟（Malayan Union），并于 1948 年建立了马来亚联邦（Federation of Malaya）。到了 1952 年英殖民政府才开始实施地方选举，1955 年实行全国选举，逐步地促使马来亚半岛地区走向了独立建国。

相较于东南亚其他国家，太平洋战争似乎没有对马来亚的独立产生直接影响，过去论及马来亚独立建国历史的中外学者，也多从太平洋战争结束后开始谈起。事实上不少学者皆认可太平洋战争初期，过去不可一世的英国强权在日本的挑战下竟快速溃不成军，这震慑了马来亚社会各阶层，也动摇了大英帝国的统治，② 日军对马来亚三年八个月（1942 年 1 月—1945 年 8 月）的殖民统治也对当地的社会、经济与文化产生了剧烈的冲击。③ 一般认为大战结束后马来亚社会出现了前所未有的政治觉醒，这推动了境内各族群的民族主义运动。如同李亦园所言，"日人占领期的意义并不在黑暗与痛苦，其重要性却在于它代表一个新时代的酝酿期，战后马来民族主义思想的澎湃，以及因之而起的各种政治行动，

---

① 同为英属马来亚的新加坡、沙巴和砂拉越地区到 1963 年才以与马来亚合并、组成马来西亚的方式脱离殖民统治，唯新加坡后来在 1965 年脱离马来西亚独立，而剩下的文莱由于拒绝合并，在 1984 年才脱离英国独立。至此整个东南亚诸邦都脱离了殖民统治。

② 英国学者普遍认为整个太平洋战争当中，1942 年 2 月新加坡的沦陷，多达 8 万人的帝国军队被俘虏，标志着大英帝国在远东瓦解的开始，甚至动摇了英国在整个亚洲殖民统治的合法性，其打击之重，在大英帝国的殖民史上可以和 18 世纪时失去美洲殖民地等量齐观。见 Christopher Bayley and Tim Harper, *Forgotten Armies: Britain's Asian Empire and the War with Japan*, London: Penguin, 2005, pp. 153 – 155。

③ Paul H. Kratoska, *The Japanese Occupation of Malaya 1941 – 1945*, London: C. Hurst & Co. Publishers Ltd., 1997, pp. 353 – 358.

无不在日本占领期间孕育而成"①。战后马来人社会出现了大规模的民族团结自救运动,华人社会也相应出现了从中国认同转为马来亚认同,②凡此种种,莫不与日本殖民统治时代的政治动荡有关。

战后马来亚建国过程之所以拖沓漫长,主要原因是国内最大族群马来人和以华人为主的其他族群对建国的内容,特别是针对公民权问题和国家体制的设计无法达成共识。太平洋战争时期日本的军事统治以及当地社会的抗日运动除了激发了民族主义运动之外,也让马来亚境内各主要族群的关系出现了变化,这些变化不但影响了马来亚民族主义运动的发展,也深刻地影响了马来亚独立建国的进程。虽然1945年9月日本撤离马来亚时,许多官方档案被大量销毁,对相关研究造成重大的障碍,但近年来随着相关研究和史料在各国陆续披露,③让大战期间日本在马来亚的统治方针,以及其对马来亚社会所造成的破坏与影响,有了一个比较清晰的显现。本章透过探讨太平洋战争爆发后,日本殖民统治时的民族政策以及马来亚抗日运动的发展,从中梳理英日两国在马来亚的殖民统治对战后当地独立运动所产生的影响。

日本殖民统治马来亚期间(1942—1945),受害最深的是广泛支持抗日的华人。如在占领新加坡初期,日方先后在新加坡

---

① 李亦园:《一个移殖的市镇:马来亚华人市镇生活的调查研究》,台北"中央"研究院民族研究所1970年版,第20页。

② 关于战后马来亚华人社会国家认同的转向,可参考崔贵强《新马华人国家认同的转向1945—1959(修订版)》,新加坡青年书局2007年版,第5—8页。

③ 这些史料包括日本、英国、新加坡和马来西亚的学者所挖掘出来的档案数据、新闻报道、政府文宣等之外,也包括日本、马来西亚和新加坡太平洋战事亲历者的口述访谈、回忆录。

和全马各城镇展开了只针对华人,旨在肃清抗日分子的大检证行动,这个大检证实为大屠杀,凡是被疑为抗日分子、共产党或国民党同路人等均被一律肃清,光新加坡一地华人被杀近5万人,① 马来亚乡间也发生多起屠村事件,② 全马来亚因大检证和大肃清而被屠杀的华人近10万人。③ 1942年后由于必须让华人支持马来亚的经济,大规模杀害华人的事件才相对减少。日军不久成立华侨协会,透过此协会强迫马来亚的华商集资缴纳5千万叻币的奉纳金,④ 也强迫华人"勤劳奉仕",从事指定的农工生产活动或建造铁路、道路等,更在全马来亚推行强制性的日本化教育,除了马来学校增添日语为必修课之外,其他如华

---

① 这个数字或有争议,西方数据和中文数据略有出入,不过多主张约10万,在新加坡的军事审判法庭上,负责新加坡大检证的日方战犯衫田一次大佐只承认大检证时期在新加坡杀害了5千人。马共则主张光新加坡就有5万人被杀。可参见 Peter Thomson, *The Battle for Singapore*: *The True Story of the Greatest Catastrophe of World War 2*), Piatkus, 2013, pp. 526 – 537;陆培春《马来西亚的日本时代:惨绝人寰的3年零8个月》,马来西亚二战历史研究会2014年版,第42—55页;陈剑《马来亚华人的抗日运动》,策略资讯研究中心2004年版,第21—24页。

② 最著名的屠村事件是1942年3月15日和3月18日,日军为报复人民抗日军的袭击,在森美兰州乡间两个华人村落即港尾村和余朗朗村进行屠村,全村男女老少被步枪和刺刀残忍杀害,港尾村被杀村民675人,只有躲在死人堆里装死的两名小孩幸免;余朗朗村村民1470人被杀,仅有10余人幸存,此次屠村之残忍在于日军的无差别屠杀,因日军在其他地区所进行的屠村多只会针对男性成年人,女性和小孩多会幸免。可参见陆培春《马来西亚的日本时代:惨绝人寰的3年零8个月》,第25—41、117—129页。

③ 关于日本殖民时代(1941—1945)马来西亚华人的生活状况,可参考张连红主编《日侵时期新马华人受害调查》,江苏人民出版社2004年版,第1—8页;陈剑《马来亚华人的抗日运动》,策略资讯研究中心2004年版,第3—36页。

④ 叻币为当时英属马来亚的通用货币,英文名叫"Straits Dollar",在1898年开始发行,1939年始被马来亚元(Malayan Dollar)取代,但其仍然一直通行至太平洋战争时期。

校不是关闭，就是全数转变为日语学校。① 日本殖民统治对华人的迫害，不但重创马来亚的经济，也迫使更多华人逃到森林，加入抗日部队的行列。

马共在太平洋战争前就已有 4 万党员，1941 年 12 月 8 日日军入侵马来亚后，马共中央委员会书记莱特（Lai Tek）提出"抗日卫马"的方针，通知英方愿意和其协同抗日，② 1941 年 12 月 18 日英方决定陆续释放共产党和左派的囚犯，承认马共为合法政党，以交换马共全面支持抗日，马共先后派出了全数为华人的 165 位党员参加英方设置的 101 特别训练学校，以接受游击战如爆破等训练。③ 由于日军进展神速，1 月初已逼近吉隆坡，101 特别训练学校不得不提前结束训练，把学员分成四批种子部队进入马来半岛潜入指定的敌军后方。④ 在敌后马共党员的支持下，这四支种子部队在新加坡沦陷后迅速发展为马共最初四个抗日部队的骨干，潜入马来亚乡间和日军作长期的抗战。

---

① 战前的马来亚和新加坡有华校 1359 间，日本殖民统治时代只有 180 间持续开办，但都全数转型为日语学校。见 Barbara Watson Andaya & Leonard Y. Andaya, *A History of Malaysia*, p. 261。

② Cheah Boon Kheng, *Red Star Over Malaya: Resistance and Social Conflict During and After the Japanese Occupation of Malaya 1941 - 1946*, Singapore: National University of Singapore Press, 2012, pp. 59 - 60.

③ 1941 年 12 月 18 日莱特和英国情报部特别行动队（Special Operation Executive, SOE）代表费莱迪·史宾赛·查普曼（Freddy Spencer Chapman, 1907 - 1971）上校和警方政治部官员约翰·戴维斯（John Davis, 1901 - 2006）等人在新加坡会谈，双方取得协议，英方释放所有 200 多位共产党囚犯。见 Margaret Shenna, *Our Man in Malaya*, Singapore: Monsoon Books, 2014, pp. 9 - 10; Brian Moynahan, *Jungle Soldier: The True Story of Freddy Spencer Chapman*, UK: Quercus Publishing Plc, 2010, pp. 230 - 234.

④ Freddy Spencer Chapman, *The Jungle is Nature*, London: Chatto & Windus, 1954, pp. 365 - 373.

他们在 1942 年 1 月 10 日成立了马来亚人民抗日军（Malayan People's Anti-Japanese Army，MPAJA），并化整为零。1945 年四支部队扩大成八个独立队，海纳百川地吸纳了一些马来族群加入战斗行列，成为人数近万人的抗日作战部队，为马来亚敌后抗日的主力。①

太平洋战争时期马来亚有组织的抗日军大致上有四股势力。第一股势力是前述由马共直接领导的马来亚人民抗日军（按：后简称人民抗日军），他们占抗日军近八成力量，是敌后武装抗日的主力。② 由于通信不易，在 1945 年之前人民抗日军各独立大队多各自独立作战，互不支持。战后人民抗日军宣称其大小战斗一共打死或重创日军 5500 人，叛徒 2500 人（按：包含当地马来人组成"义勇军"与警察），人民抗日军战死者有 1000 多人，非战斗死亡者（如被俘虏致死或病故）则有 3000 多人。③ 日本学者原不二夫整理日方史料，评估日军侵马作战时阵亡 3507 人，日军占领马来亚期间死亡 3400 人，这个数据虽然和人民抗日军的宣称有所出入，但可证明人民抗日军在大战期间重创了日军。④

1943 年 12 月 31 日，马共总书记莱特和潜入马来亚敌后的

---

① 关于马来亚人民抗日军八个独立大队的建军历史，可参考新马侨友会编《马来亚人民抗日军》，香港见证出版公司 1992 年版，第 28—40 页。

② 马共自己宣称马来亚人民抗日军在日本投降时一共有 1 万人。见 21 世纪编辑部《马来亚共产党历史画册》，21 世纪出版社 2012 年版，第 54 页。

③ 在日本殖民统治期间他们总共与日军作战 345 次，其中主动袭击日军 265 次，唯初期由于日军气势颇盛，初建的人民抗日军多避开与日军正面冲突，1943 年开始双方的战斗才逐渐增多。见新马侨友会编《马来亚人民抗日斗争史料选辑》，香港见证出版公司 1992 年版，第 10—11 页。

④ ［日］原不二夫：《马来亚华侨与中国：马来亚华侨归属意识转换过程的研究》，第 65—66 页。

英方136部队代表在美罗（Bidor）的森林内签署了《美罗协议》，英方承诺给予马共一切抗日所需的支持（如药品、无线电通信、武器和金钱），以换取人民抗日军支持英军反攻马来亚的作战。① 作为回报，人民抗日军必须接受英方的指挥调度。② 1945年2月26日联军开始空投大批武器给马来亚人民抗日军。③ 之后随着驻马来亚日军大规模调离至缅甸以支持当地的作战，人民抗日军从5月开始积极走出森林，反攻马来亚广大郊区的警局和军营，在8月15日战事结束前他们解放了许多乡村地区。作为马来亚敌后抗日的主力，人民抗日军绝大多数的成员仍然是华人，虽然1945年初许多对日本统治失望的马来民族主义者如阿都拉·西迪（Abdullah CD）、卡玛鲁查曼（Kamarulzaman Teh）等也陆续加入抗日军的行列，唯人民抗日军的马来队员不足全军的5%，影响力甚微。④

除了马共主导的人民抗日军之外，另外三股抗日武装力量是以在马来亚的中国国民党党员为主的"海外华侨抗日军"（Overseas Chinese Anti-Japanese Army）；⑤ 英国组建的马来亚敌

---

① 马共称为"美罗协议"，英方称为"巴坦协议"（Blatant agreement），主因是协议的签署地点在离吉隆坡北方一百公里的小镇美罗郊外森林的巴坦营地。见 Margaret Shenna, *Our Man in Malaya*, pp. 102 – 103。

② 陈剑：《马来亚华人的抗日运动》，策略资讯研究中心2004年版，第59—60页；新马侨友会编：《马来亚人民抗日斗争史料选辑》，香港见证出版公司1992年版，第36—37页。

③ Cheah Boon Kheng, 2012, *Red Star Over Malaya*, p. 77.

④ Ibid., pp. 68 – 74.

⑤ 国民党的抗日军近千人，分成四个独立队，在霹雳邦特别活跃，影响力也达至柔佛和雪兰莪一带。他们头戴一顶蓝星的帽子，和人民抗日军的三项红星的帽子（按：代表马来亚华、马、印三大民族）作识别。张奕善：《二次大战间中国特遣队在马来亚的敌后活动（1942—1945）》，《东南亚史研究论集》，台湾学生书局1984年版，第371—460页。

后特别情报部队 136 部队;① 以及由英方敌后情报人员在 1945 年初组建的马来部队,如马来忠诚军(*Askar Melayu Setia*)和祖国军(*Wataniah*)。② 这三股抗日武装力量在各地发挥了一定的抗日作用,但其总数远不及人民抗日军。国民党抗日部队吸收了一些地方流氓,一些成员曾经滋扰和袭击马来村庄,在当地激起很大的族群矛盾。③ 战后的 1949 年 5 月,马来亚英殖民政府宣布禁止中国国民党的活动后,国民党抗日军的史迹也就消失在历史洪流中。④ 此外,作为马来人的抗日部队,马来忠诚军和祖国军较少和日军正面作战,他们主要的功能反而是在战后

---

① 1943 年 5 月位于科伦坡(Colombo)的英国情报部组建了敌后情报部队,即后来的 136 部队。除少数的英国军官外,其成员多来自马来亚和中国内地被挑选的国民党青年党员,他们专司军事情报和电讯工作。从 1943 年 5 月 11 日开始到 1944 年 9 月 21 日,他们一共出动 10 次潜艇任务,成功让 40 余人潜入马来亚,和人民抗日军订定前述的《美罗协议》,在所有八个人民抗日军大队中都派遣联络官,主要任务为运送发报机和指挥抗日协同英军作战,严格来说,虽有和日军战斗的记录,136 部队主要仍是联军派出的情报部队。关于该部队的历史,可参见 Margaret Shenna, *Our Man in Malaya*, pp. 65 – 80;陈崇智《我与一三六部队》,亚太图书有限公司 1994 年版,第 16—40 页;李盈慧《华侨、国民政府和汪政权的抗日与附日》,水牛出版社 2003 年版,第 191—192 页。

② 在日军投降时马来忠诚军有约 100 人,祖国军有 244 人,他们在整个抗日作战期间受英方 136 部队的指挥和节制,人数虽少,仍然对日本殖民当局发挥一定的破坏作用。见 Mohd Azzam Mohd Hanif Ghows, *The Malaysian Emergency Revisited*: 1948 – 1950, Amr Holdings Sdn Bhd, p. 12。

③ 战后任马共总书记的陈平直指这批人为"国民党土匪",他们"打家劫舍,奸淫掳掠,胡作非为",并无故杀害近 400 位马来村民,见陈平、伊恩沃德和诺玛米拉·弗洛伊德:《我方的历史》,方山等译,新加坡媒体万事达有限公司 2004 年版,第 95—96、112 页。

④ 1949 年 5 月 9 日英方宣布要禁止外国政党在马来亚的活动,限期外国政党转型或解散,8 月 28 日中国国民党全马党部在槟城召开最后一次大会,宣布所有国民党党部将在 9 月 11 日自行关闭,随后这批国民党成员大举加入新成立的本土华人政党马华公会。可参见 Yong, C. F. and Mckenna, R. B., *The Kuomintang Movement in British Malaya*, Singapore: Singapore University Press, 1990, pp. 220 – 221。

解放马来村庄，以阻止华人为主的人民抗日军接管马来人地区。① 总体而言，马来亚各地的抗日部队总数虽近 1 万余人，其成员却以华人为主，估计当时马来人的抗日部队在整个日本殖民统治时期不超过 500 人。②

第二节　马来亚联盟的出台

　　太平洋战争时期华人的积极抗日，以及马来亚人民抗日军和联军的合作让马来亚华人的命运出现重大转变。1943 年 6 月，由英国殖民部官员爱德华·根特（Edward Gent）领导的马来亚计划小组（Malayan planning unit）开始召开一系列的会议，以草拟战后英属马来亚的统治规划。该小组同意在战后将马来亚的三个辖区即海峡殖民地、马来联邦和马来属邦整合为马来亚联盟（Malayan Union），以让英方统一治理。小组成员对于是否应全面开放华人和印度人成为马来亚联盟公民一事无法取得共识。当时除了海峡殖民地的非马来人有英籍民身份之外，马来联邦和马来属邦的大多数非马来人仍然被视为外来者（foreigners），小组的部分成员认为马来亚华人仍然效忠重庆国民政府，大量开放华人成为马来亚联盟的公民，可能会导致"马来亚中国化"。③

　　1943 年 11 月 1 日流亡至印度的马来亚华人领袖陈祯禄

---

　　① Mohd Azzam Mohd Hanif Ghows, *The Malaysian Emergency Revisited: 1948 – 1950*, p. 12.

　　② Cheah Boon Kheng, *Red Star Over Malaya*, p. 18.

　　③ Ong Hak Ching, *Chinese Politics in Malaya: 1942 – 1955: The Dynamics of British Policy*, pp. 67 – 76.

（1883—1960）在孟买召集了一群马来亚华商，创办了海外华人协会（Overseas-Chinese Association），① 他代表协会向英国殖民部上书《马来亚未来备忘录》，强调华人对马来亚的贡献功不可没，他们也是当前马来亚抗日军的主力，华人在马来亚的发展并没有干扰其他族群的生存，许多当地出生的华人早已视自己为马来亚人，未来的马来亚不应把他们视为外来移民，如果英国也愿意给予中国出生的华侨平等待遇，让他们归化为马来亚人，他们也将视马来亚为家乡。他呼吁英国应该遵守《大西洋宪章》的精神，不分族群和宗教，给予所有认同马来亚的人民平等的政治和经济地位，让马来亚逐步走向自治。② 作为已经归化的海峡殖民地华人，陈祯禄代表的是马来亚英籍华商的声音，这批华商是未来重建马来亚的重要力量，他的呼吁引起英殖民部的重视。

与此同时在马来亚的人民抗日军也向英方施压，要求英方透露战后对华人和马共的规划与安排，作为回应，马来亚计划小组主席爱德华·根特在1944年8月决定未来的英属马来亚政府将让所有的政党重新注册，并赋予所有视马来亚为家乡的人

---

① 作为第五代华人，陈祯禄为马来亚当地的富商，他在1923年被选任为海峡殖民地立法议会议员（Straits Settlements Legislative Council），1933年至1935年他更被委任为行政局议员，成为当时海峡殖民地唯一之华人行政官。从这时起，陈祯禄就被英方视为马来亚华人社群的领袖，他在战后创立马来亚开国政党马来亚华人公会，成为该公会的主席，他和马来族群政党巫统（UMNO）以及印度国大党（MIC）联袂推动了马来亚的独立与建国，1960年去世后获得国家葬礼的待遇，堪称海外成功华商的异数。见郑良树《陈祯禄：学者型的政治家》，何启良主编《马来西亚华人历史与人物：政治篇》，吉隆坡华社研究中心2003年版，第31—62页。

② Tan Cheng Lock, "Memorandum on the Future of Malaya", in Tan Cheng Lock, *Malayan Problems: From a Chinese Point of View*, Singapore: Tannsco, 1947, pp. 10 – 42.

公民权。在这个安排下，马共也将会是一个合法的政党。以此为基础，马来亚计划小组在 1945 年初完成了《马来亚联盟草案》（The Malayan Union proposal），并提交内阁定夺。① 《马来亚联盟草案》最具争议的部分是透过设立普遍公民权（common citizenship）的方式，以"属地主义"或"出生地主义原则"（principle of jus soli）和"宽松的条件"将马来亚联盟的公民权开放给所有族群或新移民，马来亚境内预计将有 80% 以上的非马来人可以成为公民，除了马来保留地的设立之外，联盟内的公民不分族群将拥有同等的权利，新移民必须要放弃原有的国籍方能够加入马来亚籍。② 《马来亚联盟草案》一旦实施，也意味着马来人作为原住民大部分的各种特殊待遇将被宣告终止，马来亚联盟内的各族群将被塑造成一个相互平等的国族。③ 学者翁赫清认为，这是英国政府能够提供给华人最好的待遇，这个明显有利于华人的宪制提案，在战后成为英方让人民抗日军和国民党抗日军放下武器的重要谈判筹码。④

由于实施马来亚联盟将是一场大变革，英国内阁一直等待公布《马来亚联盟草案》的时机。为此，1945 年 5 月 11 日东南亚联军总司令蒙巴顿上将（Louis Mountbatten）致电英国总参谋长艾伦·布鲁克（Alan Brooke），表示击败日本的最大胜算就是

---

① Ong Hak Ching, *Chinese Politics in Malaya*：1942 – 1955：*The Dynamics of British Policy*，pp. 76 – 78.

② 这个宽松的条件就是"所有在 1942 年 2 月 15 日之前的 15 年期间在马来亚累积居住超过 10 年的居民就可以申请公民权"。可参见 T. N. Harper, *The End of Empire and the Making of Malaysia*，p. 57.

③ Cheah Boon Kheng, *Red Star Over Malaya*，p. 14.

④ Ong Hak Ching, *Chinese Politics in Malaya*：1942 – 1955：*The Dynamics of British Policy*，p. 78.

大力支持以华人为主的抗日军。过去马来亚的华人无法享有和马来人一般平等的地位，如果政府公布《马来亚联盟草案》，并给予华人具体的保障，将有助于联军的战事。① 同一天蒙巴顿也写了一封信函给殖民部大臣奥利弗·斯坦利（Oliver Stanley），表示华人已经是抗日运动的主力，英国如果要表达善意，或继续和他们合作，就应该要给他们更多的保证，并让所有族群共同参与筹组未来的马来亚自治政府，如此也可消除外界对英国重新殖民马来亚的疑虑。② 以上种种迹象显示，华人抗日的惨重牺牲，以及人民抗日军的持续抗日等，对英殖民政府调整视华人为外来移民的方针，实施大幅接纳非马来人为公民的《马来亚联盟草案》，有重要的推动作用。

随着1945年8月16日日军投降的消息确定之后，8月17日蒙巴顿下令日军必须静候英军到来，不得向抗日军投降也不得支持抗日军，各抗日部队也不得进入城镇，但人民抗日军置之不理，从森林出来接管了包括怡保在内的50多个大小城镇，实力较弱的国民党抗日军也接管了一些重要城市如哥打峇鲁（Kota Bharu）。③ 人民抗日军在各城镇建立了人民委员会，收缴大批马来警察和部队的枪械。此时除了吉隆坡、槟城和新加坡等少数日军聚集的大城市之外，马来亚近七成的乡镇地区已受

---

① War Office Archive, "Telegram from Mountbatten to British Chiefs of Staff, Malayan Resistance Movement-Chinese in Malaya", WO172/1763, May 11, 1945, in Cheah Boon Kheng, *Red Star Over Malaya*, pp. 154 – 155.

② War Office Archive, Mountbatten to Oliver Stanley, Secretary for the Colonies, WO172/1763, May 11, 1945, in Cheah Boon Kheng, *Red Star Over Malaya*, pp. 154 – 155.

③ 林一叶：《吉打人民抗英前奏》，足印丛书编委会编《抗英战争和独立：1948—1957》，香港足印出版社2008年版，第187—193页。

人民抗日军所控制。① 人民抗日军大有机会就此宣布马来亚独立，进行期待已久的民族自决。然而，马共总书记莱特以马共尚未得到马来民族的支持，以及无法和英国作战的理由，在8月25日发出命令支持英国重回马来亚重建秩序，并提出马来亚实行民主自治等八大主张，呼吁各抗日党派放下武器，加入未来的民选议会，以组成一个民主的政府，为未来的独立建国做准备。②

英军在1945年9月4日登陆新加坡后，成立英国军事管制政府（British Military Administration，BMA），各路抗日军也遵守指示，陆续把各城镇的领导权交给英军。作为安抚手段，7月26日上台的英国工党政府认可中国国民党马来亚党部和马来亚共产党为马来亚的合法政党，并在10月10日公布了《马来亚联盟草案》，承诺让所有马来亚的人民不分族群皆可取得公民权身份，在未来实施公平选举，让马来亚的各民族联合成立一个议会民主国家。在这个承诺下，人民抗日军在12月1日同意交出武器，进行战后的复员。③ 事实上人民抗日军只交出了一半的武器，以保存实力，一旦英方违反承诺，再在日后进行武装革命。④

---

① 当时派驻在各抗日军，理应代表联军节制抗日军的136部队无力阻止，只好跟随各支抗日军进城，抗日军接收乡间的过程可见 Cheah Boon Kheng, *Red Star Over Malaya*, pp. 148–169。

② 八大主张主要为拥护中苏英美民主联盟（第一条），在马来亚实行民主制度（第二条）等；全文可见陈平的回忆录。参见陈平、伊恩沃德和诺玛米拉·弗洛伊德《我方的历史》，方山等译，新加坡媒体万事达有限公司2004年版，第103—105页。

③ 整个复员过程长达一个多月，英方也提供每人300马元的奖励。见 Margaret Shennan, *Out in the Midday Sun: The British in Malaya 1880–1960*, p. 298。

④ 新马侨友会编：《马来亚人民抗日军》，香港见证出版公司1992年版，第105—130页。

这时期人民抗日军仍然和英方处于友好关系，① 然而，就在各支抗日部队交出武器不久后，殖民部在 1946 年 1 月 22 日公布了《马来亚联盟白皮书》，表明未来的马来亚联盟只包括马来亚半岛，并不包括新加坡，并且只设官派的立法议员，不会办理立法议会选举。马共认为英方违背他对马来亚人民的承诺，开始策划一系列的罢工抗争以抵制马来亚联盟，此举恶化了英方和马共的关系，1947 年初英方对马共和工运干部进行大逮捕，马共判断无法以和平的方式立宪建国，最终决定在 1948 年 6 月选择重回武装革命的路线，马来亚动乱再起。②

第三节　日本殖民统治时期的民族政策与族群矛盾的激化

太平洋战争初起时，日军轻易打败英军，打破了马来亚人民心中白人至上，西方强权不败的神话，昔日不可一世的英军在一夕之间变成阶下囚，马来民族主义者不管是激进的左派抑或保守的右派，都开始认为马来亚脱离英国独立，建立一个由马来人掌权的国家，并非遥不可及。③

---

①　1946 年 1 月 6 日联军在蒙巴顿主持下于新加坡举行胜利大游行，八位人民抗日军领导、两位国民党抗日军领袖、一位新加坡华人义勇军代表和三位马来人抗日军领导接受颁发"缅甸之星"的勋章。见陈平、伊恩·沃德和诺玛米拉·弗洛伊德《我方的历史》，方山等译，新加坡媒体万事达有限公司 2004 年版，第 133—147 页。

②　关于马共的工人运动和英方的镇压过程，可参考崔贵强《新马华人国家认同的转向 1945—1959（修订版）》，新加坡青年书局 2007 年版，第 213—228 页。

③　英殖民统治长期灌输当地西方文明至上的观念，日军攻占马来亚对当地的知识分子产生巨大的心灵冲击，对此吉拉德·霍恩有相当精彩的陈述。见 Gerald Horme, *Race War: White Supremacy and the Japanese Attack on the British Empire*, New York University Press, 2004, pp. 187–219。

和英国殖民统治一样，日本殖民统治时期也对马来亚社会实施分而治之的民族政策。日方在占领初期就以"解放马来亚""建立大东亚共荣圈"的姿态来笼络马来人。首先，日军同样保留马来各邦苏丹的传统地位，英国殖民者对各邦马来苏丹的优惠日方依然沿袭之。其次，过去英殖民时代的马来官僚也大多保留原职。同时，大批过去由白人出任的中、高阶官职因英国战败也大量出缺，其空缺多由日方青睐的马来贵族加以递补，如英殖民时期几乎只由白人担任的各县县官（District Officer），全由马来人所取代，以塑造一个马来人治理马来亚的假象。① 马来人借由出任中高阶的行政官僚，大量汲取了治理和组织的经验，为日后争取马来亚自治奠定了基础。

从1942年起，日本殖民政府把马来亚易名为"马来"（Malai），把当地时间调成东京时间，并在全境的中小学实施军国主义教育。日本利用马来民族主义者重新编纂反帝反殖的教科书，以传播日军代表亚洲人发动圣战解放马来亚，实现马来亚自治的论调。② 无论中、小学生，皆必须在学习日语之余，进

---

① 马来亚各邦的关键官职如财政局长、税务官仍由日本人担任，若一时无法找到日籍专才出任，可任命马来人来充任之，事实上日本在马来亚实行军事统治，各邦的行政大权仍然操在各邦的军事顾问之手，全马来亚则由位于新加坡的南方派遣军军政监部（Gunseikanbu）统筹管理。见 Paul H. Kratoska, *The Japanese Occupation of Malaya 1941 – 1945*, pp. 62 – 65。

② 事实上，根据日本学者明石阳至和吉村真子的发现，1943年5月31日天皇御前会议通过《大东亚攻略指导大纲》，明载马来亚将保留为日本的殖民地，因此直至大战后期为止，日本都没有让马来亚自治的打算。只有在日本败局已定的1945年8月，才匆忙放手让马来民族主义者筹备独立，由此可见日本解放马来亚的口号，只是口惠而实不至。见 Akashi Yoji & Yoshimura Mako eds., *New Perspectives on the Japanese Occupation in Malaya and Singapore, 1941 – 1945*, Singapore University Press, 2008, pp. 1 – 20。

行思想、园艺和军事训练，传唱反帝反美的歌曲，每日都必须朝东京皇居方向敬礼，表达对日军"解救马来亚人"的感激。①然而，过度强调日本人的民族优势，以及日本的圣战理念，不但和传统的伊斯兰思想格格不入，也逐渐显示出日军奴役马来社会的本质，同时军国教育的训练也让马来社会难以适应，到了1944年日军败象已呈，乡间很多马来学校出现大批逃课现象，军政府也无力助止。②

当时所有的报章都被勒令停刊，只有马来青年协会办的《亚洲精神》（*Semangat Asia*）、《马来新闻》（*Berita Malai*）等流通市面。③ 这些军国主义教育和亲日的传媒配合日本官方论调，大肆宣传马来亚是马来人所有的主张，抹杀华人在马来亚的地位，无形中也加剧了马来人对华人的仇恨和恐惧的心理。④ 日本也在马来社会实行军事化的管理，大幅强化了马来民间团体的组织与动员能力，成为日后马来人民族主义运动的重要动力。⑤ 对于印度社群，日本由始至终把他们视为印度侨民，在他们当中募集了2万多人组织印度国民军（Indian National Army，INA），以支

---

① 关于日本殖民时代的军国主义教育及其对马来人的影响，可见 Abu Talib Ahmad, "The Malay Community and Memory of the Japanese Occupation", in P. Lim Pui Huen & Diana Wong eds., *War and Memory in Malaysia and Singapore*, Singapore: Institute of Southeast Asian Studies, 2000, pp. 45 – 89。

② Abu Talib Ahmad, "The Malay Community and Memory of the Japanese Occupation", pp. 45 – 89。

③ 依布拉欣·耶谷本人获得日方提供的专车、秘书与司机，积极游走全国各地宣传，强调日军的占领给马来民族一个觉醒的时代，呼吁马来亚人民支持大东亚共荣圈。见 Syed Muhd Khairudin Aljunied, *Radicals Resistance and Protest in Colonial Malaya*, pp. 73 – 91。

④ 陈剑：《马来亚华人的抗日运动》，策略资讯研究中心2014年版，第33—36页。

⑤ Akashi Yoji & Yoshimura Mako eds., *New Perspectives on the Japanese Occupation in Malaya and Singapore, 1941 – 1945*, pp. 1 – 20.

持印缅战役，充分利用他们作为"解放"印度的工具。①

日军占领新加坡后，在马来亚各地成立军事化的地方民团如"自警团"（Jikeidan）和"邻组"（Tonarigumi）即居民协会，以监视居民的日常生活。许多马来青年协会的成员被委派为"自警团"和"邻组"的领导，由于控制食物配给的权力，他们成为新一批的权贵，一些过去为英方服务的马来官僚和地方贵族也纷纷投靠马来青年协会，结果从1942年2月至5月的短短三个月内，原本只有一千多人的马来青年协会成员暴增到一万多人，引起日方重视。日本殖民政府出其不意地在6月宣布解散协会，改为重用过去英殖民时代的马来官僚和贵族，在马来社会里制造阶级分化。②然而日军大批任用马来人成立自警团，也埋下了华人的抗日军和马来人自警团相互冲突的导火线。

1943年战事逐渐对日方不利，当年12月日方要求依布拉欣·耶谷召集马来子弟组织马来义勇军（Malai Giyun Gun），以纾缓兵源短缺的问题。马来义勇军在1944年4月成军时共有2千多位马来青年参军，这群受日方训练的志愿军大多为狂热的马来民族主义者，依布拉欣·耶谷本人也被封为少校，他视这批军队为日后推动马来亚独立的力量，义勇军后来易名为祖国保卫队（Pasukan Pembela Tanah Air, PPTA），在1945年扩大为5千人的队伍。③然而，马来义勇军的真正作用却是配合日军扫

---

① Joyce C. Lebra, *Japanese Trained Armies in Southeast Asia*, Singapore: Institute of Southeast Asian Studies, 2010, pp. 19 – 38.

② Syed Muhd Khairudin Aljunied, *Radicals Resistance and Protest in Colonial Malaya*, pp. 73 – 91.

③ Iibd., pp. 85 – 91.

荡抗日军，1944年7月他们在马来亚南部和华人为主的人民抗日军发生多次冲突，双方互有百人死伤。①

1943年8月20日，为回报泰国的同盟之谊，日本和泰国签署条约，把马来亚北部马来人居多的四个州属吉打、吉兰丹、登嘉楼、玻璃市割让给泰国，四州占去马来半岛近40%的土地，此举敲醒了马来民族主义者借助日本解放马来亚的迷梦，不少马来民族精英逐渐认识到日方对马来亚的统治口惠而实不至，其对马来亚的剥削比英方更有过之而无不及。因此，自1945年初就有大批失望的马来青年协会地方领袖如阿都拉·西迪带领一批马来群众加入人民抗日军（按：阿都拉·西迪本人在战后成为马共的党主席）。

日本占领马来亚不久，马来亚就出现粮食供应紧张，1943年初日本提出粮食增产运动，将大批城市华人驱赶至被圈定的乡间进行开垦务农，近20万华人被日军从新加坡和吉隆坡等大城市驱赶至乡间开设所谓的"农场"和"新村"，至大战结束时总计开发了大约7万英亩的耕地，然而这些新开垦的耕地在一些地方却属于马来人保留地，产生华人侵占马来人土地的坏印象，更加剧了双方的矛盾。②

在大战初期，许多马来人认为日本的殖民不过是取代过去的英国殖民，因此抗日的积极性不高。不论是人民抗日军抑或国民党抗日军，皆定时向其驻扎地附近的村庄征收"税捐"或

---

① 这种情况导致1945年初开始有大批马来警察和义勇军带枪投靠人民抗日军，人民抗日军收缴武器之外，往往把他们编入农场工作，不把他们纳入抗日部队，这意味着双方缺乏信任。可参见Cheah Boon Kheng, *Red Star Over Malaya*, p. 73。

② 关于日军强迫华人下乡开垦的历史，可参考Paul H. Kratoska, *The Japanese Occupation of Malaya, 1941–1945*, pp. 277–283。

"军粮",华人村民多愿意资助抗日军,反之,马来村民却往往在胁迫下才愿意交付钱粮。此外马来村民或村长向日军告密的事件亦层出不穷,抗日部队往往以"杀走狗"的手段捕而杀之。此举无疑让族群矛盾更加恶化。① 1945 年 5 月开始,日军战力开始疲弱,人民抗日军大举发动旨在扩大解放区、夺取军需等资源的反攻作战,其攻击的目标往往为乡村的警察局,造成日军和马来武警的重大伤亡,而当抗日军解放一个村落,被视为日本同路人的村长或民兵领袖往往就被"人民法庭"公开处死,② 受害者却又多是马来人,这种反攻或锄奸行动仍然持续至日本投降后的 8 月底才停止,却引起广大马来村民的不满与恐惧。③ 一些马来地方领袖把这段时期抗日军对马来村庄的解放视为"共产党对马来人的恐怖统治"④,激发了战后部分马来村民针对华人的报复行动。⑤

1945 年 8 月 15 日日军停止战斗,英方又在三个星期后才开始登陆重掌马来亚的统治权,这段时间人民抗日军开始大批从森林走入城市接管政务,在日军的默许之下,一些马来乡村自发性地武装起来拒绝人民抗日军的接管,加上一些激进马来领袖的煽动,部分地区出现暴力排华的行为,以报复抗日军过去种下的新仇旧恨。除了城市地区和人民抗日军所占据的地区之外,在森美兰州、霹雳州和柔佛州的马来乡间皆出现许多华人

---

① Cheah Boon Kheng, *Red Star Over Malaya*, p. 209.
② 马来西亚学者称这些法庭为"袋鼠法庭"。参见 Mohd Azzam Mohd Hanif Ghows, *The Malaysian Emergency Revisited: 1948 – 1950*, p. 14。
③ T. N. Harper, *The End of Empire and the Making of Malaysia*, pp. 50 – 52.
④ Cheah Boon Kheng, *Red Star Over Malaya*, p. 189.
⑤ Ibid., pp. 170 – 193.

村民被杀害的记录。① 唯抗日军的反击也造成数十名马来人的死亡，许多地方形成人民抗日军和马来民兵对峙的局面，直到英军在 9 月陆续接管各地，族群冲突才逐渐平息，但马来人和华人的族群矛盾，已经激化。②

如同战前在马来亚任职多年，战后重返当地的英籍殖民官维克多·巴素（Victor Purcell）所言："虽然双方都有一定程度的竞争关系，战前马来人和华人的关系大体上是和平与融洽的，但日本的统治却改变了这一切。"③ 事实上抗日军在战后对广大乡间的短暂接管，也让马来民族首次感受到华人有统治整个马来亚的实力，激起了马来人空前的危机意识，战后马来民族大团结运动遂因应而生，进而发展成一股排除非马来人的建国运动。④

自知战败不可免，日本在 8 月 13 日于马来亚的太平（Taiping）召开马来亚和印度尼西亚两地的领袖会议，会中日方承诺将协助两地领袖在 8 月底宣布独立，其中印方的代表为苏加诺（Sukarno），马方代表为依布拉欣·耶谷等人，然而随着日本的战败，这一切都化为泡影。⑤ 依布拉欣·耶谷只好在 8 月 18 日

---

① 最严重的排华事件出现在柔佛州的峇株巴辖（Batu Pahat）地区，当地亲日的马来民兵分别在 5 月和 8 月发动了两波排华暴行，逾千名华人惨遭杀害，近 2 万名华人难民逃至人民抗日军控制的区域，当地的排华风波一直到英军在 9 月 8 日进入峇株巴辖才告平息。见 Cheah Boon Kheng, *Red Star Over Malaya*, pp. 216–217。

② Cheah Boon Kheng, *Red Star Over Malaya*, pp. 194–239.

③ Victor Purcell, *The Chinese in Modern Malaya*, Singapore: Eastern Universities Press, 1960, p. 38.

④ Donna J. Amoroso, *Traditionalism and the Ascendancy of the Malay Ruling Class in Colonial Malaya*, p. 117.

⑤ 苏加诺还是成功于 8 月 17 日在印度尼西亚日军司令的协助下于雅加达单方面宣布印度尼西亚独立，唯马来亚的日军司令却不再给予依布拉欣·耶谷方便，反而决定遣送依布拉欣·耶谷到印度尼西亚，以免其被英方逮捕。关于这场会议的考证，请参见 Cheah Boon Kheng, *Red Star Over Malaya*, pp. 120–122。

逃亡到印度尼西亚以躲避英方追捕，之后虽有数百名义勇军和人民抗日军联系表达共同对抗英国人的意愿，一心要与英方和解的马共书记莱特拒绝收容，马来义勇军只好在8月22日宣布解散。①

太平洋战争初期日本成功横扫区域内所有西方帝国主义的势力，是一项划时代的事件，对马来人而言，日军宣传的"大东亚共荣圈""亚洲人的亚洲"的口号尽管事后被证明是空中楼阁，但它仍然有效鼓吹了马来人追求民族自决的情绪，日本学者明石阳至和吉村真子认为，日本在马来社会大规模实施爱国军事教育和军事动员，充分鼓动了马来人的民族主义，强化了全马来亚各邦马来人一体化的概念，同时地方民团的设立也大幅加强了马来社会的组织与动员能力，战后英国回来重掌马来亚时，面对的已经不是一盘散沙的马来人社会，而是训练有素，勇于表达政治诉求，勇于向英方抗争的马来人社群，这是英国人始料未及的事。②

另外，日本殖民时期其刻意分化族群的管理政策，亲日的马来军团和以华人为主的抗日军的对抗，以及之后抗日军对马来亚各地的短暂接管，不但激发了马来人和华人之间前所未有的族群冲突，也激起了马来人发展出一种自我拯救的民族主义运动，这种民族主义的诉求超越了阶级斗争的诉求，而迅速成为马来亚建国运动的主流。等到英军回来时，马来社会大规模的抗争和动员对英方形成空前压力，最终导致英方选择妥协与退让，让马来政党主导了马来亚的建国进程。

---

① ［马］穆罕默德·沙烈·兰利（Mohamed Salleh Lamry）：《马来西亚马来左翼运动史》，谢丽玲译，策略资讯研究中心2007年版，第39—50页。

② Akashi Yoji & Yoshimura Mako eds. , *New Perspectives on the Japanese Occupation in Malaya and Singapore, 1941 –1945*, pp. 16 –18.

第 五 章

从马来亚联盟到马来亚联合邦

第一节 马来人大团结运动和巫统的创立

1945年8月15日，第二次世界大战刚结束时，亲日的马来义勇军残部是马来半岛最有实力的马来民族主义力量，为了防止英方的报复，他们在战后迅速解散部队，但并没有放弃反抗英国殖民，推动马来亚独立建国的要求。同年10月17日，以阿末·波斯达曼（Ahmad Boestamam，1920－1983）和布哈努丁（Burhanuddin al-Helmi，1911－1969）为首的激进马来民族主义者（Radical Malays）在印度尼西亚民族主义者莫达鲁丁·拉索（Mokhtaruddin Lasso）的协助下，以过去马来青年协会的干部和马来义勇军成员为基础，成立了战后马来亚的第一个马来民族主义政党：马来国民党（Malay Nationalist Party，MNP），1947年12月马来青年协会创会人之一的依沙·哈芝·穆罕默德（Ishak Haji Muhammad）在布哈努丁的邀请下接任该党的党主席。马来国民党的成立代表了左倾的马来民族主义在政治上的进一步茁壮。①

马来国民党提倡东南亚地区马来人的大团结以塑造一个独立自主的民族主义国家。② 从创党之初直到 1947 年，马来国民党致力于寻求建立一个废除王权、独立自主的马来亚共和国 (Republic of Malaya)，他以古代满者伯夷 (Majapahit)、室利佛逝 (Srivijaya) 大一统王朝的光荣岁月为仿效对象，主张和印度尼西亚合并成大印度尼西亚共和国。③ 事实上，马来国民党的建党五大原则也仿效印度尼西亚国民党的建国五大原则 (Panca Sila) 而定。④ 马来国民党也仿效了近代西方民族主义的国族观念，谋求建立一个整合国内不同族群的马来民族国家 (Malay

---

① 马来亚国民党在创建之初由莫达鲁丁·拉索担任第一任党主席，布哈努丁为党副主席。但在创党后不久，莫达鲁丁·拉索却离开马来亚一去不回。见 Alias Mohamad, *PAS' Platform-Development and Change 1951 – 1986*, Kuala Lumpur: Gateway Publishing House Sdn. Bhd., 1994, p. 66。

② Arrifin Omar, *Malay Concepts of Democracy and Community: 1945 – 1950*, p. 39.

③ 布哈努丁认为马来民族 (Bangsa Melayu) 包括半岛马来人、爪哇人、东非的马达加斯加 (Madagascans) 人等；所有这些不分宗教但同语系和同人种的族群应该团结在马来民族之下，成立一个大马来亚 (Melayu Raya)，以促进整体马来民族的繁荣与富裕。因此马来亚国民党首要的目标就是先整合马来亚和印度尼西亚的马来民族，成立一个大印度尼西亚，以作为世界马来民族主义的传播中心。见 Arrifin Omar, *Bangsa Melayu: Melay Concepts of Democracy and Community*, 1945 – 1950, pp. 38 – 43。

④ 五大原则为布哈努丁在 1945 年 10 月 17 日所公布，内容是："相信上苍 (Ketuhanan yang maha esa)，民族主义 (Nationalism or Kebangsaan)，人民主权至上 (Kedaulatan Rakyat)，世界一家的兄弟情谊 (Universal Bratherhood or Persaudaraan Sejagat)，社会公正 (Keadilan Masyarakat)"；而印度尼西亚国民党的五大原则 (Pansila) 为："相信上苍，公正和有道德的人性 (Rightous and moral humanity)，印度尼西亚的统一，有智慧的民主咨询与代议制度 (Democracy wisely guided and led by close contact with the people through consultation) 以及所有印度尼西亚人民的社会公义"。见 Arrifin Omar, *Malay Concepts of Democracy and Community: 1945 – 1950*, p. 43。

Nation State)①。

针对此项原则，布哈努丁主要的理想就是将各族群涵化在马来民族（Kebangsaan Melayu）之内，以创建一个新的单一民族国家。他主张信仰伊斯兰不一定是成为马来民族的必要条件，如此马来人的认同就较容易被非马来人所接受。② 由此观之，马来国民党主张马来人的概念应加以扩大，以增加其包容性使新国家对非马来人予以同化，而非反其道奉行隔离族群的族群政治，为了保障自身族群既得利益而消极地将马来族群的边界缩小。在这个开放与同化的逻辑下，外来移民（即华人和印度人）必须成为马来人方能成为新兴国家——马来民族国家的公民。对此，他主张"马来亚是由马来人为马来民族而统治"③。但也因为如此，使他日后成为坚决主张将伊斯兰认同和马来族群认同相结合的右倾民族主义者激烈攻击的对象。

1945年10月10日，新组成的英国工党政府宣布为提高治理效率和打造一个自治政府（self-government），决心将马来半岛除新加坡外的三个统治区域——马来联邦、马来属邦和海峡殖民地整合成一个由总督（governor）所管治的"马来亚联盟"，以取代第二次世界大战后的英国军事

---

① 关于以民族为构成原则的国家认同之探讨，建议参考江宜桦《自由主义、民族主义与国家认同》，第44—53页。

② 马来学者阿里分·奥玛对布哈努丁的马来民族概念有相当翔实的探讨。见 Arrifin Omar, *Malay Concepts of Democracy and Community：1945 – 1950*, pp. 44 – 55。

③ P. James. Ongkili, *Nation-building in Malaysia：1946 – 1974*, p. 49.

管制政府（BMA）。① 10月11日至12月21日英政府专员麦·米契尔（MacMichael）以威迫利诱的手段陆续和马来亚各邦统治者签订了《马来亚联盟协议》（*The Agreement of Malayan Union*），其主要内容是"将所有权力和管辖权（full power and jurisdiction）交予英国政府"②。该协议统一取代了各邦原先和英国签署，将国家"委托"予英国统治的条约，使马来亚各邦进一步整合为英国直接统治的殖民地。在马来亚联盟协议之下，各邦马来苏丹不但失去参与或主持邦议会（state council）的权力，更失去了对马来人和伊斯兰事务的否决权，使英国总督成为伊斯兰事务的实际最高决策人，③ 各邦的法案将不再以苏丹的名义发布，他们作为名义上各邦主权者（sovereignty）的地位将

---

① 芭芭拉·沃尔森·安达雅认为马来亚联盟在马来亚的成立主要是为了响应1941年8月英国和美国签署的《大西洋宪政》第3条"所有民族都有权自决"的精神。事实上英国在第二次世界大战结束后就开始重新检讨所有海外殖民地自治和独立的可能性，并陆续赋予殖民地自治权。翁赫清（Oong Hak Ching）则认为这个政策主要是为了安抚在当地武力强大，以华人为主的马来亚人民抗日军（MPAJA）而提出的安排：它透过承认华人的公民地位以换取抗日军的和平缴械以及回报当地华人对抗日的付出；邝锦洪（Khong Kim Hoong）主张英国人设立马来亚联盟的主要原因有三：即防堵印度尼西亚民族主义者对马来亚的控制、提高行政效率以及捍卫英国在马的广大利益。见 Barbara Watson Andaya & Leonard Y. Andaya，*A History of Malaysia*，pp. 264 – 265；见 Oong Hak Ching，*Chinese Politics in Malaya：1942 – 1955*：pp. 73 – 79；Khong Kim Hoong，*Merdeka：British Rule and the Struggle for Independence in Malaya 1945 – 1957*，pp. 109 – 114。

② Gordon P. Means，*Malaysian Politics*，p. 52.

③ 各邦统治者虽失去主持邦议会的权力，但在马来亚联盟的计划下各邦仍设有一个咨询议会（advisory council）来专司伊斯兰事务的立法，但其法案必须要得到马来亚联盟总督（governor）的副署同意方能生效，而在中央行政事务上，作为各邦名义元首的马来君王被集中纳入统治者会议（Council of Ruler），但此会议以英籍总督为主席，故马来君主充其量仅是总督的顾问。见 Muhammad Kamil Awing，*The Sultan and the Constitution*，p. 70。

完全让渡于英国政府;① 这意味着英国在马来亚"间接统治"的结束,而马来统治者最后的剩余权力亦被加以褫夺。

然而,马来亚联盟计划最具争议的部分却是透过设立"普遍公民权"(common citizenship)的方式以"出生地主义原则"(principle of jus soli)和"宽松的条件"将马来亚联盟的公民权(citizenship)开放给所有族群或新移民;除了马来保留地的设立之外,联盟内的公民不分族群将拥有同等的权利与地位。② 这也意味着马来人作为原住民的特殊地位亦被宣告终止,马来亚联盟内的各族群将被塑造成一个相互平等的国族而发展成一个未来的民族国家(nation state)。③

当时大多数的马来人并没有准备接受和非马来人融合成一个新兴的国族,主张大量纳入非马来人为公民的马来亚联盟计划一经报界披露,就激起了英属马来亚各邦马来人的强烈恐惧和不满,④ 他们除了对马来苏丹权力被褫夺表达不满之外,更对普遍公民权轻易且大量地开放于被他们视为"外来移民"的非马来人,且让非马来人拥有和马来人同等的地位表达

---

① Khong Kim Hoong, *Merdeka: British Rule and the Struggle for Independence in Malaya 1945 – 1957*, p. 118.

② 这个宽松的条件就是"所有在1942年2月15日(即马来亚被日军全面占领之前一天)之前的15年期间在马来亚累积居住超过10年的居民就可以申请公民权"。在这个宽松的条件下,预估将会有83%的华人和75%印度人可以成为公民。见Muhammad Kamil Awang, *The Sultan and the Constitution*, pp. 68 – 70; T. N. Harper, *The End of Empire and the Making of Malaysia*, p. 57。

③ Khong Kim Hoong, *Merdeka: British Rule and the Struggle for Independence in Malaya 1945 – 1957*, p. 123.

④ 学者邝锦洪认为英国人打算借纳入大量非马来人成为公民以制压当时马来社会声势高涨的马来亚和印度尼西亚统一运动,以防堵印度尼西亚新兴民族主义势力对马来亚的控制。见Khong Kim Hoong, *Merdeka: British Rule and the Struggle for Independence in Malaya 1945 – 1957*, pp. 112 – 113。

愤慨。

对马来人而言，马来亚联盟的成立无疑就是"消灭马来人和马来统治者对马来亚原有的主权"①，"否定马来人在这片马来土地上的历史地位"②。在柔佛马来人协会（Johore Malay Association）的号召下，1945年12月起各地以马来贵族为基础的马来人协会纷纷在各邦首府发起声势浩大的示威游行，以表达"马来亚是马来人的"，反对取消马来人特殊权利（privileges）和提出恢复苏丹地位的要求，③ 各邦马来统治者在马来群众的压力下随后亦一致公开拒绝承认他们在马来亚联盟条约的签署效力。④

在雪兰莪邦苏丹的大力支持下，1946年3月1日至4日分属41个不同源流的马来人团体在吉隆坡召开战后第一次泛马来亚马来人大会（Pan Malayan Malay Congress）以反对马来亚联盟宪法草案。此次大会堪称全国各个马来民族团体的大集结，与会者也包括第二次世界大战后成立的第一个马来人政党，以中

---

① Wan Hashim, *Race Relation in Malaysia*, p. 47;

② Mahathir Mohamad, *A Doctor in the House: The Memoirs of Tun Dr Mahathir Mohamad*, p. 27.

③ "马来亚是马来人的"（Malaya belongs to Malays）是当时示威群众所广泛使用的标语，其他广泛使用的口号也包括"马来人万岁"（hidup Melayu）和"马来人不会在地球上消失"（takkan Melayu hilang di dunia）。见 Khong Kim Hoong, *Merdeka: British Rule and the Struggle for Independence in Malaya 1945 – 1957*, p. 122。

④ Vasil 主张马来统治者是迫于马来群众的压力而收回该文件的签署效力。另外，Ariffin Omar 在他的研究中指出当时也有很多激进的马来报如"*Majlis*"直接撰文批评苏丹出卖马来人的权益。见 R. K. Vasil, *Ethnic Politics in Malaysia*, p. 20; Ariffin Omar, "Dari Malayan Union ke 13 Mei", in Abdul Rahman Haji Ismail ed., *Malaysia: Sejarah Kenegaraan dan Politik*, Ampang, Selangor: Dawama Sdn. Bhd., 2005, pp. 322 – 343。

下阶层为主并主张马来亚应尽快独立的左翼团体马来国民党（MNP）。① 此次马来人大会象征马来族群在族群生存的危机下抛开宗教（即伊斯兰元老派和少壮派的争斗）和阶级（保守的贵族和左派农民阶层间的争执）的歧见与争端。② 大会一致视该计划为一个使马来族群、马来土地和君主灭迹的威胁，并议决筹组成一个整合英属马来亚所有马来团体的组织，以代表马来人向英政府洽商。由于马来民间抗议声浪空前高涨，所有受邀的马来统治者和被委任为中央咨询议会（advisory council）的马来官员都抵制出席1946年4月1日的马来亚联盟成立典礼，所有马来人被要求在传统帽子"宋谷"（songkok）上绑上白布条以示抗议。③ 同年5月11日在柔佛州新山的大皇宫（Istana Besar, Johor Baru）召开的另一次马来人大会与会各代表终于议决成立一个马来人统一机构（United Malay National Organization, UMNO）——巫统，以柔佛州政坛要人拿督翁·嘉化（Dato' Onn Jaafar）为首任会长（按：之后简称其为拿督翁），他在就职中声明要求"保障马来族群的完整性以及保证家乡和族群的

---

① 马来国民党是战后在马来亚第一个成立的全国性政党，它主张和印度尼西亚共同建立一个泛马来民族的国家，其主要的支持者来自印度尼西亚移民和中、下阶层的马来农民，它和印度尼西亚共产党以及马来共产党有密切关系，一些印共和马共的重要马来人领袖皆有参与该党的活动甚至担任该党的顾问。见 Ramlah Adam, *Burhanuddin Al-Helmy: Suatu Kemelut Politik*, Kuala Lumpur: Dewan Bahasa dan Pustaka, 2003, pp. 31 - 32, 38, 46, 49。

② 各反马来亚联盟计划的马来团体虽然在此次大会上聚集一起，但他们也有着分歧意见。以各州马来人协会为主的团体主张他们主要反对的是马来亚联盟计划，而不是英殖民政府和马来君主，更没有争取独立建国的打算；而以马来国民党（MNP）为首的团体却主张大会应顺势争取马来亚的独立，并抨击马来君主的懦弱无能。见 P. James Ongkili, *Nation-building in Malaysia: 1946 - 1974*, p. 50。

③ John Funston, *Malay Politics in Malaysia: A Study of UMNO and PAS*, p. 79.

安全与强壮",并持续发动示威请愿。①

各项史料皆显示,巫统的成立乃是马来人历史上空前的一次大团结,②巫统成立的最初聚集了马来民族主义的三大源流:代表伊斯兰的伊斯兰源流、留学中东的知识分子如哈芝阿末·发勿(Haji Ahmad Faud)、代表左倾和社会主义的源流如马来国民党,以及代表右倾和世俗化民族主义源流的马来知识阶层,其中包括在本土接受西方高等教育者如马哈蒂尔、拿督翁;留英的知识分子如东姑阿都拉曼、敦依斯迈医生(Tun Dr. Ismail bin Dato' Abdul Rahman,1915 – 1973)、敦阿都·拉萨(Tun Abdul Razak bin Hussein,1922 – 1976)(按:后文简称敦拉萨)、殖民政府的马来公务员和其他马来官僚,③以及其他如各州的马来人协会成员。戈尔登·P. 敏斯(Gordon P. Means)认为这个反马来亚联盟的大会"将马来人从政治冷漠中加以唤醒"④,邝锦洪主张此次抗议使一个平民化,并超越地方意识的马来民族主义首次在马来亚成形。⑤ "半岛上马来人过去只效忠各自邦国的统

---

① 拿督翁在此次大会之后的 1947 年至 1950 年就被柔佛邦苏丹委任为州务大臣(chief minister,*menteri besar*)。当时马来平民最高的阶层就是一州的州务大臣,即一州的总理,在英殖民时代前州务大臣就是一个苏丹国的宰相。请参考 John Funston,*Malay Politics in Malaysia*:*A Study of UMNO and PAS*,pp. 76 – 77。

② 为了观察马来人对马来亚联邦计划的抗争,两位英国的国会议员甘曼斯(Captain L. D. Gammans)和里克斯·威廉斯(D. R. Rees-Williams)专程到马来亚各州下乡寻访,结果发现马来人史无前例地有了政治意识的觉醒。见 P. James Ongkili,*Nation-building in Malaysia*:*1946 – 1974*,p. 47。

③ Norhashimah Mohd. Yasin. *Islamization/Malaynisation*:*A Study on The Role of Islamic Law In The Economic Development of Malaysia 1969 – 1993*,p. 116。

④ Gordon P. Means,*Malaysian Politics*,p. 53。

⑤ Khong Kim Khoong,*Merdeka*:*British Rule and the Struggle for Independence in Malaya 1945 – 1957*,pp. 124 – 126。

治者，从来不曾有过如此统一的集体行动。"①

依学者邝锦洪的看法，马来人群起抗议的真正原因是恐惧纳入众多华人和印度人成为公民的政策，"非马来人才是他们抗议的真正目标"，当时各个激进的马来报章鼓吹在共同的公民权下，马来人甚至会有生存的问题。② 就如同巫统当时的党主席拿督翁所说："马来人在自己的土地受尽苦难，我们的目的就是让这个国家成为真正的马来人国家，一切的权利必须在马来人的手上。"③ 就连日后从马来西亚首相一职退休后的东姑阿都拉曼，也引述1954年6月15日伦敦《泰晤士报》的分析报道，说道，"马来亚联合邦的宪法，就是为了安抚马来人对华人主宰一切的恐惧而产生的"④。

马来学者旺·哈欣（Wan Hashim）明白指出这次马来人的抗争不只是马来人和英国政府的抗争，而是马来人和非马来人的斗争。⑤ 然而，马来学者阿里分·奥玛（Ariffin Omar）检视是次马来人大会所有与会团体的发言，发现并没有任何人要求独立建国，而只是要求英属马来亚应回到1941年（即战前）的

---

① Mahathir Mohamad, *A Doctor in the House*: *The Memoirs of Tun Dr Mahathir Mohamad*, p. 28.

② Khong Kim Hoong, *Merdeka*: *British Rule and the Struggle for Independence in Malaya 1945 – 1957*, pp. 124 – 125.

③ Dato'Onn bin Ja'afar, "Bercakap Tentang Kemerdekaan Terlalu Mudah (1947)", in Wan Mohd. Mahyiddin & Hj. Nik Mustaffa Yussof eds., *Amanat Presiden*, Kuala Lumpur: Fajar Bakti, Jilid 1, 1997, pp. 81 – 84.

④ Tunku Abdul Rahman Putra al-Haj, "Alliance Tussle over Election and a Walk-out", in Tunku Abdul Rahman Putra al-Haj, *Looking Back*: *Monday Musings and Memories*, pp. 17 – 22.

⑤ Wan Hashim, *Race Relation in Malaysia*, p. 48.

间接统治体制，① 他们并没有去挑战英国的持续统治，而是要求回到"固有地位"（status quo）。② 如同当时积极发动学生游行的马哈蒂尔所言，"我当时没有想过要独立，我想我们还未准备好独立，我认为英国仍然可以统治我们，我们当时只要英国人尊重马来人的地位和权益"③。

第二节　马来亚联合邦的成立

虽然巫统最初是一个汇集全国各地马来团体的代表机构，团体内所有机构皆有同等的地位，唯拿督翁不久委任马来贵族和马来殖民官僚组织一个中央委员会并执掌党务，逐渐显示其保守妥协的性格。④ 以马来国民党（MNP）为首的左倾团体认为，马来民族应该利用这个马来人空前大集结的机会，推动废除王室干政，让马来亚尽早独立以和印度尼西亚统一，组成一个大印度尼西亚共和国（Indonesia Raya）。他们的主张和以各邦马来人协会领导为基础，且和王室关系密切的巫统领导层格格不入，加上马来国民党（MNP）领导层多出身于印度尼西亚地区和半岛的中下阶层，和主要以贵族为基础的巫统领导有阶级上的矛盾。两派人马在巫统成立后就有难以化解的矛盾。1946

---

① 对此，许多学者皆认为巫统一开始并不是一个追求独立的政党。可参考 Ariffin Omar, "Dari Malayan Union ke 13 Mei", pp. 328 – 329; Abdul Rahman Haji Abdullah, *Pemikiran Islam di Malaysia*, p. 192。

② Hua, Wu Yin. 1983, p. 80.

③ Mahathir Mohamad, *A Doctor in the House: The Memoirs of Tun Dr Mahathir Mohamad*, p. 88.

④ John Funston, *Malay Politics in Malaysia: A Study of UMNO and PAS*, pp. 76 – 77.

年6月在怡保的巫统党团大会上，两派人马为制定巫统党旗一事上起了争执，马来国民党代表要求巫统应采用印度尼西亚共和国国旗为党旗，以各邦马来人协会为首的其他党团却强烈反对，最后大会通过一个妥协方案，将一个马来剑的标志置入上白下红的旗帜中央作为巫统的党旗，以和印度尼西亚国旗有所区别。唯这个改变导致马来国民党代表离席并宣布退出巫统。在巫统成立仅仅一个月后，左倾和右倾的马来民族主义团体的合作因不可调和的理念歧异就宣告瓦解，而马来国民党从巫统出走之后，就另行集结左倾的力量谋求独立建国之路。①

虽然巫统创党伊始就出现内部分歧而分裂，它仍然有效地串联了全国马来贵族和统治者，对英国政府形成前所未有的压力，拿督翁甚至成功说服所有九个邦的马来统治者们集体缺席1946年4月1日在吉隆坡举行的马来亚联盟成立大会，让这个大会沦为英殖民政府的独角戏。② 反之，在非马来人这一方，除了少数以英语教育背景为主，强调马来亚认同的华人团体之外，他们对马来亚联盟的成立并未适时表达足够的支持。③

就在马来亚联盟成立之际，一群过去任职马来亚的退休高官们也纷纷投书媒体，他们认为英方对非马来人过于宽厚可能

---

① Ramlah Adam, *Burhanuddin Al-Helmy：Suatu Kemelut Politik*, pp. 52 – 53.
② 非但如此，9个马来统治者各自寄信向英王表达委婉的抗议，凡此种种，皆使新上任的英国工党政府最终妥协。见 A. J. Stockwell, *British Policy and Malay Politics during the Malayan Union Experiment：1945 – 1948*, Kuala Lumpur：MBRAS, 1979, p. 71.
③ 学者 R. K. Vasil 就直指出当时华人和印度人因过于热衷关注当时中国和印度的局势反而冷落了对马来亚联盟的议题，而普遍表现漠不关心的态度。见 R. K. Vasil, *Ethnic Politics in Malaysia*, p. 20.

会伤害到马来人,① 如前海峡殖民地和马来联邦总督的金文泰爵士（Sir Cecil Clementi）表示马来亚协议的签署没有考虑当地人的感受,他认为这个架空各邦统治者地位的体制整合是对马来各邦的"吞并"（annexation）,他担心这种做法会激起马来人对英国人的普遍仇恨。前马来联邦总秘书乔治·麦克斯韦（George Maxwell）亦认为马来人事实上已是英属马来亚的少数族群,实施马来亚联盟,让大量的非马来人成为公民,会严重威胁马来亚的稳定与安全。② 前新加坡莱佛士学院院长理查德·温斯特爵士（Sir Richard Olaf Winstedt）认为华人和印度人已经在经济领域上占有很大优势,如果让他们大量成为公民,并和马来人取得同等的地位,将会导致马来人失去政治权利,"不到几年,华人将超越并统治马来亚的其他族群,可能使马来半岛成为中国在太平洋地区的一个省份"③。

1946年4月16日,这群前退休高官进一步在《泰晤士报》（The Times）发表联合声明反对马来亚联盟,他们指马来亚联盟协议是在马来统治者未受充分咨询下所签署,这个协议把各邦合并为单一政体的过程不符合民主的原则,也违反了英国保护马来亚各邦的初衷,他们同时也反对马来亚联盟把新加坡排除

---

① 这些退休高官包括前马来联邦总参政司瑞天咸爵士（Sir Frank Swettenham）、前海峡殖民地和马来联邦总督的金文泰爵士（Sir Cecil Clementi）、前马来联邦总秘书乔治·麦克斯韦（George Maxwell）和前新加坡莱佛士学院院长理查德·温斯特爵士（Sir Richard Olaf Winstedt）等人,他们皆是战前英属马来亚的实权领导或名人,见 A. J. Stockwell, *Brithish Policy and Malay Politics during the Malayan Union Experiment: 1945–1948*, p. 60。

② "Annexation", *The Straits Times*, 27 April, 1946, p. 2.

③ Sir Richrad Winstedt, "The Birth and Death of the Malayan Union", *The Straits Times*, 1 July, 1949, p. 2.

在外，他们反而建议英国应在马来亚实施联邦制度，保留马来统治者的特殊地位。① 与此同时，英国国内在野的保守党也利用此课题攻击刚上台的工党政府，在这种情况下，为稳定政局，英国政府遂改变了马来亚联盟的计划。②

事实上，不少学者认为，英国在第二次世界大战即将结束时面对的最大难题，是如何说服当地最大的一支武装力量，以马共为领导的马来亚人民抗日军放下武器，让英军可以和平接收马来亚，因此大战结束之时，英方就向抗日军透露将实施对非马来人宽厚待遇的马来亚联盟的计划，主要就是让马来亚人民抗日军等部队的领导人对推动族群平等、进行和平的宪制建国抱有希望，进而选择放弃武装革命的路线。③ 等到抗日军在1945年12月交出武器复员之后，英方才在次年的1946年1月22日正式公布了一份和马共原先期望有很大落差的《马来亚联盟白皮书》，也就是说，这个马来亚联盟计划的实施，不但右倾的党派激烈反对，左倾的党派也大加抨击。当然，比起左倾的党派，英殖民政府更乐于和贵族和资产阶级领导的右倾党派协商。

在排除非马来人参与下，1946年7月25日一个包含英国殖民官僚、巫统代表和马来统治者代表的12人工作委员会

---

① 这封公开信的签署者包括了5位马来联邦或海峡殖民地的前总督，3位马来联邦或海峡殖民地的总秘书，7位各马来土邦的前参政司或顾问，以及2位前马来联邦司法院大法官（chief），共计17位知名退休高官。见"The Mutilation of Malaya Letter", *Malaya Tribune*, 26 April, 1946, p. 2。

② A. J. Stockwell, *British Policy and Malay Politics during the Malayan Union Experiment: 1945–1948*, pp. 60–63.

③ 相关的观点可见 Mohd Rizal bin Mohd Yaakop, "The British Legacy on the Development of Politics in Malaya", *International Journal for Historical Studies*, Vol. 2, No. 1, 2010, pp. 41–60; Oong Hak Ching, *Chinese Politics in Malaya: 1942–1955: The Dynamics of British Policy*, pp. 73–79。

（Working Committee）迅速成立，以重新订定一个新的马来亚联合邦协议（Federation of Malaya Agreement，FMA）。① 纵观在这项马来族群与英殖民政府所达成的协议，巫统和马来族群取得四项关键的胜利：

其一是马来统治者在战前的一切权益和地位将予以保留，各邦统治者仍然掌控伊斯兰事务，并增加了取消个别新移民公民权的权利以消除他们对华人公民过多的顾虑，而中央增设一个集合各邦统治者的统治者会议（conference of rulers）以作为马来亚联合邦政府的重要咨询单位。②

其二是战前的一切马来人特权仍将予以保留，并载入新的《马来亚联合邦宪法》当中。③

其三是在新的协议下，过去各州的英籍参政司与顾问的地位与职权回归到马来籍的州务大臣（menteri besar）的手上，这象征英殖民势力进一步的衰退以及马来主权进一步的胜利。

巫统最关键的胜利是将原先出生地原则（Jus Soli）的公民权申请更改为以出生地附加 8 年居留时间，或居留时间满 15 年作为公民权的申请条件。如此一来，只要不是马来人，华人或

---

① 该工作委员会共有 12 位成员，他们是 4 位英国委任的官僚和法律学者，4 位马来各州君主的代表，2 位巫统的代表以及 2 位由巫统和马来君主委任的英籍法律顾问。相关资料可参见 John Funston, *Malay Politics in Malaysia*: *A Study of UMNO and PAS*, p. 79。

② 综合整理自 Wah Hashim, *Race Relation in Malaysia*, p. 49; Cheah Boon Kheng, *Malaysia*: *The Making of a Nation*, p. 18。

③ 马来亚联邦宪法对马来人特权有以下几种定义：马来保留地的规定、公共服务职位（即公务员）的优势的保障配额（即所谓的固打制——System Quota）、商业执照的保障名额以及优惠配额的教育津贴与奖学金，见 Norhashimah Mohd. Yasin, *Islamization/Malaynisation*: *A Study on The Role of Islamic Law in The Economic Development Of Malaysia 1969 – 1993*, p. 119。

非马来人必须满足以上条件方有资格申请成为马来亚的公民，而且也附带了一项需具备英语和马来语能力的条件。在这样严苛的条件之下，只有极少数的非马来人符合公民权的申请资格。反之，马来族群却可作为各邦统治者臣民的地位而自动成为马来亚联合邦的公民。① 除此之外，在马来亚联合邦协议下亦设立了一个由多元族群组成的联合邦立法议会（federal legislative council），议会成员由取代总督地位的英国最高专员或"钦差大臣"（British High Commissioner）依照马来族群优势的配额来委任，从而确保马来人在联合邦议会的控制权。②

值得注意的是，巫统党主席拿督翁在协商过程中坚持马来亚联合邦的马来名称应为"马来人土地联邦"（Persekutuan Tanah Melayu），以彰显这个"准国家"是马来人国家的意义；反之，非马来人能够获得公民权是代表其有定居此地的权利，而非代表他们拥有和马来人平等的"国民权"（nationality）。③ 同

---

① P. James Ongkili, *Nation-building in Malaysia: 1946 – 1974*, pp. 57 – 58; R. K. Vasil, *Ethnic Politics in Malaysia*, pp. 24 – 25.

② 这个联邦议会共有 75 位成员，其中有 14 名官方成员（official member），而当中至少有 9 位是州务大臣，另有 61 位是非官方成员（non official member），其中 31 人为马来人，14 人为华人，5 位为印度人，7 位为欧洲人，1 位斯里兰卡人和 1 位欧亚混种人（Eurasian），还有两位海峡殖民地马六甲和槟城的代表。由于 9 位州务大臣皆属马来人，故在这议会中马来人至少拥有 40 席——53% 的议席。见 Cheah Boon Kheng, *Malaysia: The Making of a Nation*, p. 18。

③ 对于此项，工作委员会的工作报告特别指出"公民权并不等于国民权"（citizenship was not a nationality）。见 *Constitutional Proposals for Malaya: Report of the Working Committee Appointed by a Conference of His Excellency the Governor of the Malayan Union, Their Highnesses the Rulers of the Malay States and the Representatives of the United Malays National Organization*, Kuala Lumpur: Government Printer, 1946, p. 1, in Ariffin Omar, *Malay Concepts of Democracy and Community: 1945 – 1950*, Kuala Lumpur: Oxford University Press, 1993, p. 109。

时这个新兴的马来亚联邦亦立法规范马来人的身份,以进一步防范非马来人轻易借由成为马来人而享受和马来人的同等权益。① 这项规范见诸于马来亚联邦协议第 124 条之 3（b）:"马来人是习惯说马来语,信仰穆斯林宗教和服从马来人习俗。"此项界定乃延续了战前英殖民政府对马来人的定义,② 这个规范日后也纳入 1957 年马来亚建国的宪法当中,并对未来马来西亚独立的宪政体制有着重大的影响。③

随着马来亚联合邦的成立,各邦亦在 1948 年前后相继订定自己的邦宪法,所有拥有世袭统治者的州属皆立宪规定只有马来人才能担任最高行政首长——州务大臣和州秘书一职,此举进一步彰显马来人统治主权的意义。④ 然而必须注意的是,马来亚联合邦的最高实权领导人仍然是英国所派驻的"钦差大臣",而且他的立法议会所有的议员仍然是英殖民政府所委任的议员,因此这个新诞生的马来亚联合邦,和之前的马来亚联盟一样,

---

① 工作委员会的报告和翁嘉化的看法相关资料可参考当代著名的马来民族主义研究者阿里分·奥玛已出版之博士论文著作。见 Ariffin Omar, *Malay Concepts of Democracy and Community*: 1945 – 1950, Kuala Lumpur: Oxford University Press, pp. 109 – 110, 200 – 201。

② 此法律界定可见《马来亚联合邦协议》(*Federation of Malaya Agreement 1948*) 第 124（3）(b) 条文:"a Malay is a person who: (a) habitually speaks Malay; and (b) professes the Muslim religion, and (c) conforms to Malay custom."。见 Abdul Rahman Haji Ismail, "Bumiputera, Malays and Islam: A historical Overview", *Kajian Malaysia: Journal of Malaysian Studies*, Vol. 21, No. 1& 2, 2003, pp. 105 – 121。

③ 即马来西亚《联邦宪法》第 160 条:"马来人必须为信仰伊斯兰教、习惯于说马来语,奉行马来传统习俗。"

④ 其时沙巴和砂拉越尚未加入马来亚,马来亚联合邦只有 11 个邦,其中有两个邦马六甲和槟城并没有世袭统治者。而在这之前,柔佛邦和登嘉楼邦已分别在 1895 年和 1911 年拥有本身的宪法。相关资料见 Shad Saleem Faruqi, "Affirmative Action Policies and the Constitution", *Kajian Malaysia: Journal of Malaysian Studies*, Vol. 21, No. 1& 2, 2003, pp. 31 – 57。

仍然是大英帝国的殖民地。①

第三节　首次跨族群的党派合作：
　　　　《马来亚人民宪法草案》的出台

《马来亚联合邦协议》的内容在 1946 年 12 月 24 日一经公布，又引起非马来人的广泛不满。② 因为按照马来亚联盟宽松的入籍条件，估计将有 83% 的华人，75% 的印度人将可以成为马来亚的公民，但实施马来亚联邦的入籍条例，估计只有 28% 的非马来人才有资格成为公民。③ 为了安抚非马来人的抗议情绪，在马来亚联合邦协议公布前夕的 1946 年 12 月 19 日，英殖民政府匆忙选任了一批以池士曼（H. R. Cheeseman）为主席，成员皆为非马来人的 10 人咨询委员会（简称池士曼委员会）来审核这个协议。来自霹雳州的华裔律师梁宇皋（1888—1963）和雪兰莪州的中华总商会会长李孝式（1900—1988）为当中唯二的华人成员。④ 这个委员会分别前往吉隆坡（1 月 28 日、3 月 1 日、3 月 11 日）、槟城（2 月 13 日）、马六甲（2 月 20 日）和

---

① 《马联合邦内部组织结构钦差大臣权高于一切》，《南洋商报》1948 年 2 月 8 日第 8 版。

② 为何英国人放弃与华人协商？Khong Kim Hoong 认为除了华人无法给予英政府更广泛的支持之外，也和当时有大量华人支持反英的左派团体有关。见 Khong Kim Hoong, *Merdeka: British Rule and the Struggle for Independence in Malaya 1945 – 1957*, p. 178。

③ K. J. Ratnam, *Communalism and the Political Process in Malaya*, Kuala Lumpur: University Malaya Press, 1965, p. 74.

④ 该委员会一共有 9 名成员，其中 5 名是英国裔，2 名是印度裔，2 名是华裔。见 Mohd. Ashraf Ibrahim. *Gagasan Bangsa Malayan yang Bersatu: 1945 – 1957*, pp. 114 – 123。

怡保（3月5日）展开公听会，收集了80件书信和备忘录，然后展开密集的商讨。

在委员会商讨的过程中，梁宇皋和李孝式展现了强烈的抗争态度，最后委员会决议非马来人公民权的申请条件应小幅放宽。① 但梁宇皋和李孝式并不满足，他们还联合起来提出少数报告（minority report），提出两个反对观点：其一，他们不同意九位州务大臣加入联合邦的立法议会，因为如此将使得议会拥有过多的马来人代表；其二，他们主张马来亚联合邦的公民权应以下列三种条件开放之：苏丹臣民（按：即马来人），英属公民或在马来亚出生同时也在海峡殖民地拥有永久居留权的非马来人，在马来亚出生且父亲为联合邦公民者。事实上梁、李两人最终的目标就是要让非马来人都能凭属地原则获得公民权。②

当池士曼委员会的报告在1947年4月10日提交马来亚联盟咨商议会（Malayan Union Advisory Council）时，所有华裔代表皆支持梁宇皋和李孝式的少数报告，梁宇皋和李孝式也在马来亚联盟咨商议会中表明不背书马来亚联合邦对公民权规定的内容。③ 在这个时期，除了少数华社领袖如陈祯禄为维护马来亚联盟原先保障华人权益不被更动而多方奔走之外，许多华人在这段期间方才如梦初醒。1946年12月14日，已经预知马来亚联

---

① 非马来人公民权申请的条件更改为：一、如出生于联合邦之内者，在过去10年内居留5年；二、如非出生于联合邦之内者，在过去15年内应居留8年。见铁木《论联合行动（1947年8月15日）》，朱齐英《马来亚民族运动史料选辑（1945年8月—1948年9月）》下册，马来亚劳工党党史委员会2009年版，第21—84页。

② Mohd. Ashraf Ibrahim. *Gagasan Bangsa Malayan yang Bersatu*：1945 – 1957, pp. 112 – 120.

③ Heng Pek Koon, *Chinese Politics in Malaysia*：*A History of Malaysian Chinese Association*, Singapore：Oxford University Press, 1988, p. 48.

合邦协议不利于非马来人，在马来亚民主同盟（Malayan Democratic Union，MDU）的号召下，① 华商领袖、印度人社群领袖、欧亚混血社群领导等在新加坡集结起来，组成一个联合行动事会（Council for Joint Action），1946年12月22日它和马来国民党、新加坡工会（Singapore Federation of Trade Union）、传教士联盟（Clerical Union）、印度人商会（Indian Chamber of Commerce）、印度国大党（Malayan India Congress，MIC）、锡兰淡米尔协会（Ceylon Tamils Association）等组成一个，并以马六甲中商会主席，同时也是峇峇华人社群领袖的陈祯禄为主席，不久此理事会易名为全马来亚人民联合行动理事会（All Malayan Council of Joint Action，AMCJA）。它们的要求主要有三项，其一，要求组建一个包含新加坡在内的马来亚联合邦；其二，在全国的范围内举行普遍的代议士选举，还政于民；其三，恢复马来亚联盟普遍公民权的规定，让所有视马来亚为永久家乡，效忠马来亚者得以享有平等的公民权和参政权。②

另外，巫统与英殖民政府妥协的态度引起马来左倾民族主义者的不满，先前因为阶级矛盾和立场分歧而退出巫统，后又被排除在协商大门外的马来国民党（MNP），联同100个其他农工阶级组成的马来团体在1947年2月22日组成人民力量中心

---

① 马来亚民主同盟是1945年12月在新加坡成立的左倾团体，其主要领导人是英语教育出身的华人和印度人，然而后来1948年6月马来西亚实施紧急状态后，它被指为亲共而被英殖民当局查禁。见 Heng Pek Koon, *Chinese Politics in Malaysia：A History of Malaysian Chinese Association*, p. 52。

② 铁木：《论联合行动（1947年8月15日）》，朱齐英编《马来西亚民族运动史料选辑（下册）》，马来西亚劳工党党史工委会2009年版，第3—84页。

（Pusat Tenaga Rakyat，PUTERA）以反对马来亚联合邦协议。① 他们主张马来亚联合邦应包含新加坡，马来亚联合邦也应该尽快举行全民选举，而不是延续过去官委议员的制度，同时，国内各族群应融合在马来民族之内，以创建一个新的单一民族——马来民族国家，而非为了保障自身族群的既得利益而消极地缩小马来族群边界。马来国民党（MNP）党副主席布哈努丁甚至主张伊斯兰不必然是成为马来民族的必要条件，如此马来人的认同较容易被非马来人所接受，且在这个开放同化的逻辑下，"外来移民"必须成为马来人方能成为新兴国家——马来民族国家的公民，而作为马来亚国的新公民，他们皆享有共同的政治和法律地位。② 他的主张得到以华人和印度人商会为主的全马来亚人民联合行动理事会（AMCJA）的支持。

　　这两个反对马来亚联合邦协议的团体，即以马来人为主的人民力量中心和以非马来人为主的全马来亚人民联合行动理事会，在1947年3月14日达成一个协议，组成一个PUTERA-AMCJA联盟（PUTERA-AMCJA coalition），开始绕开英国人，自行制定属于人民的宪法，③ 双方于同年8月10日终于通过了一份《马来亚人民宪法草案》（People's constitutional proposals），该草案基本上就遵循了布哈努丁以上的国族论述。④ 为了抵制巩固族群分化和马来霸权的马来亚联盟协议，他们在1947年底多次发

---

① 马来亚国民党认为新的马来亚联合邦宪法是英国让马来亚成为永久殖民地的图谋。见 P. James Ongkili. *Nation – building in Malaysia*：*1946 – 1974*，p. 61。

② Khong Kim Hoong, *Merdeka*：*British Rule and the Struggle for Independence in Malaya 1945 – 1957*, pp. 159 – 161。

③ Gordon P. Means, *Malaysian Politics*, pp. 85 – 87。

④ 有关人民宪章草案的内容，可参考 Khong Kim Hoong, *Merdeka*：*British Rule and the Struggle for Independence in Malaya 1945 – 1957*, pp. 165 – 168。

动了大罢工（hartal）。① 然而这些努力都未足以挑战"英国、苏丹和巫统的协议"②，随着 1948 年 2 月 1 日马来亚联邦正式成立，华人和印度人商会成员被委任为联合邦议会成员，以及 1948 年 6 月马来亚共产党发动武装叛乱并导致全马来亚进入紧急状态后，马来国民党、人民力量中心以及全马来亚人民联合行动理事会的一些主要核心成员等相继以"联共"的罪名被英殖民政府强行逮捕，这个由三大族群所组成的反巫统阵线就被瓦解，一场打造马来亚民族国家的运动也就胎死腹中。

马来国民党在 1948 年 6 月被英殖民政府强制解散后，其数目庞大的党员后来遂流向另外四个国内主要的马来穆斯林政党：即右倾和亲西方的巫统、左倾的马来亚人民党（Parti Rakyat Malaya，PRM）、伊斯兰主义的伊斯兰党和主张族群多元主义的独立党（Independence of Malaya Party，IMP），其中又以伊斯兰党和马来亚人民党接收最多的党员，前者后来以国民党创党元老布哈努丁为党主席（1956—1969），并在 1959 年后开创伊斯兰党的强盛时代，后者更是由昔日马来国民党的主要班底如阿末·波斯达曼和伊萨·穆罕默德（Ishak Muhammad）所组建，在 20 世纪 60 年代亦活跃一时。作为长期的在野党，伊斯兰主义的伊斯兰党和左倾的马来亚人民党在 20 世纪 50—60 年代皆与右倾的巫统处于政治敌对的关系，在寻求马来穆斯林的支持

---

① 这场由中华总商会主导的全国性大罢工发生在 1947 年 9 月至 10 月全国各地，其中 10 月 20 日的全国大罢工是为影响最大的一次罢工。这一系列的罢工主要为抗议马来亚联邦协议，它在华人区域如新加坡和吉隆坡造成很大的经济损失。见 Khong Kim Hoong，*Merdeka：British Rule and the Struggle for Independence in Malaya 1945 – 1957*，pp. 169 – 170。

② 这个形容乃是学者 Gordon P. Means 的说法。见 Gordon P. Means，*Malaysian Politics*，p. 90。

与认同上相互竞争。

依据相关学者的意见，巫统在此次马来亚联邦成立的过程中得以一举成为马来人以至全马来亚的代表性政党，乃基于以下的理由：

一、巫统得到英国的支持：其时马来亚另有两个主要的马来人政党，其一是亲共的马来国民党（MNP），其二是主张伊斯兰至上的穆斯林党（Hizbul Muslimin, HM），然而和他们相比，巫统明显较为世俗化，并较为温和与保守，其领导层多出身英语教育和英国关系密切的贵族与官僚——即"上层阶级"，故较容易受英国所青睐。[1]

二、巫统得到马来皇室的支持：学者兰拉·阿当（Ramlah Adam）和戈尔登·P. 敏斯（Gordon P. Means）等认为巫统领导成员主要由各邦贵族和高阶官僚所组成，它在一开始就得到各邦马来统治者的支持，其时广大的马来人仍然效忠皇室和地方贵族，反之敌对政党马来国民党（MNP）、马印大一统和敌视皇室的主张无法被多数马来人所接受，故巫统很快成为马来人的代表政党。[2]

三、巫统本身的保守性和妥协性：此时期的巫统反对的是马来亚联盟计划，而不是反对英国的殖民统治，尤其甚者，党主席拿督翁更主张马来人经济力量太弱故必须要继续接受英国的"保护"，[3] 如同学者柯嘉逊所示，巫统的兴起并没有挑战英

---

[1] Ramlah Adam, *Burhanuddin Al-Helmy: Suatu Kemelut Politik*, pp. 57, 66, 68, 70.

[2] Ramlah Adam, *Burhanuddin Al-Helmy: Suatu Kemelut Politik*, p. 70; Gordon P. Means, *Malaysian Politics*, pp. 92–93.

[3] 这种要求英国继续保护马来人的论调在当时普遍流行于巫统的领导高层当中，见 Abdul Rahman Haji Abdullah, 1998, *Pemikiran Islam di Malaysia*, pp. 192–193。

国的殖民统治，而是要求英国改变族群平等的政策。① 这也成为巫统被英国认可为马来人代表团体的重要因素。②

总言之，马来亚联合邦透过对公民资格的严格限制，成功地压抑了非马来人成为马来亚公民的数量，使马来族群在投票权的数量上取得压倒性的优势，③ 和一般新兴国家的做法大不相同，马来亚联合邦并不认可出生地原则的公民申请条件，此举也使这个新兴的自治领成为一个数量上的"准马来民族国家"；而马来人特权（Malay special privileges）条款亦明确加载马来亚联邦协议当中，④ 同时英殖民政府仅和马来皇室以及马来政党代表商讨的态度，也间接承认了马来主权（The Malay Sovereignty）的地位，巫统也经由这次协商的胜利而被英殖民政府认可为马来族群的全权代表政党。最明显的例子是1948年2月1日马来亚联合邦成立后不久，巫统党主席拿督翁成为新政府内阁中的最高阶本土官员——内政部长。然而，对巫统来说，协商胜利的果实仍然是苦涩的，他们在不情愿的情况下首次承认非马来

---

① Hua Wu Yin, *Class and Communalism in Malaysia: Politics in a Dependent Capitalist State*, pp. 80 – 81.

② Khong Kim Hoong, *Merdeka: British Rule and the Struggle for Independence in Malaya 1945 – 1957*, p. 141.

③ 1946年原计划的马来亚联盟拥有的选民人数分别为华人215余万人，印度人45万余人，马来人255万余人；但在1948年新的马来亚联合邦计划下华人选民锐减为50万余人（短少约160万人），印度选民为23万人（短少约22万人），而马来选民数基本不变。因此在马来亚联合邦新宪法的规定下有近77%的华裔居民和51%的印度居民竟没有公民权或投票权的资格，而马来人却是几乎百分之百。见 Norhashimah Mohd. Yasin, *Islamization/Malaynisation: A Study on The Role of Islamic Law in The Economic Development of Malaysia 1969 – 1993*, p. 118。

④ 这里指的马来人特权条款主要包括下列事项：马来人保留地条款、公务员马来人保障条款、商业执照如公共交通营运事务等的保护条款、公共奖学金保护条款等。见 Gordon P. Means, *Malaysian Politics*, p. 177。

人拥有成为马来亚公民的权利——尽管他们的入籍条件远比之前马来亚联盟所规定的更为严苛。①

对此,学者谢文庆(Cheah Boon Kheng)提到"这个反马来亚联盟运动的结果,就是使马来人成为真正的胜利者(real victors)"②,从此以后,非马来人的地位就持续地被削弱,从此就不再挑战"马来政治领导主权"(Malay political sovereignty)的地位。③ 马来亚联盟建立之后,巫统一举跃居马来亚的首要政党,其在马来西亚主宰政党的地位将随着时间的流逝而日益递增,直至马来西亚在2018年5月10日出现首度政权更替为止。

---

① 值得注意的是,当马来亚联合邦协议仍然维持开放公民权于非马来人的条款(按:虽然条件比原先的更为严苛)一经披露,就立即引起巫统党员的一片鼓噪和不满,唯党主席拿督翁宣布马来人必须同意开放公民权于华人等,否则无法换取国家的稳定,他甚至在1947年1月的党代表大会公开威胁要辞去党主席的职位以换取党员对马来亚联合邦协议的认可,这一次他得到党员广泛的慰留,也换来了党员的授权。见 John Funston, *Malay Politics in Malaysia: A Study of UMNO and PAS*, p. 79。

② Cheah Boon Kheng, *Malaysia: The Making of a Nation*, p. 6.

③ Ibid., p. 19.

第 六 章

从排外到协商：独立前马来
民族主义的转变

第一节　马来亚联合邦开放公民权的争议

英方和马来右倾团体在1948年2月1日联手打造一个大幅排斥非马来人成为公民的马来亚联合邦后，开始积极打压左倾团体，迫使拥有人民抗日军，以华人居多的马共决定准备发动反对英殖民的武装革命，1948年6月16日一小批武装分子在霹雳邦的和丰（Sungai Siput）地区杀害了三位英国的橡胶园经理，① 导致6月20日英属马来亚联合邦政府宣布全境进入"紧急状态"（state of emergency），原来的人民抗日军又重新回归战场，在1949年2月1日改称"马来亚民族解放军"。1948年至20世纪50年代初期，约一万人的民族解放军在乡间造成很大的

---

① 根据当时马共总书记陈平的回忆，马共在1948年3月21日的会议中决定启动武装革命的准备，但地方上的部队自主行动，先行攻击当地剥削劳工的资本家，最终英方提早颁布"紧急状态"追剿马共，使马共不得不全面实施武装革命路线。但也由于仓促发动武装革命，马共一开始就居于劣势。见 Chin Peng, *My Side of Story*, Singapore：Media Masters, 2003, pp. 207 – 222。

破坏，1950 年 6 月 1 日英方实施将郊区垦殖民强制迁往新村集中看管的计划，以切断马共的补给，这个政策雷厉风行地执行，1954 年全马已有 572917 人被迁往 480 个新村，占全国人口七分之一，当中绝大多数为华人。①

这场反英殖民的革命改变了马来亚联合邦的命运，许多左派的政党或团体如马来国民党（MNP）和人民力量中心等组织被英政府取缔而被迫解散，当时知名的左倾民族主义领袖除了布哈努丁之外，其他人如阿末·波斯达曼、依沙·哈芝·穆罕默德等都被逮捕，左倾的马来民族主义运动受到严重打击。② 但"紧急状态"的颁布却也加速了马来亚独立建国的进程。如为了安抚华人以防堵华人支持马共，英方决定开展对华人社群的安抚工作。1949 年 1 月 9 日英国驻东南亚钦差大臣（British Commissioner-General for Southeast Asia）麦尔坎·麦唐纳（Malcolm MacDonald）委任拿督翁和华人领袖陈祯禄组成一个马来人和华人联系委员会（Malay-Chinese Liaison Committee，CLC）。拿督翁和陈祯禄双方多次见面，针对华人和马来人未来的经济、社会和政治的议题作密切交流，双方还互相登门拜访各自的家庭，③ 不久这个委员会更名为社群联系委员会（communities liaison committee，CLC）以邀请更多其他族群代表加入，最终扩大为一个包含 6 位马来人、5 位华人、1 位英国人、1 位斯里兰卡人、1 位欧亚裔和 1 位印度人共六大族群 15 位代

---

① Ho Hui Ling, *Darurat 1948 – 1960*：*Keadaan Sosial di Tanah Melayu*, Kuala Lumpur：Penerbit Universiti Malaya, 2004, p. 18.

② Syed Muhd Khairudin Aljunied, *Radicals Resistance and Protest in Colonial Malaya*, pp. 168 – 169.

③ Ramlah Adamn, *Dato' Onn Ja'afar*：*Pengasas Kemerdekaan*, Kuala Lumpur：Dewan Bahasa dan Pustaka, 2005, pp. 188 – 189.

表组成的委员会。① 值得一提的是，此社群联系委员会由斯里兰卡裔的代表杜莱辛甘（E. E. C Thuraisingham）出任委员会主席，以表示不偏袒华人或马来人的中立地位。②

另外，随着对马共的战事胶着，1948年10月1日继爱德华·根特走马上任的马来亚联合邦钦差大臣（High Commissioner for the Federation of Malaya）亨利·葛尼（Henry Gurney）极力推动成立一个可以代表全马来亚的华人团体以收编华人对抗马共，1949年2月27日英政府扶持17名马来亚联合邦议会的华人议员以及中华商会为基础的华人商界领袖，于吉隆坡中华大会堂成立马来亚华人公会（Malaya Chinese Association，MCA），简称马华公会，并选出马六甲中华总商会主席陈祯禄为首任总会长。以表达华商和华社领导争取华人成为马来亚的公民，维护华人权益的立场。③

陈祯禄是出生于马六甲的第五代华人，1923年他被选任为海峡殖民地立法议会议员（Straits Settlements Legislative Council），1933年至1935年他更被委任为行政局议员，成为当时海峡殖民地唯一的华人行政官。从这时起，陈祯禄就被英方视为海峡华人社群的领袖，早在1926年，陈祯禄即在海峡殖民地立法议会提出要"不分族群，在大英帝国底下打造一个拥有马来亚意识的马来亚社群（Malayan community），而这个社群最终必须朝向一个民

---

① Mohd Ashraf Ibrahim, *Gagasan Bangsa Malayan yang Bersatu 1945 – 1957*, pp. 127 – 136.

② Ibid., pp. 128 – 129.

③ 学者约瑟夫·费尔南多（Joseph M. Fernando）在他已出版的博士学位论文中指出当时英国驻马钦差大臣亨利·葛尼就多次和陈祯禄商讨组党问题。见 Joseph M. Fernando, *The Making of the Malayan Constitution*, Kuala Lumpur: The Malaysian Branch of the Royal Asiatic Society, JMBRAS, 2002, pp. 11 – 13。

族自治的方向来发展"①。1936年他进一步在议会报告中指出,英殖民政府应该以打造马来亚意识和爱国意识为前提,让所有在马来亚的永久居民"马来亚化",以塑造一个"统一的马来亚社群"（united Malayan community）。② 1947年8月10日,陈祯禄曾经领导全马来亚人民联合行动理事会（AMJCA）和左倾的马来民族主义团体制定《马来亚人民宪法草案》以追求打造一个公平、民主的马来亚宪政体制,这一次他领导马华公会,又受委担任社群联系委员会的华人代表,自然不轻易放过争取更多非马来人成为马来亚公民,以追求打造一个马来亚国族的志愿。

  虽然拿督翁为首的马来人代表在社群联系委员会内占相对多数,但以陈祯禄为首的其他族群代表却团结一致,在1949年9月17日的一场会议中,他们主张马来亚联合邦必须要进一步开放公民权的申请门槛,以出生地主义为基础,让非马来人可以凭借在马来亚出生的条件申请归化为马来亚的公民。③ 这个要求一经公布之后,很快在巫统党内掀起轩然大波。巫统党内很快分成两派,一派了解拿督翁的难处,愿意接受现实,主张可以在特定的条件下,支持给予非马来人出生地原则的公民权,另一派则认为马来亚公民权申请门槛不能再放宽,出生地原则的公民权只可以适用于马来民族,非马来人断不可适用,后者在同年12月17日集结起来组织了一个压力团体——半岛马来协会（Persatuan Melayu Semenanjung, PMS）,以反对给予非马

---

① 郑良树:《陈祯禄:学者型的政治家》,何启良主编《马来西亚华人历史与人物:政治篇》,吉隆坡华社研究中心2003年版,第31—62页。

② Alice Scott Ross, *Tun Dato Sir Cheng Lock Tan: A Personal Profile*, pp. 118 - 119.

③ Ramlah Adam, *Dato' Onn Ja'afar: Pengasas Kemerdekaan*, pp. 185 - 192.

来人出生地原则的公民权。①

　　事实上，马来亚联合邦在 1948 年 2 月 1 日成立之后，所有 2294000 名的马来人居民可自动归化为马来亚公民，但在总计 2011000 名的非马来人当中，只有区区的 32 万得以归化成为公民，② 1948 年 6 月颁布"紧急状态"之后，为了打击马共，英方必须要改变排斥华人的态度，拉拢更多的华人和印度人支持马来亚联合邦，因此进一步放宽公民权的申请门槛，让更多非马来人成为马来亚联合邦的公民，已势在必行，③ 英方一开始邀请巫统代表筹组这个跨族群的委员会，主要还是希望右倾的马来领袖们可以透过这个委员会，了解并接受非马来人的要求，拿督翁在多方协商后，于 1950 年 1 月 10 日的会议上反建议可以同意对非马来人开放出生地原则的公民权，但这个开放必须要有特定的条件，且马来亚联合邦原先对马来人的各种保障条款都必须予以保留。

　　作为对马来人让步的回报，拿督翁也要求英殖民政府必须设立一个专属的机构发展马来人的经济，1950 年 5 月 19 日，钦差大臣亨利·葛尼终于宣布成立乡村工业发展局（Rural Industrial Development Authority，RIDA），5 月 20 日拿督翁方才召开巫统最高理事会议商讨开放出生地原则公民权的问题。但由于得不到所有理事的支持，拿督翁以辞去党主席一职为要挟，此举迫使巫统党员最终在 1950 年 8 月 27 日的年度党代表大会上，表决同意有条件地开放出生地原则公民权给非马来人。经过另

---

　　① Ramlah Adam，*Dato' Onn Ja'afar*：*Pengasas Kemerdekaan*，p. 195.

　　② Mohd Ashraf Ibrahim，*Gagasan Bangsa Malayan yang Bersatu 1945 – 1957*，p. 134.

　　③ Ibid.，pp. 127 – 136.

一波的协商之后，最终马来统治者们、巫统、英国殖民政府三方在 1951 年 1 月同意有条件地开放公民权予非马来人，即任何出生在马来亚而其父母亲任一位也出生在马来亚者，得以成为公民，除此之外，在国外任何地方出生，而父亲亦为马来亚出生者，也可成为公民，此外，在马来亚连续居住十年的非马来人，也可以在通过英文和马来文的考试之后，申请成为公民。① 以上的内容记载在 1952 年 5 月 7 日马来亚联邦议会通过的《马来亚联合邦协议（修正案）条例》（The Federation of Malaya Agreement (Amendment) Ordinance, 1952）。② 这一次公民权的开放，估计有 1157000 名华人，以及 22 万名印度人可以自动成为马来亚联合邦的公民，约占当时非马来人总人口的 50%。③

然而，当时大多数的华人商会和文教界的领袖和以极右派为主的马来人都不满意以上的法案，前者希望马来亚联合邦应无条件实行出生地主义的公民权，让所有认同马来亚的华人入籍成为公民，而不是只有一半，后者强烈反对开放更多外来移民成为公民，哪怕只有 50%。在法案提呈的当日，提呈法案的检察总长（Attorney General）麦可·约瑟夫·胡根爵士（Sir Michael Joseph Hogan）表明，这不是一个"完全出生地原则"的公民权，而是"延迟的出生地原则"（delayed Jus Soli），但这已

---

① Mohd. Ashraf Ibrahim. *Gagasan Bangsa Malayan yang Bersatu*, p. 135.

② F. G. Carnell, "Malayan Citizenship Legislation", *The International and Comparative Law Quarterly*, Vol. 1, No. 4, Oct., 1952, pp. 504 – 518.

③ 究竟多少非马来人在这个新的公民政策下受惠，并没有一个确切的说法，只有一个估计值，学者翁赫清（Oong Hak Ching）说是 50%，罗朱青（Low Choo Chin）说是 55%，本书采前者的说法。见 Low Choo Chin, *Report on Citizenship Law Malaysia and Singapore*, Global Citizenship Observatory (GLOBALCIT), 2017, p. 6; Oong Hak Ching, *Chinese Politics in Malaya 1942 – 1955: The Dynamics of British Policy*, p. 158。

经是一种很大进步,为安抚马来人和华人双方不满的情绪,面对议会内不同族群的代表,他特别说明相互包容的重要性:"你必须尝试关心和了解其他人的困难之处,你也要让其他人有适度的安全感,让他们可以快乐地过他们的生活,你应该要让他们对未来有适度的信心,如果英格兰人、爱尔兰人、威尔士人和苏格兰人都可以为联合王国(United Kingdom)而这样做,为什么我们不能为马来亚这样做?"①

第二节 东姑阿都拉曼执掌巫统以及联盟的组成

早在1949年4月13日英国国会就承诺在未来会给予马来亚独立,却有附带说马来亚的独立建国必须以其境内各主要族群的合作为前提。② 在英方的压力下,拿督翁意识到未来各族群合作推动建国乃势不可免,遂于1951年5月27日提出让巫统改革为多元族群政党,并吸收非马来人为党员的主张,以取得执政的有利地位。③ 然而此举对当时的马来人而言,显得过于前卫和不切实际,最终拿督翁在党内一片反对的声浪下于该年8月25日的党代表大会上宣布辞职退党,另行筹组一个多元族群政党马来亚独立党(Independence of Malaya Party,IMP)以追求多元族群的建国之路。但拿督翁出走后不到三个月,巫统党内的伊

---

① "Minutes at Kuala Lumpur, Wednesday, 7th May, 1952 at 10am", *Federation of Malaya Official Report of the Proceedings of the Legislative Council*, *Fifth Session*, *February*, *1952 to February*, 1953, The Government of the Federation of Malaya, 1953, pp. 133–174.

② Joseph M. Fernando, *The Making of the Malayan Constitution*, p. 15

③ 一篇报道指出当拿督翁提出将巫统改为多元族群政党吸收华人为党员的谈话时,当时现场出现一片反常的静穆,没有掌声也没有任何鼓噪,显然所有与会者都被拿督翁的主张震慑了。见 Ramlah Adam, *Dato' Onn Ja'afar: Pengasas Kemerdekaan*, p. 216。

斯兰派系——乌拉玛联盟（Ulama Union）也于同年11月脱离巫统，另组成泛马来亚伊斯兰党（Pan Malayan Islamic Party, PMIP），① 这两党在当时皆对巫统构成强大的挑战，而其中的泛马伊斯兰党（按：为行文方便，后文将其简称为伊斯兰党）一直到2018年，都是巫统最重要的政治宿敌。

就在拿督翁辞职的同一天，巫统也在它的党代表大会上选出东姑阿都拉曼为第二任党主席。东姑阿都拉曼一上台就提出马来亚应尽快以立宪建国的途径和平独立，并强调"这是马来人的国家所以马来人有特殊的权利"②。而对于英国倡议独立应赋予"马来亚人"（Malayan）的主张，东姑阿都拉曼发表了以下著名的言论：

> 谁是马来亚人？这个地方是从马来人身上取得，因此也必须交还给马来人，让马来人来决定谁是马来亚人……我所认识的华人和印度人根本不愿意成为马来亚人，他们只关心自己的语言和族群……如果把国家交给这个还未出现的马来亚人，将会有无尽的争执与纠纷。③

非但如此，他也呼吁同情非马来人的马来统治者们，不要

---

① 关于伊斯兰派系脱离巫统而成立伊斯兰党的经过，可参考 Safie bin Ibrahim, *The Islamic Party of Malaysia: Its Formative Stages and Ideology*, Kelantan: Nuawi bin Ismail. 1981, pp. 8-19。

② Tunku Abdul Rahman Putra Al-Haj, "Jawatan yang Ditakdirkan: Ucapan di Majlis Menyuarat Agung UMNO pada 25 Ogos 1951", in Wan Mohd. Mahyiddin & Hj. Nik Mustaffa Yussof eds, *Amanat Presiden*, Kuala Lumpur: Fajar Bakti, 1997, pp. 165-174.

③ Tunku Abdul Rahman Putra Al-Haj, "Jawatan yang Ditakdirkan: Ucapan di Majlis Menyuarat Agung UMNO pada 25 Ogos 1951".

成为其他族群破坏马来子民争取独立的工具，因为如果"这个国家被马来亚化，王城仍然会被摧毁"①。同时，他也要求联邦政府限制非马来人任马来亚公务员（Malayan Civil Sercice, MCS）的数量，因为他们就算不当公务员他们也可以在商场有工作机会，马来人却无处可去。虽然如此，他也辩解道"外来族群必须了解马来人不是一个贪心的民族，只要非马来人居民效忠并真正热爱这个国家，他仍然可以归化为马来亚人……维护这个地区的和平与安全，以及巩固各族群的关系是大部分马来人的愿望"②。

之后东姑阿都拉曼也对报界强调"马来亚是属于马来人的地方，它不应该被混合的族群所统治"，表明了其拒绝非马来人分享统治权力的政治立场。③ 换言之，当时的东姑阿都拉曼认为马来亚国族并不包括英属马来亚所有的非马来人居民，如果他们要成为马来亚人，必须"证明"他们对这个国家的效忠，而这个效忠与否的认定必须由马来人来加以检验之。

也就是说，在未来的新生国家内，马来人和非马来人彼此间是主人与客人的关系，而非平等的国民。显然，此时的东姑阿都拉曼所推动的仍然是建立马来国家的主张，它对包容全体居民的国族主义，在心理上仍然是抗拒的。唯这种马来族国主义并不符合非马来人占国内一半人口的客观现实，更非英方所

---

① Tunku Abdul Rahman Putra Al-Haj, "Jawatan yang Ditakdirkan: Ucapan di Majlis Menyuarat Agung UMNO pada 25 Ogos 1951".

② Ibid..

③ 相关内容可参考 Straits Times, 28 August, 1951; Straits Times, 1 July, 1952, in R. K. Vasil, Ethnic Politics in Malaysia, 1980, pp. 74–75。

乐见。①

另外，英方在 1951 年已经开始积极提升马来亚联合邦的自治地位，首先是 1951 年 1 月准备放宽公民权予更多愿意效忠马来亚的非马来人，其次是 1951 年 2 月 1 日宣布首次委任本土出生的马来亚联合邦立法议会的议员担任内阁的部会首长，除了华人事务和国防直属钦差大臣管理之外，内阁一共设立了九个部会，分属九位行政议员管理，当中 5 位马来亚人，4 位英国人，马来亚人之中，有 3 位是马来人，即主理内政部的拿督翁，主管农业森林部的吉打州王子东姑惹谷（Tunku Ya'acob ibn Al-Marhum Sultan Abdul Hamid Halim Shah），主管土地、矿业与通讯部的彭亨州前州务大臣拿督马勿（Dato Mahmud bin Mat），1 位是华人，即主管卫生部，来自槟城的土生华人李长景医生（Dr. Lee Tiang Keng），1 位是印度和斯里兰卡裔的代表，即主管教育部的杜莱辛甘，其他 4 位则是英国人。② 最后是决定开放举行地方的民主选举，于 1951 年 12 月 1 日首次在槟城首府乔治市办理市议会（municipal council election）的民主选举，开始逐步实行地方民主自治。③ 所有的迹象显示，英国已经愿意放手让马来亚学习自治，以准备未来的独立建国。而这种自治的安排，

---

① 当时的马来亚非马来人居民在人口数上要多于马来人，只是马来亚联合邦对非马来人严格的公民权限制导致马来人在公民人口上占有多数，但排除非马来人的建国计划只会导致全面性的族群冲突，这并不是打算持续捍卫商业利益的英方所乐见的。见 Joseph M. Fernando, *The Making of the Malayan Constitution*, Fernando, p. 15。

② 《联邦趋向自治之路，当局宣布阁员名单委任状由四月九日起有效》，《南洋商报》1951 年 3 月 14 日第 7 版。

③ 如在马来西亚史上第一次的市议会选举——1951 年 12 月的槟城市议会选举中，巫统只赢得 9 席中的 1 席，对于号称全国最大党的巫统而言，不失为一场重挫。相关资料可见 Gordon P. Means, *Malaysian Politics*, pp. 132–134。

同时也考虑了族群的权力平衡,并没有完全偏袒马来人。

1951年10月6日,英国驻马来亚联合邦的钦差大臣葛尼(Henry Gurney,1898-1951)意外被马共伏击杀害,马来亚社会人心浮动。直到1952年1月20日英国委任邓普勒将军(Gerald Walter Robert Templer,1898-1979)出任马来亚联合邦钦差大臣,一方面继续在乡村地区加强新村的设置,实行对乡下地区坚壁清野的清剿政策,另一方面又大幅收编华人来对抗马共,并积极在都市地区实行地方民主选举以争取民心,局势才逐渐得到控制。

在邓普勒将军即将赴任之前,1月15日英国殖民部大臣奥利弗·利特尔顿(Oliver Lyttelton,1893-1972)公开对报界说邓普勒将军全权控制马来亚联合邦的一切行政和军事活动,"在不牺牲任何马来人利益的前提下,他将会收编很多的华人来支持马来亚联合邦的社会、经济和政治的建设,除非我们有更多的华人警察、华人行政官僚、华人的公民参与对抗恐怖分子的斗争,华人的恐怖分子不可能被消灭"[1]。

邓普勒上任不久,就在1952年3月19日的联合邦立法议会作了第一场报告,提出了日后被称为"邓普勒计划"的发展方针,他提出了18项方案以因应"反恐作战",其中首三项最重要的方案为放宽公民权的申请,重整马来亚的警察,打造马来亚的军队,换言之,就是要进一步开放公民权予非马来人,让更多的非马来人特别是华人加入警队,以及开放非马来人加入军队,组建一支真正由多元族群所组成的马来亚军队(Malayan

---

[1] *The Times*, 15 January, 1952, in Leon Comber, *Templer and the Rpad to Malayan Independence: The Man and His Time*, Singapore: Institute of Southeast Asian Studies, ISEAS, 2015, p. 9.

Army)。① 过去马来亚的本土军团只有纯粹马来人组成的马来军团,此次军队的马来亚化,是进一步认可非马来人在马来亚联合邦的国民地位。

邓普勒在 3 月 25 日更进一步在马来亚联合邦行政会议推行民间保卫团（home guard）的计划,在全国大量招揽华人成立保卫团。由于马来西亚极重要的经济命脉,近打河谷（Kinta Valley）地区是当时世界最大的锡矿场区,该地的保卫尤为重要,② 霹雳华社领袖刘伯群领导的霹雳华侨矿务公会以及马华公会趁此良机,号召组织一个以防卫矿场为主要职能的"近打河谷保卫团"（Kinta Valley Home Guard, KVHG）（按:简称"近打保卫团"）,这个近打保卫团在 1952 年 5 月 1 日成功注册时,是当时全马来亚最大的华人民间反共武装,直至 1958 年 12 月 31 日解散为止,它最高峰时有三千多人。③ 同时全马来亚各地以华人为主的新村也设立了自身的武装保卫团。

邓普勒广招非马来人加入警队、军队并允许非马来人成立地方自卫民团的做法,实际上向马来人政党透露一个强烈的信息:要打击马共必须要全民合作,马来亚的独立建国,更必须要以其境内各主要族群的合作为前提。④ 邓普勒以上的种种手

---

① 其他的邓普勒计划方案,可见 Leon Comber, *Templer and the Road to Malayan Independence*, pp. 49 – 57。

② 此由华人建立民间保卫团的计划首先由联合邦战争理事会（federal war council）的两位华裔成员,同时也是立法议会议员梁宇皋和李孝式所提出,并由邓普勒接纳并付诸实行。见 Leon Comber, *Templer and the Road to Malayan Independence*, pp. 118 – 138。

③ 曾文福:《霹雳华人矿务公会简史》,《霹雳华人矿务公会 37 周年纪念特刊》,怡保霹雳华人矿务公会 1972 年版,第 13—15 页。

④ Joseph M. Fernando, *The Making of the Malayan Constitution*, p. 15。

段，令马共受到很大的打击，1953 年初马共领导的"马来亚民族解放军"终于决定全线往马泰边境转移，① 等到邓普勒在 1954 年 5 月 31 日离任时，整个"紧急状态"的局势已大为改善，一直到 1960 年 7 月 12 日，独立建国后的马来亚联合邦政府才宣布解除全国性的"紧急状态"。②

虽然巫统党员拒绝成为多元族群政党，但随着 1951 年 12 月 1 日英国开始陆续开放各地县市议会的选举，巫统了解城市拥有大量的非马来人选民，若要取得各州市议会的主政权，单凭马来族群的支持实无法成事。1952 年 2 月巫统尝试和马华公会在吉隆坡市议会选举过程中采取联合竞选的策略，他们出乎意料地赢得 12 席中的 9 席，而事前备受看好的马来亚独立党仅赢得 2 席。吉隆坡市议会选举联合竞选的成功对巫统和马华公会的合作取得很大的鼓舞，两党随后继续在各地的县市议会选举展开策略合作联合竞选，到 1953 年为止，他们赢得全国各地方议会 119 代表席次中的 94 席。从此巫统和马华公会的联盟成为席卷马来亚的政治势力。③ 唯面对马来亚独立党和伊斯兰党的强力挑战，巫统意识到唯有进一步加强和华人政党马华公会的合作才能取得未来国家的执政权，两党遂于 1953 年 3 月 17 日取得协议，将在未来首次的全国联合邦议会选举中循前例共组一

---

① Chin Peng, *My Side of Story*, pp. 319–326.

② 整个紧急状态期间（1948—1960），马共战死的有 6711 人，被俘的 1289 人，投降 2704 人，英军有 519 人战死，警察有 1346 人牺牲，平民百姓牺牲和失踪的有 3283 人，总计牺牲了 1 万多人，虽战斗的死伤人数不及第二次世界大战时期，但对一个当时只有近 600 万人口的地区而言，仍是一个惊人的数字。参见 Leon Comber, *Malaya's Secret Police 1945–1960: The Role of the Special Branch in the Malayan Emergency*, Monash University Publishing, 2008, p. 6.

③ Joseph M. Fernando, *The Making of the Malayan Constitution*, p. 37.

个联盟（Alliance）来参与竞选。①

到了 1953 年 5 月中旬，当时马来亚各个政党已经意识到马来亚不久可能独立建国，开始组成联盟以争取更多支持，当时各党组合了两大不同属性的联合阵线，其一是由马来亚独立党主催，4 月 27 日所召开的国家会议（National Conference），参与者为当时各州州务大臣、官方人员等；其二是由巫统主导的国家大会（National Convention），参与者为代表华人的马来亚华人公会（MCA）以及代表印度人的印度国大党（Malaya Indian Congress，MIC）；此大会在 8 月 23 日、10 月 13 日和 1954 年 2 月 14 日一共召开了三次，就在第三次大会之后，巫统和马华公会两党组成联盟，以共同标志和共同宣言来面对未来的选举。1953 年 11 月印度国大党也决定加入联盟，1955 年 4 月联盟组成一个 40 名代表的国民理事会（National council），其中巫统和马华公会代表各 16 名，印度国大党 6 名。② 相较于马来亚独立党主导的国家会议，这个联盟主导的国家大会吸引了两个重要的非马来人代表政党的参与，关键之处在于马来亚独立党创党主席拿督翁始终不同意将完全开放出生地原则的公民权予非马来人，反之，东姑阿都拉曼在联盟的第三次国家大会上同意在不侵害马来人特殊地位的前提下，同意在一定的期间内给予非马来人完整的出生地原则公民权。③

马来亚独立党和联盟在三大族群间皆有其支持者，故形

---

① Joseph M. Fernando, *The Making of the Malayan Constitution*, p. 39.
② Joseph M. Fernando, *The Alliance Road to Independence*, Kuala Lumpur: University of Malaya Press, 2009, pp. 89 – 92.
③ Ramlah Adam, *Biografi Politik Tunku Abdul Rahman Putra*, Kuala Lumpur: Dewan Bahasa dan Pustaka, 2009, pp. 148 – 169.

成均势的对峙局面；此外，马来人社会也有另一个由半岛马来人联盟（Peninsular Malays Union，PMU）所主持的全马来人圆桌会议（All-Malay Round Table Conference）；由于其是一个纯由马来人所组成的阵线，反而最为弱势。当时成立于1951 年，代表伊斯兰主义的伊斯兰党由于党内同时皆有巫统和马来亚独立党的党员，故采取中立观望的态度。虽然如此，当时伊斯兰党的创党主席的哈芝阿末·发勿和马来亚独立党党主席拿督翁过从甚密，双方在 1952 年 9 月一致谴责巫统收受马华公会 50 万马元的捐款实为出卖马来人之举，至此，伊斯兰党和巫统主导的联盟渐行渐远。① 眼见已经和马华公会等非马来人政党交恶，1954 年 2 月拿督翁干脆解散马来亚独立党，另组国家党（Party Negara），从主张多元族群整合的国族主义路线改为排外的马来族群主义，以对抗三个族群政党所组成的联盟。②

第三节　从排他到包容：东姑阿都拉曼民族主义观之转变

在巫统、马华公会和印度国大党三方密切合作和持续施压之下，英政府和统治者会议同意在 1955 年将开放民选 99 席立

---

① 这个 50 万的捐款由马华公会在 1952 年所拨出，拨给一个新成立的马来福利基金，以作资助马来社会福利事业之用，唯事实上该款项的使用由巫统所支配，是为一种变相的政党捐款。当时巫统的确出现很大的政财困难，此捐款大幅改善了巫统的困境。见 Heng Pek Koon, *Chinese Politics in Malaysia: A History of the Malaysian Chinese Association*, pp. 164 – 165。

② Heng Pek Koon, *Chinese Politics in Malaysia: A History of the Malaysian Chinese Association*, pp. 168 – 169。

法议员中的52个席次。① 1955年7月24日马来亚联合邦首次举行的联合邦议会（federal council）选举，联盟三党提出尽快让马来亚独立的联合竞选宣言（manifesto），唯三党巧妙地避开公民权、官方语言和马来人特权等争议性的问题。② 三党在共同旗帜下联合竞选，结果意外以横扫之姿赢得52个竞选议席中的51席，并囊括81%的选票，从而得到马来亚联邦政府的绝对多数的组阁权，三党联盟也筹组了自治政府。③ 至此，联盟政府掌控了国家独立的主导权，而马来西亚族群政治的架构亦于焉形成。这种复式社会中以各个代表自身族群利益的族群政党组成的联合政府体制，就是所谓"协和式体制"（consociational system）。④ 这种以族群政党组成联合政府的行政架构，一直维系至今。值得一提的是，这个跨族群的合作方式一开始纯粹是为了取得胜选的权宜之计，却意外决定了日后马来西亚政府的组成形式。

此时期马来亚各党派已经认知到马来亚和平独立的契机已然来临，早在马来亚联合邦成立之初，英国就不断明示族群间的合作是成立马来亚自治政府的首要前提，⑤ 联盟内的三党来自三大背景殊异的族群，竞选的胜利意味着三党彼此必须要取得

---

① Gordon P. Means, *Malaysian Politics*, pp. 62 – 63.
② Ibid., pp. 164 – 165.
③ 其中马华公会15席，巫统34席，印度国大党2席，唯一的落选议席是败在伊斯兰党手里。见 Tunku Abdul Rahman Putra Al-Haj, "Alliance Wins the First Round in Elections Shouts of 'Merdeka' Fill the Air", in Tunku Abdul Rahman Putra Al-Haj, *Looking Back: Monday Musings and Memories*, pp. 44 – 51。
④ "协和式体制"一词来自著名政治学者 Lijphart 的论述，可参考他的著作 A. Lijphart, *Democracy in Plural Societies: A Comparative Exploration*, New Haven: Yale University Press, 1977。
⑤ Joseph M. Fernando, *The Making of the Malayan Constitution*, p. 15.

进一步妥协，方能一致向英方争取独立。

对巫统而言，其党内仍然存有一些排华声浪，党内皆认可独立的马来亚必须以马来人为主导，更必须反映马来人的特殊地位，因为马来人作为原住民的身份是不容被妥协。反之，对马华公会和印度国大党而言，争取各族群权利与地位的平等是其最高目标——尤其是出生地原则的公民认可。三党反而对马来亚国家体制的选择有一致的共识——他们皆主张这个新兴的独立国家应采用以英国政府架构为基础的君主立宪体制。①

1952年东姑阿都拉曼决定和马华公会合作，就是对其过去政治主张的自我否定。这种理论上的改变，主要就是从狭隘排外的国族主义观，转为妥协合作、族群共治的国族观。唯这种国族论述的转变主要还是来自英方的影响。如在1952年3月的党代表大会上，东姑阿都拉曼引用多位英国党要的谈话，指出英国只希望在马来亚各族人民都团结一致，并取得谅解的情况下才赋予马来亚独立。因此，"在我们面前只有两条道路，以和平制宪的途径，或以暴力的路线争取独立，如果选择前者，我们可以得到外国的支持，也可以在国内带来和平与安定，如果选择后者，我们将只能以流血的方式独力奋斗，在这个世界上将没有任何国家能支持我们。在我看来，第一条路是维护我们族群和后代的最好方式"②。1953年9月东姑阿都拉曼更表明"英国已经确定并强调除非这个国家不同族群的居民能够相互友

---

① Joseph M. Fernando, *The Making of the Malayan Constitution*, pp. 78–79.
② Tunku Abdul Rahman Putra Al-Haj, "Menghebahkan Kemerdekaan: Ucapan di Majlis Mesyuarat Agong UMNO di Hotel Majestic, Kuala Lumpur pada 29 dan 30 Mac 1952", in Wan Mohd. Mahyiddin & Hj. Nik Mustaffa Yussof, *Amanat Presiden*, pp. 177–188.

好合作，否则将不会给予独立，假如我们要独立我们就一定要接受这个条件，除非我们有足够的力量拒绝它"①。

另外，如果不承认非马来人的国民地位，会激起他们的反抗，反而会破坏马来人的建国大业，如 1952 年 11 月东姑阿都拉曼说，"我们当中有些人认为这个国家的其他族群是不配享有权利的族群，这是正确的，但是诸君想一想，人家在这个国家安居落户，生根发展，假如我们否认他们的存在，他们会满意和沉默吗？假如我们不同情那些住在我们地方的人，世界会同情我们的要求，给予我们协助吗？"②

1953 年东姑阿都拉曼进一步指出，非马来人占了六成的人口而且拥有巨大的资源，假如只有马来族群统治马来亚，这些族群绝不会坐视不理，如此国家将会纷乱不休，假如马来人故意制造骚乱，最后的结果却又是被迫把权利交给非马来人，族群间将会永远地相互仇恨，如此这个国家将永远不会有和平。所以马来人应主动和华人为首的非马来人协商建国以取得和平。③ 同时东姑阿都拉曼也说服马来人，暴力排华是不智的：

> 我们的独立不能为这个国家带来繁荣与安定，那独立又有什么用？如果我们用武器来拒绝其他族群的治理，诸

---

① Tunku Abdul Rahman Putra Al-Haj, "Berjuang Menyelamatkan Bangsa dan Negara: Ucapan di Majlis Mesyuarat Agong UMNO di Alor Setar, Kedah, pada 12 dan 13 September, 1953", in Wan Mohd. Mahyiddin & Hj. Nik Mustaffa Yussof, *Amanat Presiden*, pp. 214–224.

② Tunku Abdul Rahman Putra Al-Haj, "Perjalanan Perlu Diperbaiki: Ucapan di Majlis Mesyuarat Agong UMNO di Butterworth Pulau Pinang pada 14 dan 15 September 1952", in Wan Mohd. Mahyiddin & Hj. Nik Mustaffa Yussof, *Amanat Presiden*, pp. 189–200.

③ Tunku Abdul Rahman Putra Al-Haj, "Berjuang Menyelamatkan Bangsa dan Negara".

君认为国际世界对我们迫害和杀害他们而沉默不语吗？……假如行使这样的暴力，世界强权将会击败我们，结果就是我们进入森林，或被重新殖民。①

1957年3月东姑阿都拉曼更明确提到："假如我用打圣战的方式争取独立，国家被摧残人民被屠杀，如果还有人幸存，对国家和民族都没有任何用处了，简单地说，我们马来人就会灭亡，这就是为什么我们要拒绝圣战而走立宪建国的原因。"②

可见1952年东姑阿都拉曼开始鼓吹让大量非马来人成为马来亚的国民，也是基于形势所迫。首先，英国一方不会单独把政权交给马来人，而让马来亚陷入无止境的族群仇杀，马来人如果要和平独立，就必须和其他族群合作；其次，非马来人不但在人口数上和马来人相当，更拥有强大的政经实力，马来人和他们对抗是不智的且可能招致失败的；最后，如果独立后是一个纷乱的国家，所有的族群都生活在恐惧之中，独立建国也没有任何意义。

一旦改变了态度，东姑阿都拉曼就义无反顾推动包含全体非马来人在内的建国运动，首先合作的对象就是马华公会。对于华人，东姑阿都拉曼不讳言"华人和马来人已在这土地共同和平地生活了两百年"③，彼此之间已逐渐培养出一个和平的相

---

① Tunku Abdul Rahman Putra Al-Haj, "Berjuang Menyelamatkan Bangsa dan Negara".

② Tunku Abdul Rahman Putra Al-Haj, "Persetujuan Mengenai Perlembagaan Negara: Ucapan di Persidangan Agung Khas UMNO di Dewan Ibu Pejabat UMNO, Kuala Lumpur pada 28 Mac 1957", in Wan Mohd. Mahyiddin & Hj. Nik Mustaffa Yussof, *Amanat Presiden*, pp. 267–278.

③ Tunku Abdul Rahman Putra Al-Haj, "Jawatan yang Ditakdirkan".

处之道，也不会相互背叛①，因此巫统和马华公会合作是因为大家都了解马、华两方都同样效忠这个国家，这个合作就是为改善所有族群的地位，并为子子孙孙永远的和平幸福而生。② 这个跨族群的合作，促使巫统在1953年首次承认对非马来人有条件开放出生地原则的公民权，即"非马来人出生后连续在马来亚居住五年就可取得公民"③。对此，东姑阿都拉曼认为这是马来人要以立宪途径争取独立所必须作出的牺牲，如果不给他们这项权利，马来人根本没有可能赢得非马来人的支持。④

虽然如此，东姑阿都拉曼争取独立，主要目的仍然是恢复马来人在这个国家的统治地位，"我们要独立因为我们要拯救我们的国家和民族"⑤。因为"马来人作为这个国家的主人，在英国的统治下没有政治地位"⑥，在"英国的统治下，马来人接受数十万外来族群移民到马来亚，因为他们根本没有力量去阻止"⑦，"只有透过独立我们的民族才会安全，我们的国家和宗教才会有尊严"⑧。也就是说，以东姑阿都拉曼为首的右倾马来

---

① Tunku Abdul Rahman Putra Al-Haj, "A New Constitution: Speech in the Federal Legislative Council on July 10, 1957", in Tunku Abdul Rahman Putra Al-Haj, *Malaysia: The Road to independence*, Kuala Lumpur: Pelanduk Publication, 2007, pp. 147 – 176.

② Tunku Abdul Rahman Putra Al-Haj, "Persidangan Antara Semua Bangsa: Ucapan di Majlis Agung UMNO di Melaka pada 4 dan 5 April 1953", in Wan Mohd. Mahyiddin & Hj. Nik Mustaffa Yussof, *Amanat Presiden*, pp. 201 – 212.

③ Tunku Abdul Rahman Putra Al-Haj, "Persidangan Antara Semua Bangsa".

④ Ibid..

⑤ Tunku Abdul Rahman Putra Al-Haj, "Berjuang Menyelamatkan Bangsa dan Negara".

⑥ Tunku Abdul Rahman Putra Al-Haj, "Perjalanan Perlu Diperbaiki".

⑦ Tunku Abdul Rahman Putra Al-Haj, "A New Constitution".

⑧ Tunku Abdul Rahman Putra Al-Haj, "Hapuskan Perasaan Curiga", Ucapan di Majlis Mesyuarat Agung UMNO di Dewan UMNO Pulau Pinang pada 16 dan 17 Oktober, 1954.", in Wan Mohd. Mahyiddin & Hj. Nik Mustaffa Yussof, *Amanat Presiden*, pp. 231 – 244.

主义者，始终主张马来亚就是马来人的国家，之所以追求国家独立建国，就是要确保马来人的统治免于被殖民者和非马来人所侵害，这种论调，从建国后一直到今日，都没有改变。

在这个背景下，1952年9月东姑阿都拉曼就提出了跨族群合作的首要前提就是让马来人拥有最优先的权利，假如其他族群认可这个条件，就没有任何事项能妨碍国家的独立，所有的居民都能公正地获得他们应有的权利。① 唯对当时和巫统合作的马华公会和印度国大党而言，争取各族群权利与地位的平等，特别是出生地原则的公民认可，是他们的最重要目标。综合而言，联盟内三党之间主要的歧见就是来自公民权、马来人特权、国家宗教和国家语言的问题。②

最后在英方的建议下，联盟三党一致决定要求英国国会委任一个委员会以制定马来西亚《独立宪法》(Merdeka Constitution)。③ 1956年6月19日英联邦成员印度、巴基斯坦、澳洲、苏格兰和英格兰分别推荐5位资深法律学者和法官组成一

---

① Tunku Abdul Rahman Putra Al-Haj, "Perjalanan Perlu Diperbaiki".

② 不少学者对马华公会和巫统的争议焦点有共同的看法。见 Joseph M. Fernando, *The Making of the Malayan Constitution*, pp. 78 – 79; R. K. Vasil, *Ethnic Politics in Malaysia*, pp. 30 – 34; Gordon P. Means, *Malaysian Politics*, pp. 171 – 182 等。

③ 一些学者可能不理解为何马来亚的独立宪法要邀请"殖民者"来拟定，事实上当时联盟乃由三大族群政党所组成，三大政党皆意识到除了独立之外，它们彼此间并没有太多的共识，与此同时1954年联盟提出要尽快独立建国时，各州的苏丹对马来亚独立的意见不一，如柔佛和雪兰莪苏丹就不支持将独立大业交由联盟去执行。如此若由联盟领袖自己来拟定宪法将会陷入旷日废时的争执。在这种情况下，倒不如交由中立的西方法律学者来拟定宪法来得更为快速，且较不具备争议。故三党在1955年选举提出的联合竞选宣言中就提及"设立一个独立，不受国内政治势力干扰的外国委员会以制定马来西亚的独立宪法"。相关说明可参考 Tunku Abdul Rahman Putra Al-Haj, *Looking Back*: *Monday Musings and Memories*, pp. 23 – 30; Joseph M. Fernando, *The Making of the Malayan Constitution*, pp. 102 – 103。

个以李特爵士(Lord Reid)为首的李特制宪委员会(Reid Constitution Commission),并以英国、印度和澳洲法律体制为主要参考蓝本。开始草拟马来亚的建国宪法。①

---

① 1956年6月成立的马来亚制宪委员会(constitutional commission)。其成员是苏格兰裔,作为上诉法院大法官(Lord of Appeal in Ordinary)的李特(Lord Reid)、剑桥大学法律学者詹宁斯(Sir Ivor Jennings)、澳大利亚前大法官,前总督(Governor-General)麦凯尔(Sir William McKell)、印度Allahabad邦高等法院大法官(chief justice)马力(B. Malik)以及西巴基斯坦高等法院法官阿都哈密(Abdul Hamid)。虽然在宪法草拟的过程他们中有征询马来亚自治政府和当地人民的意见,但马来亚(即之后的马来西亚)的宪法事实上仍然是英美法律学者所拟定的宪法。相关讨论详见 Federation of Malaya Constitutional Commission, *Report of the Federation of Malaya Constitutional Commission* 1957, *Colonial* 330, London: HMSO, 1957; Wu Min Aun, *The Malaysian Legal System*, pp. 39 – 40; R. H. Hickling, *Essays in Malaysian Law*, p. 91。

第 七 章

马来亚立国的宪政规划

第一节 独立前夕华人社团争取平等权益

虽然20世纪30年代英属马来亚已经开始大幅限制华人的入境,但太平洋战争结束后的1947年,英属马来亚华人人口仍然超越马来人达到总人口数的44.70%。事实上,1931年的人口普查显示当地出生的华人已有华人总人口的29.9%之多,1947年当地出生的华人更增加到63.5%。此外,印度人在该年也有49.8%是当地出生者。① 由此可见在太平洋战争前后,由于限制移民,马来亚的华人和印度人社会皆出现落地生根的趋势,当时大部分华人皆为第一代或第二代的移民,他们仍然和母国保有密切的联系。只有海峡殖民地一带即新加坡、马六甲和槟城三个都市,因为被殖民的时间都比其他地区来得早,以最早被欧洲人殖民的马六甲(按:1511年)为中心,当地土生土长的闽南华人及其后裔,经过数百年的发展而逐渐在19世纪

---

① 1947年马来亚华人有261万4667人,其中163万3332人为当地出生者,占63.5%之多,而印度人有59万9616人,其中29万8614人为当地出生者,占49.8%之多。Ariffin Omar, *Malay Concepts of Democracy and Community: 1945–1950*, p. 8.

初形成一个特殊的华人社群。

这些华人群体被称为海峡华人或"峇峇"（Baba）华人，虽然他们当中有许多人和当地原住民通婚，就族群认同而言，他们仍属华人，唯他们经过三四代的繁衍之后就失去中文的书写能力。他们除奉行传统中国的宗教和婚姻习俗外，他们也融合了马来人的穿着和饮食文化，甚至也在19世纪末发展出一种夹杂闽南语、马来语和英语的语言文化，[1] 到了20世纪初这些落户超过百年以上，且至少繁衍至第四代以上的华人社群，已全面接受英文教育，并同化在英殖民体系当中，由于英语流利，他们所从事的职业多为英殖民体系下的文职人员，或和英国商家关系密切的商人，因此峇峇华人的人数虽少，却在新马华社拥有一定的影响力，[2] 其中马华公会的创党领导人陈祯禄就是峇峇华人最知名的代表。

另外，1911年辛亥革命革命后新马华社也兴起的一股办新式华文学校的风潮，这些学校莫不以中国的教材为纲，战前"国语化"运动已经在新马的华侨社会中开展起来，这使得原本在华社里泾渭分明的方言群或原乡意识也逐渐开始消弭，一个打破籍贯或帮群分野的华族意识也在新马华人社会中成形。唯对当地华人来说，身份认同的资源可以来自职业、语言、宗教、国家、阶级及其他各式各样的领域或组织，但马来亚华人一体

---

[1] 崔贵强：《新马华人国家认同的转向 1945—1959（修订版）》，新加坡青年书局2007年版，第19—20页。

[2] 在历年的人口普查之中，英殖民政府并没有对峇峇华人做人口统计，因此他们确实的数量一直都是谜，一般估计到19世纪末，他们总人数不及华人人口的10%。关于峇峇华人的研究，可参考 Tan Chee Beng, *The Baba of Melaka: Culture and Identity of a Chinese Peranakan Community in Malaysia*, Kuala Lumpur: Pelanduk Publications, 1988.

化的概念也在这个时期逐渐成形。① 总的来说,马来亚华人以教育背景而言可分为:人数少、但普遍具较高社经地位的英文教育群体,和人数较多、遍及各阶层、各华人社团的华文教育群体,前者早在战前积极推动华人认同本土的运动,而后者在战后也逐渐发展出认同本土的团结运动。

如前所述,太平洋战争结束后,由于马来亚华人在日本殖民时期受害最深,加上战后短期内中国出现大动荡,马来亚华人普遍开始有落地生根的打算。为争取更多华人成为公民和捍卫华人的权益,1949年2月27日,英文教育群体和中文教育群体两方的领袖终于联合组成一个全国性的马华公会。马华公会的成立代表华人不再以中国为其政治认同的主体,他们开始积极追求一种本土化的民族认同,捍卫华人的权益,以争取和其他族群在马来亚和平共存。然而,马华公会自1952年开始和巫统合作,逐渐展现其和右倾马来民族主义政党妥协的一面,开始引起许多华文教育群体领导的不满。②

1955年7月的全马来亚的立法议会选举中巫统、马华公会和印度人国大党组成的联盟取得大胜,马华公会俨然是马来亚华人唯一代表性的政党。在马华公会和巫统作艰难的独立协商之际,由于担忧马华公会对巫统作出过多的让步,同年8月28日,华文教育群体的主要领袖,马华公会创党元老,身兼霹雳中华大会堂和中华总商会会长的刘伯群召开了全霹雳华人社团代表大会,呼吁刚上台执政的联盟政府放宽华人对公民权的申

---

① 何国忠:《马来西亚华人:身份认同、文化和族群政治》,吉隆坡华社研究中心2002年版,第2页。
② 相关讨论可见 Heng Pek Koon, *Chinese Politics in Malaysia: A History of Malaysian Chinese Association*, pp. 54–97, 179–250。

请门槛,以及赋予华人平等的公民权。① 到了次年的1956年4月27日,刘伯群又联系雪兰莪三十六行团总会主席梁志翔、雪兰莪中华大会堂副总理曹尧辉、华校教师联合会总会(教总)主席林连玉和马六甲中华总商会会长陈期岳等五位华团领袖召开了"全马华人注册社团代表争取公民权大会"(按,前四人被当时英文《海峡时报》喻为"四巨头"),② 大会出席者1200多人,代表了454个团体,大会选出刘伯群为大会主席团的正主席,议决要求马来亚独立后必须采出生地原则的公民权条例,放宽非本土出生的公民权的申请条件为居留5年并免除语言考试(按:以上可简称为"5年条款"),同时他们也要求各民族的义务和权利一律平等,以及列华文为官方语文之一;以上要求被当时报界称为"华社四大要求"。会后他们组成以刘伯群为首,一共15位代表组成的华团工委会,他们收集了1094个注册华团的签名,一时声势浩大。③

然而,作为联盟主席的东姑阿都拉曼一开始就对这场华人社团大会充满敌意,在大会召开的前几天,他在4月22日的全国性广播中公开宣示"马来人仍然准备在合理的范围内让效忠这个国家的非马来人分享权利","没有任何原住民(natives)像马来人般能作出如此重大的让步,没有任何原住民像马来人般对移民如此友善",所以"非马来人必须要理解而不应提出不

---

① 崔贵强:《新马华人国家认同的转向 1945—1959(修订版)》,新加坡青年书局2007年版,第342页。
② 马六甲的陈期岳在大会召开的最后时刻才加入成为发起人,因此最初召开大会的四巨头没有包括他。
③ 林连玉:《伦敦之行》,林连玉《风雨十八年(下集)》,马来西亚华校教师会总会(教总)1990年版,第10—23页。

合理的要求"。① 在多方压力下，为避免与当时的首相东姑阿都拉曼正面冲突，刘伯群在 4 月 24 日宣布辞去马华公会产业信托人，宣称退出政坛，今后只为华人福利而工作。②

1956 年李特制宪委员会在 6 月至 10 月访问马来亚，他们在马来亚各地主办了多达 118 场的听证会，收取各界多达 131 份的备忘录（memoranda），其中华团的备忘录多重申先前的华社四大要求，唯因为联盟取得内阁的主导权，联盟遂成为李特制宪委员会的首要咨询对象。③ 8 月 24 日刘伯群带领 15 人的华人社团大会工委会成员会见了李特委员会，除了表明对马来亚的认同和效忠之外，也强烈表示必须限制马来人的特权，他们认为独立后各民族如果不能获得平等待遇，"宁可不要独立"④。

李特制宪委员会最终在 1957 年 2 月 21 日公布宪法草案时，华团以上的四大要求却没有完全被采纳，其中有关公民权的申请条件，李特委员会草拟的宪法草案仍然是延续过去的做法，提供非马来人"延迟的出生地原则"公民权，即其一，独立日之前在马来亚出生者，如果在过去七年中有累积

---

① 原文："I must ask non-Malay to be fair and be considerate and not to make unreasonable demands, for it is well to remember that no natives of any country in the world have given away so much as the Malays have done. No natives have been as friendly to immigrant people as the Malays have been." 见 Tunku Abdul Rahman Putra Al-Haj, "Malay Special Rights: Speech Over Radio Malaya, April 22, 1956", in Tunku Abdul Rahman Putra Al-Haj, *Malaysia: The Road to Independence*, Subang Jaya, Malaysia: Pelanduk Publication, 2007, pp. 88 – 92.

② 当时马华产业受托人分别为李孝式、梁宇皋、陈修信和刘伯群四人。见《刘伯群辞公民公会会长及马华总会产业受托人称以后只愿为华人福利而工作》，《南洋商报》1956 年 4 月 25 日第 10 版。

③ Gordon P. Means, *Malaysian Politics*, p. 173

④ 崔贵强：《新马华人国家认同的转向 1945—1959（修订版）》，新加坡青年书局 2007 年版，第 348 页。

五年居住在马来亚本邦,并略懂马来语者,① 可登记为公民,更重要的是,如果在独立日之后一年内申请成公民者,可豁免马来语考试(按:这算是给非马来人一个以一年为期的方便);其二,针对非马来亚出生者,在申请前 12 年内有累积 8 年居住在马来亚者,且略懂马来文,亦可登记成为公民,但如果是 45 岁或以上的申请者,可以在独立后的一年内申请公民时豁免马来语考试。②

  持平而论,以上第一项出生地原则的公民权申请条件,比起之前 1952 年通过的《马来亚联合邦协议(修正案)条例》针对出生地原则的申请条件,已经宽松许多,因为它并没有要求当地出生者的父母任何一位也必须出生在马来亚,算是一个很大的进步。唯第二项针对非马来亚出生的人的公民权申请规定,必须连续 8 年居住在马来亚而非华团原先要求的 5 年,加上宪法草案也完全没提到列华文为官方语文,遂引起华人社团大会工委会的不满。刘伯群在 4 月 14 日的社团大会工委会议中强烈抗议指责马华公会只讲政党的话,不讲华人的话,③ 1957 年 4 月 15 日社团大会工委会决定自行派代表团前往伦敦请愿,这个请愿团最终有三位成员,即刘伯群、陈期岳和来自森美兰的叶

---

  ① 以上内容仍然保留在今日的《马来西亚联邦宪法》第 16 条当中。然而,在 1957 年 8 月 31 日即独立日之后出生在马来亚者必须是父母之一为马来亚公民才可以获得公民权,也就是说,出生地原则的公民权并不及于在国家独立后出生者。

  ② 进一步的详细讨论可见许德发《宪政与族群纠葛:马来亚制宪过程及其族群因素》,魏月萍、苏颖欣编《重返马来亚:政治与历史思想》,策略资讯研究中心 2017 年版,第 174—203 页。

  ③ 崔贵强:《新马华人国家认同的转向 1945—1959(修订版)》,新加坡青年书局 2007 年版,第 350 页。

茂达。①

这个行动不但引起东姑阿都拉曼的不悦，更激怒了当时掌握马华公会党内大权的中央宣传委员会主任陈修信。由于刘伯群和陈期岳这批华商领袖过去皆是中国国民党的党员，且仍和台湾当局仍有来往，陈修信遂指刘伯群和陈期岳等人"常前往台湾朝拜"，呼吁政府"须采取严厉的行动，以对付此等反马来亚及反巫人的态度"②，1957年4月18日，《星洲日报》透露了马华"要清党，开除向台湾政府效忠的会员会籍"③。

在这个风口浪尖上，刘伯群等3人请愿团依然在5月前往伦敦，他们逗留了20天，和东姑阿都拉曼率领的联盟代表团有分庭抗礼之势，然而英国殖民大臣伦诺克斯·博伊德（Lennox Boyd）早已决定支持联盟的独立方案，只在他们5月30日返回吉隆坡之前象征性地会见了他们，这个请愿过程，最终徒劳无功。④

到了10月初，马华公会中央委员会仍然决定进行"清党计划"，议决开除刘伯群、曹尧辉、梁志翔、叶茂达和杜志荣5人党籍，并去信相关人等要求他们提供不被开除的理由，消息一出，引起霹雳马华公会各支会的震动，纷纷上书要求马华公会重新考虑开除的决定，谓"刘伯群乃是霹雳州华人社会德高望重的领袖，获得广大华人之拥护，他过去也

---

① 南宫二：《马华风云卅六年》，吉隆坡大众报有限公司1985年版，第20页。
② 《陈修信认当局须采取行动对付反马来亚人士，马华公会将大力支持，指出二团代常到台湾去访问》，《星洲日报》1957年4月18日第9版。
③ 《马华公会负责人正拟具清党计划，开除向台湾政府效忠会员会籍，由以本邦为祖国者掌握领导权》，《星洲日报》1957年4月18日第9版。
④ 崔贵强：《新马华人国家认同的转向1945—1959（修订版）》，新加坡青年书局2007年版，第254、352页。

对马华劳苦功高,其不容抹杀",一时全国声援者也不断,刘伯群本人则不作表态。① 事情发展至 10 月 26 日,马华公会党中央委员会顾及华人大团结,以及刘伯群等人较后的表现,收回成命,只警告了事,恢复了他们的党籍。②

无论如何,在刘伯群等华团领袖的压力,以及马华公会的协调下,巫统最终也不得不做出让步,在 1957 年 1 月至 4 月的 11 人制宪工作委员会中,巫统代表同意了对非马来人开放出生地原则的公民权,此举让绝大多数的华人得以在独立前夕成功申请为新国家的公民。唯作为交换条件,马华公会和国大党却也同意了马来亚宪法另订条文保障马来人拥有各项特权的权利,支持伊斯兰为国家宗教并放弃非马来语作为官方语言的要求。事实上,巫统承认对非马来人全面开放出生地原则的公民权也有附带独立后一年为开放期限的条件,到了 1958 年 8 月 31 日之后,非国民在马来亚出生的孩子将不再自动享有出生地原则的公民权,在这以后出生在马来亚的孩子,只有其父母任何一方属于马来亚公民者,才可以申请成为马来亚的公民。③

为维护华人的权益,刘伯群领导的社团大会工委会决定不计前嫌,和马华公会联合在 1957 年 11 月 10 召开联合邦华人社团代表大会,以号召全马华人把握机会,在一年期限届满以前积极申请公民权。由于华团和马华公会紧密合作地宣传和推动,截至次年 8 月 31 日宽限期满时,马来亚联合邦公民的申请人数

---

① 《吡州马华会员吁请总会重新考虑清党计划 欲与其他民族团结华人自身不容分裂》,《南洋商报》1957 年 10 月 18 日第 10 版。
② 崔贵强:《新马华人国家认同的转向 1945—1959(修订版)》,新加坡青年书局 2007 年版,第 253—254 页。
③ Heng Pak Koon, *Chinese Politics in Malaya: A History of Malaysian Chinese Association*, pp. 221-250.

达 1003831 人，其中有 803064 人是华人（按：占总申请的人数的 80% 左右），加上此前已申请公民权的总数，华人成功申请公民权的人数约达 200 万，保守估计，这个公民权的放宽至少让 90% 以上的马来亚华人都成功获得公民权。这是华团和马华公会所联合争取的功劳。但没有刘伯群、林连玉等华团领袖在体制外持续施加压力，东姑阿都拉曼也不会那么轻易妥协。①

第二节　相互妥协的立宪谈判

1957 年 1 月，李特制宪委员会在经过两个月的密集协商和研拟之后，终于完成一个包含一系列人权条款和权力制衡设计，符合当代民主宪政原则的宪法草案，并在 2 月 20 日将之公布于马来西亚各报章。② 两天之后一个由 4 位马来统治者代表、4 位联盟代表和 3 位英方代表组成的 11 人工作委员会（working committee）开始检视马来亚宪法草案内容。由于联盟三党已经属于执政党，此工作委员会的讨论过程仍由联盟所主导，工作委员会于 4 月 27 日结束讨论后对原有的宪法草案作出一些重要事项的修改建议。③ 易言之，马来西亚宪法虽然基本架构来自李特委员会所撰写的版本，其最终主要还是来自联盟内部的妥协

---

① 崔贵强：《新马华人国家认同的转向：1945—1959（修订版）》，新加坡青年书局 2007 年版，第 353—355 页。
② Joseph M. Fernando, *The Making of the Malayan Constitution*, p. 147.
③ 在 4 位联盟代表中，巫统占了 2 位，另 2 位分别是马华公会和印度国大党的代表，换言之，非马来人一开始在工作委员会处于少数的地位。英方代表则为钦差大臣（high commissioner）、总秘书（chief secretary）和检察总长（attorney general）。见 Gordon P. Means, *Malaysian Politics*, p. 176。

结果。①

李特制宪委员会所完成的宪法草案在 1957 年 2 月 20 日一经公布，立即引起马来人和巫统的广泛不满，其不满之处有三：

一、宪法关于马来人特权的条款只是暂时性的设计，它在 15 年之后必须要再被检视；

二、伊斯兰没有被列为马来亚的国家官方宗教；

三、国会的议事可采用包括华文在内的多种语言。②

对李特制宪委员会而言，他们认为宪法中纳入马来特权条款将会妨碍国民平等的原则，故此设计应为扶助马来人的权宜之计，他们在提呈的宪法草案中一致认定马来人特权条款应于 15 年后被重新检视（review）。③

为了展示马来人的抗议力量，1957 年 3 月 28 日巫统会员大会经过激烈的争辩之后乃通过了四项要求重新检视李特制宪委员会宪法草案的决议：

一、反对双重国籍的设计；

二、伊斯兰作为国家官方宗教的地位必须要被确保；

三、马来人特权（Malay privileges）的实施没有期限；

四、马来语必须是为唯一的官方语言，英语可以作为独立后 10 年内的官方语言。④

值得注意的是，是次巫统大会的决议并不包括反对非马来人可以用出生地原则获得公民权的权利。是次大会东姑辩解道，"巫统提出这些宪法草案的修正是为了要确保马来人的权利不会

---

① Gordon P. Means, *Malaysian Politics*, p. 173.
② Joseph M. Fernando, *The Making of the Malayan Constitution*, p. 147.
③ Ibid., pp. 115, 126–127.
④ Ibid., p. 154.

消失，其他的族群也不会被压迫"①，如同学者旺·哈欣所言，联盟三党最重要的妥协产物就是数年前被巫统所否决的出生地原则公民权，巫统本身视出生地原则公民权为其最大的让步，以换取非马来人承认新宪法纳入马来人特权条款。②

以巫统的主张而言，马来人是马来亚的确定人民（definitive people）。③ 非马来人获得出生地原则的公民资格，乃是马来族群的让步，以换取马来人在国家体制上的支配主权。④ 如马哈蒂尔所宣称的："马来人是马来西亚合格的主人，任何的非马来人如欲成为马来西亚的公民，必须先征得马来人的同意，而这种同意是有附带条件的（按：即马来人特权的设立）。"⑤ 事实上，如前所述，巫统承认对非马来人全面开放出生地原则的公民权也有附带独立后一年为开放期限的条件，到了1958年8月31日之后，非国民在马来亚出生的孩子将不再自动享有出生地原则的公民权。对此，东姑阿都拉曼表明这个原则的开放是特例，是作为他们和马来人一起争取独立的回报。⑥

---

① Tunku Abdul Rahman Putra Al-Haj, "Persetujuan Mengenai Perlembagaan Negara".

② Wan Hashim, *Race Relation in Malaysia*, p. 54.

③ Abdul Rahman Haji Ismail, "Bumiputera, Malays and Islam: A historical Overview", pp. 105 – 121.

④ 这个让步使马来亚的公民权得以进一步大幅开放给非马来人，最明显的例子，就是有投票权的非马来人从1955年的15%快速上升至1959年的43%。持平而论，对马来人而言，巫统的确做出了很大的让步。而对于当时激进反华的马来极右派如伊斯兰党或半岛马来人协会而言，巫统此举是不能被接受的。见Abdul Rahman Haji Ismail, "Bumiputera, Malays and Islam: A historical Overview", p. 120.

⑤ ［马］马哈蒂尔：《马来人的困境》，刘鉴铨译，吉隆坡世界书局（马）有限公司1981年版，第126页。

⑥ Tunku Abdul Rahman Putra Al-Haj, "Agenda Negara yang Merdeka: Ucapan di Perhimpunan Agung UMNO di Dewan Ibu Pejabat UMNO Kuala Lumpur pada 7 dan 8 Jun 1958", in Wan Mohd. Mahyiddin & Hj. Nik Mustaffa Yussof, *Amanat Presiden*, pp. 293 – 319.

在官方宗教的问题上，早在李特委员会巡回全国听证期间，联盟就在其缴交给委员会的备忘录上就建议"马来亚的宗教应为伊斯兰，这个原则不应对非穆斯林信仰或实践他们宗教一事上造成困扰，并且也不应表示国家不是世俗化政体（secular state）"①。唯委员会大部分成员都主张基于宗教平等原则，伊斯兰不应被立为官方宗教，更何况各邦马来统治者在经由李特委员会的个别征询下，皆表明不希望把伊斯兰列为官方宗教，他们皆担心如此一来则将丧失原先作为各邦伊斯兰最高领袖的地位。② 虽然如此，委员会成员之一的巴基斯坦法官阿都哈密（Abdul Hamid）却持相反意见，他认为伊斯兰作为马来亚官方宗教是"无害的"（innocuous）。③ 首先，他列举15个拥有官方宗教或国教的国家作为参考先例；其中不乏被喻为"世俗化"的国家如挪威、西班牙、阿根廷和巴拿马等，④ 其次，他指出战前英属马来亚唯一拥有宪法的两个邦国——柔佛王国（1895年

---

① 原文："The religion of Malaya shall be Islam. The observance of this principle shall not impose any disability on non-Muslim nationals professing and practicing other religions and shall not imply that the state is not a secular state." 见 Federation of Malaya Constitutional Commission, *Report of the Federation of Malaya Constitutional Commission*, 1957, p. 73.

② R. K. Vasil, *Ethnic Politics in Malaysia*, 1980, p. 40.

③ Joseph M. Fernando, *The Making of the Malayan Constitution*, p. 130.

④ 这15个国家除了拥有不成文宪法的英国之外、其他的国家（按：以当时的时间点而言）分别是：爱尔兰（宪法第6条）、挪威（宪法第1条）、丹麦（宪法第3条）、西班牙（宪法第6条）、阿根廷（宪法第2条）、玻利维亚（宪法第3条）、巴拿马（宪法第36条）、巴拉圭（宪法第3条）、阿富汗（宪法第1条）、伊朗（宪法第1条）、伊拉克（宪法第13条）、约旦（宪法第2条）、叙利亚（宪法第3条）以及泰国（宪法第7条）。值得注意的是，当中的穆斯林国家只占5个。见 Abdul Aziz Bari. *Islam dalam Perlembangaan Malaysia*, Petaling Jaya: Intel Multimedia and Publication, 2005, pp. 10 – 11。

立宪）和登嘉楼王国（1911年立宪）皆以伊斯兰为国家宗教，①既然新兴的马来亚是这些传统邦国的延续，因此可以将这个官方宗教的条例纳入未来的宪法之中。最后，伊斯兰是马来统治者权力的来源基础，以伊斯兰为国家宗教可以进一步彰显和维护马来统治者作为国家元首的尊严和地位。

另外，尽管李特制宪委员会无意制定国家宗教，巫统却非常坚持伊斯兰为国家宗教的设计，主因在于"定伊斯兰为国家宗教对马来人的心理有很大的意义"②。同时巫统也在工作委员会向马华公会和印度国大党代表再三保证"它只是一个象征"③。为了消除非穆斯林和各邦马来统治者的疑虑，巫统建议在原有的宪法草案加上伊斯兰为国家宗教的规定外，也须附加另外两项但书即伊斯兰作为国家宗教不影响马来统治者作为各邦伊斯兰领袖的地位以及不影响其他宗教在联邦内的实践和传播。④ 这两项重要的但书就明定在目前的马来西亚《联邦宪

---

① 笔者翻阅《登嘉楼宪法》（1911），发现其并没有指明国家宗教是伊斯兰，唯它在前言第一句很明确地指出"真主赐予政府权威、宽恕、慈悲，先知穆罕默德带来宽容和对社会赏罚和一切社会关系的指引之下……"，它在第2章第1条也指出"登嘉楼的国王（raja）必须是伊斯兰信徒、马来人和登嘉楼苏丹的后裔"。因此在1911年《登嘉楼宪法》下伊斯兰可以说是为官方宗教。另外，1895年版的《柔佛王国宪法》目前仍然是柔佛州的宪法，它具有更明确的伊斯兰色彩，它除了在前言和《登嘉楼宪法》一样拥有颂扬真主和先知的颂辞，规定国王必须是穆斯林和马来人之外（第2条），也规定国家的宗教（religion of the state）是伊斯兰教（第57条）。见 "Constitution of the State of Terengganu", in *Constitution of the states of Malaysia*, Kuala Lumpur: International law book Services, ILBS, 1998, pp. 572 – 598; "Laws of the constitution of Johore", in *Constitution of the states of Malaysia*, 1998, pp. 1 – 28.

② Joseph M. Fernando, *The Making of the Malayan Constitution*, p. 162.

③ Ibid., p. 162 – 163.

④ Ibid., p. 162.

法》第3条之第1款和第3条之第2款里头。① 在1957年5月13日至6月21日召开的伦敦会议当中,联盟提呈的1957年的《宪法计划提案白皮书》(*Constitution Proposals White Paper—Legislative Council Paper No. 42 of 1957*)(按:最后版本的)也明确提到:"《联邦宪法》的计划书将会包括宣布伊斯兰为联邦的宗教,但却完全不影响联邦为世俗化国家(secular state)的既定事实。"②

如此一来,在东姑阿都拉曼的坚持下,在工作委员会内几经艰辛的协商后,联盟内的马华公会和国大党最终同意宪法另订第153条保障马来人拥有各项特权的权利,支持伊斯兰为国家宗教并放弃非马来语作为官方语言的要求而换取巫统同意出生地原则的公民权。③ 于是乎,宪法草案中规定15年检视马来

---

① 见《联邦宪法》第3条之第1款:"伊斯兰教为联邦之国教;唯其他宗教可在安宁与和谐中在联邦任何地方奉行。"以及第3条之第2款:"除无统治者(Raja)之州外,州宪法所确定每一州之君主作为该州伊斯兰首长之地位,及作为伊斯兰首长所享有之权利、特权、专有权及权力完全不受影响或削减;唯当统治者(The Conference of Ruler 或 Majlis Raja-Raja)同意将任何一项宗教行为、典礼或仪式扩展实施于联合邦时,则各州统治者必须以伊斯兰首长之地位授权最高元首为其代表。"

② 原文:"There has been included in the proposal Federal Constitution a declaration that Islam is the religion of the Federation. This will in no way affect the present position of the Federation as a secular state." 见 Tun Mohamed Suffian, Lee, H. P. & Trindade, F. A., eds. *The Constitution of Malaysia*; *Its Development*: *1957 – 1977*, Kuala Lumpur: Oxford University Press, 1978, p. 53。

③ 虽然马华公会和印度国大党在工作委员会中分别仅有1个席次,唯联盟三党同时也组成一个工作小组,即称为"次委员会"(sub-committee)针对宪法的修改作出漫长又激烈的协商与利益交换。这个工作小组共有21位成员,其中9位为巫统代表,8位为马华公会代表,4位为印度人国大党代表,而工作小组协商后所作出的决议,就代表了联盟三党在工作委员会中的决议。见 Joseph M. Fernando, *The Making of the Malayan Constitution*, Fernando, pp. 84 – 85, 152 – 153。

人特权的条文在工作委员会中被予以否决,此举也象征着马华公会在联盟内部影响力的弱化。① 非但如此,巫统还加上"153条马来人特权条款的更动必须要得到统治者会议同意"的但书,使马来人特权条款进一步巩固。② 学者约瑟夫·费尔南多(Joseph M. Fernando)认为这一项更动违背了李特委员会将马来人特权视为辅助马来人的临时措施之原意,亦侵蚀了宪法第8条国民平等的原则。③

最终在巫统的主导下,联盟政府在1957年5月提呈的工作报告导致李特制宪委员会所提呈的宪法草案在伦敦会议中被加以修改,以进一步彰显马来人主权的地位。这些在伦敦会议当中被加以修改,和原李特委员会宪法草案有所出入的条文如下:

一、取消马来人特权15年再重新检视的期限,改为"最高元首有责任依本条之规定,保护马来人之特殊地位,以及其他民族之合法权益。"——见《联邦宪法》第153条(按:此条文后来随着马来西亚在1963年成立,也将沙巴和砂拉越两州的土著特殊地位纳入);

二、定伊斯兰为"联邦的宗教"(Religion of the Federation)——见宪法第3条;

三、提高变更马来保留地的条件,要取消独立前已存在的

---

① Joseph M. Fernando, *The Making of the Malayan Constitution*, pp. 166–168.
② 见《联邦宪法》38之5:"凡足以影响依据第153条所作行政措施之任何政策上之变更,必须先征询统治者会议。"相关资料见 Gordon P. Means, *Malaysian Politics*, p. 178.
③ 见《联邦宪法》第8条之第1款:"法律之前人人平等,并享有法律之同等保障";第8条之第2款:"除非本宪法另有规定,任何法律或任何公共机关职位或就业之委任,或在执行有关取得、拥有或出售产业之法律,或在经营任何贸易、生意、专业、职业或就业方面,不得单以宗教、种族、血统或出生地为理由而对公民有所歧视。"

马来保留地，必须经由州议会和国会两方三分之二通过才能执行，反之各州政府可在宽松的条件下宣布任何未经开发的土地为马来保留地——见《联邦宪法》第 89 条《马来保留地》；

四、将原有华语（Chinese）和印度语可以在国会和州议会使用的条款取消，改为只有英语和马来语可作为立法议事用语（见《联邦宪法》第 152 条之第 2 款），而英语作为官方语言的地位以独立后 10 年为期限（见《联邦宪法》第 152 条之第 2 款和第 3 款）；

五、取消双重国籍的设置，原海峡殖民地英国籍的公民（按：主要乃华人）必须放弃国籍方可加入马来亚籍。①

宪法草案遭到如此大幅的更动，如同东姑阿都拉曼所主张，就是要让马来亚 1957 年独立时"拥有一个以马来人为基础并适合马来亚的宪法"②。换言之，它是一部强调马来传统主权地位的宪法。对此，东姑阿都拉曼在 1986 年 10 月接受马来报章《每日新闻》（*Berita Harian*）的访问时宣称："在争取独立的过程中，非马来人承认马来人对这个国家拥有主权，这是独立时各造所定下的协议。"③ 而"这个建国的方案考虑到不同族群的权益并受到大家的赞同，没有任何族群的固有权益被褫夺"④。

对东姑阿都拉曼而言，马来人特权条款是极其必要的，马

---

① Rais Yatim. *Freedom under Executive Power in Malaysia: A Study of Executive Supremacy*, Kuala Lumpur: Endowment Sdn. Bhd. , 1995, pp. 77 – 89.

② Tunku Abdul Rahman Putra Al-Haj, "Formation of Malaysia: The Trend Towards Merger Cannot be Reversed", in Tunku Abdul Rahman Putra Al-Haj, *Looking Back: Monday Musings and Memories*, pp. 77 – 89.

③ Wan Hashim Wan Teh, "UMNO dan Bangsa Melayu: Sejarah Silam dan Cabaran Mutakhir", pp. 149 – 164.

④ Tunku Abdul Rahman Putra Al-Haj, "A New Constitution".

来人如不被保护，马来人在马来亚就没有地位可言。① 1975 年东姑阿都拉曼再次强调马来人在经济上不能和华人竞争，如果没有宪法的保护，马来人在他们唯一的祖国会遭到"彻底的失败"。② 因此"除了马来人自己，任何人皆不要期望可以更动这些宪法内容"③。举例来说，当 1963 年 9 月 16 日马来亚和新加坡、沙巴以及砂拉越组成马来西亚之后，新加坡州的总理李光耀在 1964 年提出要打造一个"马来西亚人的马来西亚"（Malaysian Malaysia），呼吁所有族群共享平等的政治权利，东姑阿都拉曼反而认为这是"不公不义"的，因为马来人在经济上无法和华人竞争，这样的要求不但过分，而且也危害了马来西亚的和平，故"唯有让新加坡离开，才可以让国家免于被血洗"④。可以说，为了维护这个马来人优先的国家体制，东姑阿都拉曼甚至愿意付出分裂国土的代价。新加坡也在这样的背景下被迫在 1965 年 8 月 9 日从马来西亚分离出去，而独立成一个共和国。

学者约瑟夫·费尔南多认为上述的改变使马来人和非马来

---

① Ibid..

② Tunku Abdul Rahman Putra Al-Haj, "Formation of Malaysia: The Trend Towards Merger Cannot be Reversed".

③ Tunku Abdul Rahman Putra Al-Haj, "Tahap Kedua Perjuangan: Ucapan di Perhimpunan Agung Khas di Dewan Ibu Pejabat UMNO Kuala Lumpur pada 9 Februari, 1959", in Wan Mohd. Mahyiddin & Hj. Nik Mustaffa Yussof, *Amanat Presiden*, pp. 320 – 349.

④ 原文："When facing this dilemma, I found that only two choices lay before me, one, take positive action against Mr. Lee Kuan Yew; and, two, break with Singapore and save the nation from a bloodbath. So I chose the second course." 见 Tunku Abdul Rahman Putra Al-Haj, "The Final Break: No Choice but to Go Our Separate Ways", in Tunku Abdul Rahman Putra, *Looking Back*: *Monday Musings and Memories*, pp. 125 – 129。

人的区分长久化，也改变了马来亚宪法草案最初的民主特质。①这部宪法草案在 6 月 27 日得到马来亚各邦统治者的同意，自 7 月开始亦分别在英国下议院和马来亚立法议会进行三读讨论，②其中由联盟所掌控的马来亚立法议会在 8 月 15 日一致三读通过此宪法，随后马来亚就在 1957 年 8 月 31 日取得正式独立地位。③ 马来亚在 1963 年 9 月 16 日纳入新加坡、沙巴和砂拉越三地而易名为"马来西亚"，唯其宪法的主体内容并没有因此而改变——而这个宪法，此后被许多宪法学者称为"独立宪法"（Merdeka Constitution）。④ 总的来说，学者约瑟夫·费尔南多认为在巫统的主导下，马来西亚宪法的制定过程深受族群主义（communalism）的影响，而最终偏向了马来族群的利益。⑤

第三节　马来亚《联邦宪法》对马来民族主义的意义

我们审思马来亚《联邦宪法》，它对伊斯兰教为联邦宗教（第 3 条）、马来人为国家元首（第 32 条）、和马来语为国语（第 152 条）的设计主要正好回应了宪法第 160 条（2）"马来

---

① Joseph M. Fernando, *The Making of the Malayan Constitution*, p. 167.
② 在英国国会讨论的过程中虽然有一些反对党议员如工党的 Joan Vickers 等对马来人特权和官方宗教的条款提出反对，但国务大臣（Secretary of State）指出如果再修改宪法，将会破坏各方好不容易取得的妥协，因此这部宪法草案最终还是以《马来亚联合邦独立法案》（*Federation of Malaya Independence Act*）的形式被英国下议院通过。见 Joseph M. Fernando, *The Making of the Malayan Constitution*, pp. 184 – 186。
③ Gordon P. Means, *Malaysian Politics*, p. 189.
④ 马来文"Merdeka"即为"独立"。
⑤ Joseph M. Fernando, *The Making of the Malayan Constitution*, pp. 187 – 188.

人必须为信仰伊斯兰教、习惯于说马来语，奉行马来传统习俗"的界定。符合这个界定的族群就是拥有特殊地位（special position）的马来族群，其特权由最高元首（Yang di-Pertuan Agong）所捍卫——见《联邦宪法》第 153 条。① 而这个界定，就是源自 20 世纪初期成形的马来人认同三大核心要素——见图 7-1。

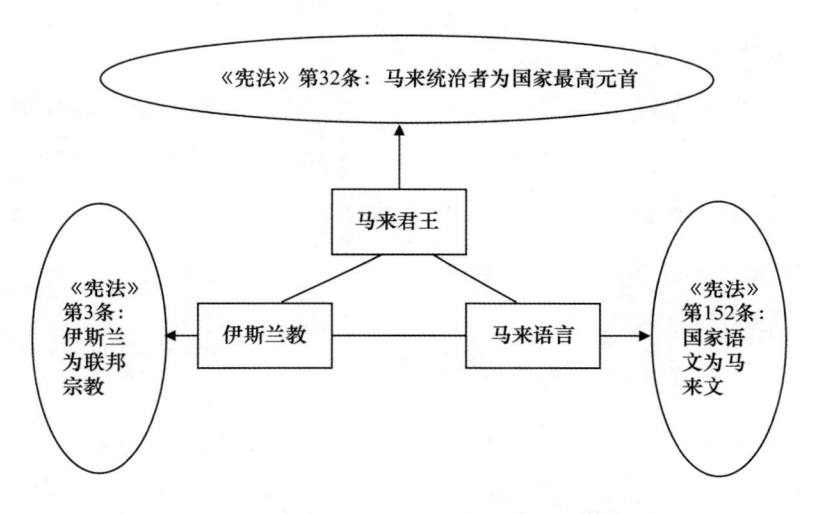

图 7-1　马来人认同的三大要素在马来西亚宪法的呈现

为了因应马来特权和伊斯兰法律在个人事务上的特殊权利，马来亚《联邦宪法》第 8 条关于国民法律地位和权利义务平等的条文就有了以下的排除事项："属人法"（personal law）事项、宗教事务和宗教管理机构的职位或其权益只限于其信徒的相关法规、任何保护马来半岛原住民（aboriginal peoples）之福利如

---

① 见原文："It Shall be the responsibility of the Yang di-Pertuan Agong to safeguard the special position of the Malays and natives…"。又，《联邦宪法》第 153 条授权最高元首可在"公共服务之职位（除州政府之公共服务外）、奖学金、助学金、教育训练或相关特别设施、商业准证和执照申请、大学学额"等事项让马来人（Malays）和沙巴、砂拉越的原住民拥有"合理比例之份额"。

土地保留或公务员的合理比例、各州任何关于只许州内子民参与选举或担任州内职务的资格规定、在独立日以前一州的宪法中所延续下来的规定以及只许马来人参与马来军团的规定。"① 这些排除事项的条文，加上授权最高元首可赋予马来人在若干领域拥有特殊地位的第153条文等条款，如同安妮·蒙罗·柯（Anne Munro Kua）所言，使"马来族群主义被制度化成国家的意识形态"②。

当代一些马来学者如鲁斯坦·再努丁（Ruslan Zainuddin）和阿都·阿齐兹·巴里（Abdul Aziz Bari）等皆主张上述诸项条款主要的作用是彰显国家的传统特征，它表达了马来西亚在殖民前的国家属性。③ 由此可见，马来亚《联邦宪法》显示出马来族群统治的特质。

为了彰显这种马来族群统治的特质，首先《联邦宪法》订下了一条民族认同的"权威教条"，利用宪法的公权力将国内特定语言（说马来语的族群），特定宗教信仰（即伊斯兰信徒）以及特定风俗习惯的社群（奉行马来习俗的社群）从其他族群中加以分离，而成为一个独特的政治社群，即拥有特权，作为土地之子（Bumiputra）的马来族群，以和非马来人作区隔，并赋予他们的族群特征即马来语、伊斯兰和马来君主制度优越的地位，最后并给予这个族群特权。这意味着所有马来西亚公民

---

① 以上所有规定可参考《联邦宪法》第8条之第5款。

② Anne Munro-Kua, *Authoritarian Populism in Malaysia*, London: Macmillan Press Ltd, 1996, p. 24.

③ Ruslan Zainudin, "Pelembagaan Malaysia dan Hubungan Etnik: Proses Penggubalan dan Pelaksaan", in Zaid Ahmad; Ho, Hui Ling; Gill, Sarjit Singh etc. eds., *Hubungan Etnik di Malaysia*, Shah Alam: Okford Fajar Sdn. Bhd., 2006, pp. 46 – 74; Abdul Aziz Bari, *Islam dalam Perlembangaan Malaysia*, p. 36.

必须对其民族归属作出的选择（是或不是原住民？或更直接的解读：是或不是马来人？），从而决定其在社会特定领域上所获得的待遇。也就是说，马来人的定义不只是身份认同，也代表一种法律地位，而《联邦宪法》第 160 条对马来人的界定不单是基于"马来人特殊地位"存在的必要性，同时也是为了满足单一民族的想象，以形塑马来西亚和马来人国族合一的认同观。事实上"习惯于说马来语，奉行马来传统习俗"的辨别与判定几无一定标准可言，而信仰伊斯兰与否却有较为明确的判定标准，① 因此，信仰伊斯兰就成为判定一人是否为马来人的最主要的先验客观标准。换言之，根据以上宪法的规定，马来穆斯林放弃伊斯兰信仰即视同放弃马来族群的身份认同和法定地位。

在马来西亚宪政体制下，马来西亚的国民一分为二：居主导或统治地位的马来族群与其他原住民和居次要地位的非马来族群。这事实上和族群平等的宪政原则有所违背。这就是巫统所倡导的马来人主权（ketuanan Melayu），它被确立于马来西亚《联邦宪法》之中。② 对此，马哈蒂尔自辩道："将各族一视同

---

① 由于马来西亚有伊斯兰法庭，马来西亚独立后所有的穆斯林必须受到伊斯兰法庭的约束，为进一步让穆斯林地位明确化，马来西亚修改国民登记相关法律，强制全国所有穆斯林自 2000 年 11 月 1 日起，必须在新版本的身份证上都注明伊斯兰信徒的身份，非穆斯林则不需在身份证显示宗教信仰。如此一来，马来西亚的穆斯林和非穆斯林之间的识别就制度化地成为日常生活的一部分。见 Ida Lim, "Why 'Islam' is on Malaysian Muslims' identity cards", Jan. 20, 2020, *Malay Mail*, in https://www.malaymail.com/news/malaysia/2020/01/28/why-islam-is-on-malaysian-muslims-identity-cards/1831992, accessed: February 25, 2020。

② Abdul Aziz Bari, *Politik Perlembagaan: Suatu Perbingcangan Tentang Isu-isu Semasa dari Sudut Perlembagaan dan Undang-undang*, Kuala Lumpur: Institut Kajian Dasar, IKD, 2006, p. 242.

仁，有不利于马来人的倾向，因此他们依靠族群主义来支持他们。"① 更进一步而言，基于上述的宪法条文，许多马来学者如阿都·阿齐兹·巴里主张 1957 年独立的马来亚（按：也包括以后的马来西亚）并不是一个全新的国家，它是伊斯兰化马来王朝（按：最早可追溯至马六甲苏丹朝）的延续。② 由此可见，我们可以说《联邦宪法》中伊斯兰作为马来西亚国家宗教的条文是一种彰显马来人主权的配套设计。

《联邦宪法》也保留了马来君主立宪制，甚至为了维系各邦马来社会的核心机制（即君主制度），《联邦宪法》亦将各邦的世袭君主制度（和其所享受的种种特权与便利）一并予以保留，且让各邦世袭统治者亦为各邦的伊斯兰领袖。这无非是对马来社会王权至上的观念所作的折中与妥协。③ 如同 A. B. 山苏所言，马来西亚的体制事实上乃保留了"封建的政治伊斯兰"（feudal political Islam）传统。④ 值得注意的是，王权至上并非属于伊斯兰的观念。唯马来王权在英殖民时期被局限在马来传统习俗和伊斯兰的事务上，使得马来王权和伊斯兰事务产生了极密切的关系。

既然按照《宪法》160 条（2），"信仰伊斯兰教、习惯于说马来语，奉行马来传统习俗"就可以成为马来人，华人是否可以在满足上述条件下而成为马来人？答案是否定的。根据学者沙·沙林·法鲁齐（Shad Saleem Faruqi）的整理，全马来西亚各州的

---

① ［马］马哈蒂尔：《马来人的困境》，刘鉴铨译，吉隆坡世界书局（马）有限公司 1981 年版，第 167 页。

② Abdul Aziz Bari, *Islam dalam Perlembangaan Malaysia*, p. 32.

③ 见马来西亚《联邦宪法》第 3 条。

④ A. B. Shamsul, "Islam Embedded: 'Moderate' Political Islam and Governance in the Malay World", pp. 113 – 120.

《马来保留地条例》（*Malay Reservations Enactments*）皆对马来人界定增设一个"血统"的条件，由此则可以防堵非马来人借由成为马来人的方式来获取保留地。① 沙·沙林·法鲁齐认为，这个规定可能和马来西亚宪法有所冲突，但至今没有得到充分的讨论。② 因此，长久以来，马来人的定义事实上乃按照血统，华人即使信仰伊斯兰教，说马来语和奉行马来信俗，仍然不被视为马来人。

过去仍然有少部分华人借由信仰伊斯兰，再更改身份证名字的方式而成为马来人以享受一些土著的权益。③ 为了防止这类现象，1981 年 3 月内政部国家登记局（*Jabatan Pendaftaran Negara*）指示所有信仰伊斯兰的非马来人必须保留其非马来人的名字以识区别。从该年之后，除非跟马来人通婚生下孩子，华人或印度穆斯林不可以成为马来人。④ 迄至 2010 年，马来西亚

---

① 在吉打、联邦直辖区、森美兰、彭亨、霹雳、吉兰丹、登嘉楼、玻璃市和柔佛，一个要成为马来人的人必须父母之一是"马来亚族群"（Malayan race）或"马来血统"（Malay origin），这里指的马来亚族群亦是指马来人；而在吉打和玻璃市，尽管没有马来人血统，阿拉伯裔也可以被视为马来人，在玻璃市和吉打，尽管没有马来人血统，泰国裔也可以成为马来人。见 Shad Saleem Faruqi, "Affirmative Action Policies and the Constitution", pp. 31 – 57。

② Shad Saleem Faruqi, 2003, "Affirmative Action Policies and the Constitution", pp. 31 – 57。

③ 《回教福利理事会秘书说廿五年中五万华人皈依回教，部分是为享受权益而成为土著》，《星洲日报》1985 年 6 月 15 日第 8 页。

④ 20 世纪 80 年代前马来西亚的确有纯印度穆斯林成为马来人，甚至在巫统担任高职的案例。至于马来西亚首相马哈蒂尔，其父亲是南印度穆斯林移民，母亲是马来人，因有马来血统，故可以被视为马来人。见林延辉《皈依伊斯兰教则成为马来人?》，《文道月刊》1983 年第 31 期；A. M. Raj, "The Indian-Muslim opportunists in Umno", *Malaysiakini*, Nov. 21, 2007, http://www.malaysiakini.com/letters/75098, accessed December 5, 2019。

有42000多名华人穆斯林，①但如果包括早期因皈依伊斯兰而取得马来人身份的少数华裔穆斯林，总数应略大于此数。②因此基于以上的措施，纵使宪法对马来属性有所规定，现实环境并没有给予任何认同马来族群的非马来人放弃其身份而纳入马来族群边界内的机会，③非马来人的界定在宪法对马来人作出定义之后也被强制性地规范了；反过来说，马来西亚官方和民间对马来人脱离伊斯兰信仰一事的强烈制裁也使马来人难以借由放弃伊斯兰的信仰来脱离马来人的身份。④凡此种种，皆阻滞了非马来人和马来人的身份流通，从而保障了马来族群的"独特性"。

学者安东尼·瑞德（Anthony Reid）认为马来西亚的建国之路是属于族群民族主义（ethnic nationalism）和市民民族主义（civic nationalism）之争，前者强调单一族群的领导主权，后者

---

① 根据2010年最新的人口统计，马来西亚华人穆斯林的人数为42480人，占华人总人口6392636人的0.66%。见Department of Statistics, "Table 4.1: Total Population by ethnic Group, Religion, Sex and State, Malaysia, 2010", *Population Distribution and Basic Demographic Characteristics* 2010, Putrajaya: Department of Statistics Malaysia, 2011, p. 82.

② 进一步的资料，可见周泽南《不获同胞体谅，宗教待遇不公：华裔穆斯林陷两难》，《东方日报》2007年2月12日第16版。

③ 如何国忠所言："宪法上的所规定的马来人特权使族群标签变得无所遁避，在大部分的官方表格中，几乎都列明族群栏让申请者填写，日常生活中的种种遭遇使华人要放弃自己的族群意识绝对是一件不容易，也不可能的事。"见何国忠《独立后华人文化思想》，林水檺、何启良、何国忠等合编《马来西亚华人史新编第三册》，马来西亚中华大会堂1998年版，第45—75页。

④ 马来西亚各州的伊斯兰法视叛教（即公开脱离伊斯兰信仰）为一刑事罪行，如在《联邦直辖区的伊斯兰刑事违例条款》（*Syariah Criminal Offences Act 1997, Act 559*）第41条规定假如一人脱离伊斯兰信仰最高需处以5千元的罚款或3年的监禁或两者兼施。相关讨论可见陈中和《马来西亚马来西亚穆斯林脱教的法律问题和其影响》，《南洋问题研究》2019年第3期。

乃强调普遍平等民权的国族观。① 唯最终主导建国过程，决定马来西亚宪政体制的却是由建国政党巫统所代表的"排他的马来民族主义"（exclusionary Malay nationalism）或"排他的族群认同"（exclusive communal identity）。②

关于此项，东姑阿都拉曼并不主张将非马来人同化成马来民族，他认为族群同化并不适合马来西亚的国情，也不是各族群的愿望："我们所能做到最好的就是让我们继续依我们最喜欢的生活方式来生活，不可能有更好的办法，因为华人要做华人，印度人要做印度人，而马来人只想保有这个唯一他们可以叫作自己国家的地方。"③

因此，东姑阿都拉曼所期待的马来西亚，是在一个马来西亚的架构下，各族群和平相处，相安无事，互不侵犯的生活环境："我们的建国就是要向全世界证明不管是什么样的族群，什么样的宗教，大家都可以在一个和平的协议之下好好生活下去。"④

这个和平的相处方式，就是让马来人、非马来人各司其职，

---

① Anthony Reid, "Understanding Melayu (Malay) as a Source of Diverse Modern Identities", pp. 1–24.

② "排他的马来民族主义"乃根据 Cheah Boon Kheng 的说法，而"排他的族群认同"乃根据 Ariffin Omar 的看法。见 Cheah Boon Kheng, *Malaysia: the Making of a Nation*, pp. 26–27; Ariffin Omar, *Malay Concepts of Democracy and Community: 1945–1950*, p. 201。

③ Tunku Abdul Rahman Putra Al-Haj, *Political Awakening*, Subang Jaya, Malaysia: Pelanduk Publication Sdn. Bhd, 2007, p. 110.

④ Tunku Abdul Rahman Putra Al-Haj, "Menentukan Nasib dan Corak Dasar Kita: Ucapan di Perhimpunan Agung di Dewan Ibu Pejabat UMNO Kuala Lumpur pada 29 dan 30 Jun, 1957", in Wan Mohd. Mahyiddin & Hj. Nik Mustaffa Yussof, *Amanat Presiden*, pp. 279–292.

发挥所长,以满足各族群的愿望:"马来人在政治、行政和武装领域更为突出,因为他们明白在那里会达致更高的成就……华人和其他族群并不打算在政治、行政和武装领域谋求发展,因为这些行业赚钱的机会有限,因此他们更专注在商业领域而且拼命地工作,宪法乃充分考虑了这两类族群的生活方式,才有如此设计。"① 东姑阿都拉曼深信"华人和其他族群都很乐意帮助马来人"②,所以"马来人必须持续地受帮助,同时也不应褫夺非马来人的权利,要让他们争取最大的商业机会,因为这个国家的经济要仰赖他们"③。

我们从马来西亚宪法的制定过程来看,可发现巫统并不要求创造一个新兴的国族,而是要巩固其原有族群的边界,使族群间的身份难以流通。如此一来,非马来人要成为马来人变得困难重重。在政策不平等的基础下,其塑造了一个充分满足马来文化认同和制度认同所投射的国家体制,却牺牲了对非马来人对新兴国家文化认同的经营。④ 这种宪政体制的设计主要根源就是来自族群政党所组成的联盟政府和英殖民时代所产生的多

---

① Tunku Abdul Rahman Putra Al-Haj, "Anak yang Perlu Ditatang: Ucapan di Perhimpunan Agung UMNO di Dewan Bahasa dan Pustaka Kuala Lumpur pada 6 September, 1964", in Wan Mohd. Mahyiddin & Hj. Nik Mustaffa Yussof, *Amanat Presiden*, pp. 437 – 459.

② 柯嘉逊编:《最后的访谈:东姑与达斯对话录》,策略资讯研究中心 2006 年版,第 124 页。

③ Tunku Abdul Rahman Putra Al-Haj, "The Path to Independence", in Tunku Abdul Rahman Putra Al-Haj, *As a Matter of Interest*, Kuala Lumpur: Heinemann Asia, 1981, pp. 1 – 17.

④ Cheah Boon Kheng 发现马来亚独立初期巫统为首的联盟只强调"马来亚公民"(Malaya citizens),并小心翼翼地避开国族的议题,以避免引起各族群间的不愉快。见 Cheah Boon Kheng, *Malaysia: the Making of a Nation*, pp. 49 – 50。

元族群社会。它之产生固然导因于少数政治精英的人为因素，但族群分化的社会，因反制非马来人威胁而产生的马来族群主义才是促使一部充满马来族群主义宪法产生的原因，它反映了当下马来族群对其他族群的不信任以及担心被沦为次等族群的焦虑感。

对巫统而言，伊斯兰教之为国教，其政治意涵等同于国家最高元首为马来邦国君主的规定，乃为满足马来文化认同建构的需要，而成为国家不可动摇的权威。如此一来宗教——伊斯兰教就为马来政治权威提供合法性的功能。因此所谓"马来亚人"（Malayan）或"马来西亚人"（Malaysian）只是一个在全民共同的制度认同下所建构的国族，马来西亚在文化意涵上仍是属于马来族群（Malaysia is for Malay），① 或"马来人的国家"，② 所有一切不失为巫统原有政治理念的落实，即民族（即马来民族）与国家（即马来亚）合一的理念。

姑且不论马来西亚在成立时客观上不能算是马来族群的国家（按：因马来族群只占了总人口的 49.8%），在这里我们看到的是国家的政治权力与马来民族主义相互依赖与支持，故而，构成国家的合法性的理由不但是因为它保障多元族群的权益和其对西方议会式民主（Parliamentary Democracy）精神的表述，

---

① 1986 年 10 月东姑阿都拉曼曾针对雪兰莪州马华公会认为马来族群和华人族群、印度族群皆同属外来移民的说法反驳道："马来人（*Bangsa Melayu*）不是一般的原住民（*Pribumi*），而是这个国家的主人（*Tuan*），没有人可以批判这一事实。"见 Wan Hashim Wan Teh eds., *UMNO: Dalam Arus Perdana Politik Kebangsaan*, pp. 156 – 179。

② 如马哈蒂尔所言："马来人真正是马来半岛的确定人民，马来亚的真正和原来的统治者和主人。"见［马］马哈蒂尔《马来人的困境》，刘鉴铨译，吉隆坡世界书局（马）有限公司 1981 年版，第 122 页。

而是来自其对马来文化、马来信仰（即伊斯兰）和马来习俗的护卫功能。对纯马来族群政党巫统而言，后者的功能显然地比前者更来得重要。唯对非马来人而言，其对马来西亚的认同无疑是基于其保障多元族群和民主议会制的制度。

在巫统的主张下，马来西亚成为无单一民族国家之实，却有单一民族国家之名，无伊斯兰国家之实，却也享有伊斯兰国家之名的国家；而非马来人（按：独立时占人口一半以上）对国家文化认同的考虑则相对地被削弱了。故而在马来亚的建国历程中，非马来人（以马华公会和印度国大党为其官方代表）透过成全巫统建构其民族国家的欲望而展现了其包容性。而巫统却反过来宣称马来亚的建立乃是马来人对非马来人的一种让步与妥协，即马来人透过承认（或曰"同意"，如马哈蒂尔所主张者）非马来人的公民权来"换取"对方承认马来人对马来亚的永久主权（如传统的马来苏丹为最高元首，而各州的马来皇室亦得以领取国家的高额津贴），以及一部马来主义色彩浓厚的新宪法。① 如学者何启良所言："建国之目标与价值地位没有共识或认同感，所以在思想意识上，马来人和非马来的距离也就越来越远。"而只要这个族群间的不信任与马来族群的集体焦虑仍然存在，则马来统治的宪法体制和马来人主政的族群政党政治仍然将会在马来西亚持续下去。②

---

① 这种非马来人获得公民资格乃是因为马来族群的让步，以换取马来主权的说法一直皆是巫统的官方主张，借以让马来人特权的现象合理化，如马哈蒂尔所宣称的："马来人是马来西亚合格的主人，任何非马来人如欲成为马来西亚的公民，必须先征得马来人的同意，而这种同意是有附带条件的（按：即马来人特权的设立）。"见［马］马哈蒂尔《马来人的困境》，刘鉴铨译，吉隆坡世界书局（马）有限公司1981年版，第126页。

② 何启良：《面向权威》，吉隆坡十方出版社1995年版，第5页。

第八章

马来西亚建国后马来人领导权的再巩固

第一节　从东姑阿都拉曼的观点看建国初期的国族整合

马来亚联合邦以及之后的马来西亚联邦自 1957 年独立后至 1971 年为止，一直皆由巫统、马华公会和印度人国大党所组成的联盟（Alliance）所统治，当中 1963 年 9 月 16 日砂拉越、沙巴和新加坡脱离英国加入马来亚而易名为马来西亚，其中新加坡又在 1965 年 8 月 9 日脱离马来西亚而独立。砂拉越和沙巴两邦的加入除了让宪法增加了针对三邦的一些特殊优惠条款之外，[1] 对马来西亚的体制并无多大的影响。

虽然马来西亚独立建国之后，国家的宪政规划制度性地将人民分区为地位有所差别的马来人和非马来人，为化解不同族群间可能的冲突，建立一个共同的国家认同和意识是所有新兴多元族群国家的首要任务。建国之后作为主要执政者的巫统，

---

[1]　即马来西亚《联邦宪法》第 153 条和第 161 条内关于保障砂拉越和沙巴两州原住民保障的条款。

仍然必须推动一定程度的国家团结和国族整合，我们就以马来西亚的开国领导人东姑拉曼的观点来看马来西亚建国初期，如何诠释和塑造它一个新的国族。

首先，东姑阿都拉曼理想中的马来西亚，是一个族群联合共治、权利共享的国家，各族群都得到相应的权利与资源。终东姑阿都拉曼的任期（1957—1971），内阁部会的经济、财政和科技相关部门皆由非马来人所掌握，马来人则掌握内政、教育和国防相关部门。东姑阿都拉曼对内阁的每位部长都充分授权，鲜少过问他们的事务，对于掌管经济事务的华人部长，亦是如此。① 在这样的安排下，"马来西亚所有人民拥有同样的地位，没有任何族群或个人被压迫，比起马来人，非马来人可以活得更富裕和幸福，可以说他们控制了一切商业和经济，因此我们的国家是充分的公正，没有任何人的权益被褫夺"②。东姑阿都拉曼甚至认为经由如此安排，"马来西亚是由全体马来西亚公民所拥有，所以各族群都有同等的机会"③。

东姑阿都拉曼的治国思想是在宪政先天不平等的基础下，努力以后天的行政安排来填补族群的不平，以维系族群的团结。如此，"我就是全世界最快乐的首相，我们的人民就会成为全世界最快乐的人民"④。唯这种马来人和非马来人共治的形态却在敦拉萨（Tun Abdul Razak）当政时代（1971—1975）展开国家

---

① 柯嘉逊编：《最后的访谈：东姑与达斯对话录》，策略资讯研究中心2006年版，第125页。

② Tunku Abdul Rahman Putra Al-Haj, "Usaha Mengukuhkan Parti: Ucapan di Perhimpunan Agung UMNO di Dewan Bahasa dan Pustaka Kuala Lumpur pada 23 dan 24 Ogos, 1962", in Wan Mohd. Mahyiddin & Hj. Nik Mustaffa Yussof, *Amanat Presiden*, pp. 402-419.

③ Tunku Abdul Rahman Putra Al-Haj, "Anak yang Perlu Ditatang".

④ Tunku Abdul Rahman Putra Al-Haj, *Challenging Time*, pp. 12-17.

经济马来化的改革后被打破。此后，非马来人的政经实力在国家机器的强行介入后快速被削弱，已不复东姑阿都拉曼时代的水平，这也导致了 20 世纪 70 年代后出现马来西亚华人的移民潮，对国家造成难以估计的损失。

其次，东姑阿都拉曼虽鲜少提及马来西亚国族，综合他的主张，马来西亚各族群仍然可以借由塑造共同的国家意识来整合成一个国族，这种促进国族整合的要件，有以下三大类：

其一是祖国意识（semangat tanah air）或马来亚意识（perasaan Malayan）。东姑阿都拉曼认为因为非马来人认同自己为马来亚人，认同这个地方是他们的祖国，才会和马来人共同追求独立，这种认同使马来亚独立时创造了一个新的国族，这代表马来亚的诞生不是个人或个别族群的努力，而是所有族群的团结合作。① 因此，"这个国家是不分族群，不分宗教所有人的家，只有必须要承认马来人特权，因为马来人是这个国家的弱势族群"②，"所有以马来西亚为家园的人民必须对马来西亚拥有唯一、完全和绝对的效忠"③。这种意识具体而言就是全国所有的族群必须承认彼此的地位，并相互尊重和忍让，进而达成互相合作。④

---

① Tunku Abdul Rahman Putra Al-Haj, "Anak yang Perlu Ditatang".

② Tunku Abdul Rahman. Putra Al-Haj, "Role of Religion in Nation Building", in Tunku Abdul Rahman Putra Al-Haj, Tan Chee Khoon eds. *Contemporary Issues on Malaysia Religious*, Kuala Lumpur: Pelanduk Publication, 1986, pp. 17 – 25.

③ Tunku Abdul Rahman Putra Al-Haj, *Viewpoint*, Kuala Lumpur: Heinemann Educational Books (Asia) LTD, 1978, p. 68.

④ 如东姑阿都拉曼在 1962 年对马来人强调，如果马来人本身没有马来亚的意识，只存有马来人意识，则国家将会四分五裂，永远没有和平。见 Tunku Abdul Rahman Putra Al-Haj, "Menentang Sebarang Penindasan: Ucapan di Perhimpunan Agung UMNO di Panggung Wayang Capital Melaka pada 6 dan 7 Mei, 1962", in Wan Mohd. Mahyiddin & Hj. Nik Mustaffa Yussof, *Amanat Presiden*, pp. 367 – 393。

其二是共有语言。东姑阿都拉曼认为共有语言是国族整合的必要工具。虽然马来亚"鼓励"各族群自由学习母语，但必须一致认定只有马来语是国家语言，因为唯有学习马来语，其他的族群才会对这个国家忠贞不贰，并视这个国家为祖国。① 因此，东姑一贯认为让华语和印度语成为马来亚国语不但妨碍马来亚意识的培养，更会破坏国家的团结，威胁国家的安全。②

其三是维系国民团结的要素就是对马来西亚民主宪政的认同。事实上，除了为彰显马来主权而特别设计的条文之外，马来西亚《联邦宪法》基本上仍然是强调议会民主制的宪法。宪法当中很大的一部分乃遵循英国的宪法律则（constitutional law），它不但纳入英国普通法的成文法律，也把英国各种不成文的宪政惯例（conventions）予以条文化。③ 东姑阿都拉曼自撰的《独立宣言》就如此宣示："马来亚《联邦宪法》为至高之法，其捍卫统治者的特权以及人民的基本人权和自由……为他的人民谋取福利和幸福以及在世界各国间维持公义的和平。"④ 因此，"马来西亚宪法让每一位出生在此的人享受作为公民的优惠以及拥有同等的权利"⑤。

唯相较于大多数新兴国家的开国领袖，纵有国族思想，东姑阿都拉曼对国族相互同化的态度不积极，他认为"要让马来亚意

---

① Tunku Abdul Rahman Putra Al-Haj,"Tahap Kedua Perjuangan".

② Tunku Abdul Rahman Putra Al-Haj,"Menentang Sebarang Penindasan".

③ 东姑阿都拉曼指出马来西亚宪法就是以英国议会制为蓝本而打造的宪法，它们之间唯一的重大区别是马来西亚的宪法是成文宪法而英国则否。见 Tunku Abudul Rahman Putra A-Haj, *Challenging Time*, pp. 70 – 73。

④ 《马来亚独立宣言》的全文可参考东姑阿都拉曼本人的自传。见 Tunku Abdul Rahman Putra Al-Haj, *Looking Back: Monday Musings and Memories*, p. 96。

⑤ Tunku Abdul Rahman Putra Al-Haj, *Viewpoint*, p. 68.

识在国民生根，并非一天两天的事，马来亚人民历经了数百年的殖民统治，要形成一个国族还需要长远的时间，但如果大家有更多的善心、同理心，打造一个国族的过程将更为容易"①。

我们从东姑阿都拉曼的主张来看，就可发现东姑阿都拉曼在建国时期并不积极追求创造一个新兴的国族，而是要巩固其原有族群的边界，如此一来，非马来人要成为马来人变得困难重重，在政策不平等的基础下，其塑造了一个充分满足马来文化认同和制度认同的国家体制。这种宪政体制之产生固然导因于少数政治精英的人为因素，但族群分化的社会，因反制华人威胁而产生的马来族国主义才是促使一部马来化宪法产生的原因。在这样的安排下，所谓的马来亚人，或之后的马来西亚人只是一个在全民共同的制度认同下所建构的国族，马来西亚在文化意涵上仍是属于马来族群的国家。

我们审思东姑阿都拉曼的民族主义观点，可以发现他的观点有阶段性的发展和改变，早期东姑阿都拉曼的国族论述是相对狭隘排外的，他以国内某个居于优势地位，在数量上却是居于少数的"外来族群"为目标来号召己身的族群起来反抗，进而达成建国的目的，以避免"亡国灭种"的命运。这种操作无疑是成功的。虽然如此，东姑阿都拉曼民族主义观的实践与发展历经了两个阶段，即从排外的族国观点到强调族群共治，权力分享的国族主义，而这种转变是基于形势所迫，并非他个人的主动提倡，东姑阿都拉曼所推动的建国，强调的是和其他族群的利益交换。利益交换的结果，就是强调族群共治，对马来族群赋予额外权利保障的国家体制。

---

① Tunku Abdul Rahman Putra Al-Haj, "Tahap Kedua Perjuangan".

在这种情况之下，作为马来民族主义的领袖，同时也是马来西亚不分族群的全民领导人，从东姑阿都拉曼以降的国家领袖，都不免要面对一个抉择，在国家的施政方向，应该要"族群优先"——即以照顾马来人和原住民的权益为先，抑或是"国族优先"——即以照顾全体国民的利益为先？如果只注重马来族群优先，那是否会牺牲国家整体的进步和引起其他族群的不满？若只注重国族优先，则是否会背离了马来民族主义强调马来人优先的基本要求？若两者都必须兼顾，两者又应当如何取得平衡？作为因应之道，继东姑阿都拉曼上任的马来西亚第二任首相敦拉萨有着和前任领导人大不相同的做法。

第二节　"五·一三"事件与巫统一党独大体制的建立

如前所示，马来西亚的独立并没有塑造一个平等的单一国族，其政府是一个以三大单一族群政党所组成的联盟，这三大政党各自对其族群负责。而这三大族群政党又各有其政治对手，巫统最大的对手是马来族群政党伊斯兰党、马华公会（MCA）和印度人国大党（MIC）最大的对手是以华人、印度人为基础的劳工党（Labour Party）以及民主行动党（Democratic Action party，DAP），形成在野族群政党长期对抗在朝族群政党的局面，而在野的族群政党彼此之间因意识形态的巨大差异又缺乏合作基础，如此又形成两边反对（bilateral opposition）的政党政治。这种两边反对的政党政治贯穿整个马来西亚政治历史，一直延续至今。在野党长期分裂的态势事实上有利执政集团各个击破，使巫统为首的执政集团在马来亚建国后所举办的 14 次全国大选之中，除了 1969 年、2008 年、2013 年和 2018 年的四次选举之外，皆长期维持国会三分之二绝对多数的优势，因此马来西亚的重大政策事实上乃取决于执政集团内的协商过程。

1957 年国家独立后，由于族群泾渭分明的多元社会仍然持续，马来人和非马来人双方对国家资源和国家代表地位的争执就一直方兴未艾，而这些争执亦一再挑拨族群敏感神经，并撼动了联盟内三党的互信。首先是 1959 年 6 月 24 日马华公会总会长林苍佑要求联盟需按照族群的人口比例来分配竞选的国会议席，以保障华人的代表性，这意味着马华公会必须竞选至少三分之一以上的席次，以制衡巫统的多数统治，此举引起了巫统少壮派的强烈不满。巫统主席东始阿都拉曼公开回复今后"由他本身选拔联盟各党的候选人及安排竞选席位"，并拒绝提名林苍佑为候选人，以威胁马华公会就范，马华公会最终屈服，林苍佑亦被迫辞职。从此之后，建国时强调各族群平等协商的协和式体制已有所松动，巫统党主席借由控制三党候选人的提名权而在联盟政府内取得主宰的地位，为巫统开启了日后在马来西亚联盟政府内一党独大的时代。①

1963 年 9 月 16 日，新加坡人民行动党（People Action Party, PAP）政府主政的新加坡和马来亚、砂拉越以及沙巴组成马来西亚，由于在新组成的马来西亚，马来人和原住民的人口比例骤然

---

① 其时全马来亚有 104 席国会议席，以当时华人人口占 37% 的情况下，林苍佑要求分配 40 席的竞选议席并非不合理，在林苍佑辞职后，马华公会只分得 31 个竞选席次，其席次比率远低于华人的人口比率，此次事件也象征华人政党马华公会在联盟政府内被进一步的边缘化。相关事件请参考谢诗坚《马来西亚华人政治思潮演变》，槟城友达企业 1984 年版，第 65—70 页。

下降，马来人和华人的公民人数非常接近，不久就激化了马来人和华人的紧张关系。① 1964 年人民行动党秘书长、新加坡总理李光耀主张马来西亚人应一律平等，发起了"马来西亚人的马来西亚"的口号，并积极参与马来西亚全国的竞选，此举意味着对马来人霸权的宪政体制的挑战。② 他也激起了巫统少壮派和伊斯兰党的愤恨，影响所及，该年 7 月和 9 月新加坡爆发了马来人和华人的族群流血冲突。③ 这场冲突大举消耗了马来人和非马来人的互信基础，1965 年 8 月 9 日，新加坡被迫脱离马来西亚后，人民行动党在马来西亚的支部另行改组为民主行动党（DAP），而一些非马来人的反对党如民政党（Gerakan）也开始崛起。④

巫统党内的激进势力和伊斯兰党等反对党却对东姑阿都拉

---

① 当新加坡加入马来西亚，全国的人口比率如下：马来人和其他原住民有 5187152 人（46.35%）、华人有 4706740 人（42.06%）、印度人有 1042383 人（9.31%），其他人为 254416 人（2.27%）。华人和马来人的人口仅差 4%。而新加坡一被逐离，马来人的人口比率立即上升至 52.5%，华人则下降为 35.7%，可见新加坡的被驱逐对马来西亚的意义。见 Gordon P. Means, *Malaysian Politics*, pp. 294, 405。

② Cheah Boon Kheng, *Malaysia: The Making of a Nation*, p. 102.

③ 根据李光耀的回忆，1964 年 7 月 21 日的冲突死亡 23 人，伤 454 人，同年 8 月 17 日的冲突死 13 人，伤 109 人，由于发生在华人占七成的新加坡，虽马来人首先发动攻击，但华人黑帮亦大胆展开报复，故华、马的死亡人数各半。而死亡人数的族群比例让当时的李光耀稍微松了一口气，因这个数据避免了"排华"或"排马"的指责。见李光耀《李光耀回忆录》，台北世界书局 1998 年版，第 628、635 页。

④ 根据李光耀的回忆，当时偏巫统立场的报章《马来前锋报》（*Utusan Melayu*）批评"李光耀是马来西亚的敌人"，而以 Syed Jaafar 为首的巫统激进少壮派强烈要求东姑阿都拉曼逮捕李光耀，并以武力接管新加坡华人政权，在其演讲的场合甚至出现"杀死李光耀""抓李光耀"的口号，学者 R. K. Vasil（1980）认为，东姑阿都拉曼把新加坡和平驱离事实上已经引起巫统党内激进势力的强烈不满，他们已经开始酝酿推翻东姑阿都拉曼。见李光耀《李光耀回忆录》，台北世界书局 1998 年版，第 625、680、691 页；R. K. Vasil, *Ethnic Politics in Malaysia*, pp. 155 – 156。

曼让新加坡和平脱离的作为大表不满。这起事件虽然和平落幕，却"加剧了马来人对非马来人挑战其地位的恐惧"①。1967年联盟政府控制的国会制定了《国语法案》（National Language Bill），该法案规定马来语为国家唯一国语，英语可以在官方场合继续使用，而非马来语可以在其他"非政府"和"非官方"场合使用。这个法案保留了英语作为官方语言的使用地位。此举一方面引起以伊斯兰党等的激进马来人的不满，另一方面却又激起主张华文应列为官方语文的华人团体的愤怒。② 除此之外，许多马来人也怪罪首相东姑阿都拉曼自由放任的经济政策无法使广大的马来农民脱离贫穷，巫统党内的激进派系亦开始指责东姑偏袒华人。③ "马来人已经醒觉，因为在他们的眼中，政府继续讨好华人，并无法纠正各族群间财富的不均和发展的差异"④，凡此种种，皆埋下了下一波族群冲突的导火线。

1969年5月11日，马来西亚全国选举，在野党民主行动党、民政党和伊斯兰党皆获得大胜，联盟政府仅仅获得过半数席次（仅赢得国会103席中的66席），马华公会由于惨败宣布

---

① R. K. Vasil, *Ethnic Politics in Malaysia*, pp. 157–158.

② 是次全国选举马华公会仅赢得33席竞选议席中20的席，总会长陈修信宣布因为华人拒绝马华公会作为他们的代表，故决定不参与联盟政府在大选后所组成的新内阁。但"五·一三"事件后马华公会"为大局着想"，最后还是加入了当时的内阁。相关资料见 Cheah, Boon Kheng, *Malaysia: The Making of a Nation*, pp. 103–105; 谢诗坚《马来西亚华人政治思潮演变》，槟城友达企业1984年版，第157页。

③ 这些激进成员的代表，以马哈蒂尔等人为首。马来学者迦米·哈米尔（Jamie Hamil）认为，当时东姑阿都拉曼即使受到马来各界的压力，仍然不愿动用国家公权力提振马来人的经济地位。见 Edmund Terence Gomez and Jomo K. S., *Malaysia's Political Economy*. Cambridge: Cambridge University Press, 1997, p. 21; Jamaie Hamil. *UMNO dalam Politik dan Perniagaan Melayu*, Bangi: Penerbit Universiti Kebangsaan Malaysia, 2004, p. 106。

④ 谢诗坚：《马来西亚华人政治思潮演变》，槟城友达企业1984年版，第163页。

退出联盟的内阁，"协和式体制"（consociational regime）至此名存实亡。第二天上午吉隆坡华人举行反对党的胜利游行，5月13日不满华人挑衅的马来人拿起武器展开反制游行并开始杀害华人，① 结果造成导致全国进入戒严的"五·一三"事件。②

这场族群冲突暴露了非马来人的焦虑和马来人的恐惧：非马来人的焦虑源自"马来人特殊地位所造成的不平等；而马来

---

① 根据参与事件的一位巫统青年团支部主席，后来为马新社（Bernama）主席的Ahmad Mustapha Hassan 的回忆，这起事件是在雪兰莪州务大臣哈伦（Harun Idris）家附近展开，当晚有数千名巫统青年团成员聚集在哈伦家周边要求哈伦带领马来群众进行反制示威游行，突然有人高叫马来人在秋杰地区（Chow Kit areas）被杀，一位在现场送饮料的华人小孩（Chinese boy）当场就被不明的示威群众围殴至死，一群手持巴冷刀（按：一种马来开山刀）的陌生马来人突然出现大派武器，许多群众纷纷开始朝华人区杀去。Ahmad Mustapha 回忆"我非常肯定当天出席的巫统青年团核心领袖没有参与杀害那位可怜的华人小孩"，"我们只有呆若木鸡，愿阿拉原谅我没有做任何事以防止这个可怕的事件"。这位华人小孩可能是"五·一三"事件的第一位牺牲者。见 Ahmad Mustapha Hassan, *The Unmaking of Malaysia: Insider's Reminiscences of UMNO, Razak and Mahathir*, Petaling Jaya: Strategic Information and Research Development Centre, 2007, pp. 30 – 32。

② 巫统在 1969 年 5 月 11 日的全国选举中遭受史无前例的惨败，仅在所有 144 席的国会议席夺得 51 席，同时马华公会和印度国大党的惨败顿时使执政党联盟失去了国会三分之二的执政优势，而吉隆坡的四个国会选区分别落入以华人为主的在野党民政党和民主行动党的手里，华人遂展开一场空前浩大的胜利游行，部分激进的华人向马来人高喊挑衅的口号（如"马来人可以滚回乡村""吉隆坡是属于华人的"等），结果导致吉隆坡周边的马来居民也在 5 月 13 日发动反制的示威，其中部分群众因误信华人攻击马来人的谣言而拿武器杀抵华人盘踞的市中心，最终酿成死亡 143 人的族群冲突（按：其中马来人占 25 人），由于首都吉隆坡因族群暴乱而秩序大乱，国内各大都市的华马族群也酝酿报复行动，巫统政府遂在次日宣布全国进入军管的紧急状态。学者柯嘉逊（2007）认为"五·一三"事件是一起政治人物组织马来暴徒的政变，它并不是如官方所宣称是华马临时起意的冲突。唯官方的报告书指出是次冲突乃是激进华人的挑衅和共产党的从中煽动所致。马来学者旺·哈欣则认为基于"华人的不断挑衅"，"在如此不安全、无助、绝望、耻辱和愤怒的情况下，马来人别无选择只有把法律操在手上，将他们的不满化成暴力，摧毁马来西亚脆弱的民主机制"。见 Kua Kia Soong, *May 13: Declassified Documents on the Malaysian Riots of 1969*, Petaling Jaya: SUARAM Komunikasi, 2007, p. 65; Wan Hashim, *Race Relation in Malaysia*, p. 78。

人则慑于非马来人的力量已经可以经由合法的民主程序，威胁到他们的政治特殊地位"①。因此这次冲突最后促成政治上的马来大团结，以及马来西亚国家体制进一步的马来化。此次事件后吉隆坡实施戒严法，② 国会被终止运作，马来西亚《联邦宪法》亦被冻结。全国改由巫统支配的"国家行动理事会"（National Operational Council）来统治，该委员会由副首相敦拉萨担任主席，而原首相东姑阿都拉曼的权力则被架空。"国家行动理事会"在这期间大肆逮捕国会议员和异议人士以稳定国内秩序。③ 1971 年 2 月国会恢复运作，马来西亚民主政治才恢复。

这次族群冲突导致巫统的世代交替，1970 年 9 月 21 日，东姑阿都拉曼辞职下台，④ 而新首相敦拉萨在担任首相的次日就在

---

① 王国璋：《马来西亚的族群政党政治》，台北唐山出版社 1995 年版，第 102—107 页。

② 戒严令在次年的 1970 年 8 月 31 日才被解除，其间被戒严的地区如吉隆坡人民晚上不得出门。见谢诗坚《马来西亚华人政治思潮演变》，槟城友达企业 1984 年版，第 174 页。

③ 这些被逮捕异议人士多是在野党人物，被逮捕的多是左派的劳工党、人民党和民主行动党的政要，如民主行动党马六甲区国会议员兼秘书长林吉祥就被扣留了 16 个月。这次大逮捕使亲共的劳工党和人民党从此式微，唯民主行动党仍然在国会站稳脚跟。但人权分子辜瑞荣指出，"警方的逮捕从没有停过，每一月都有人被逮捕，只是警方从来从没有宣布被逮捕者的名字，逮捕是秘密的"。被捕者多是华人，他们有许多人遭遇了不人道的酷刑。见辜瑞荣编《内安法令（ISA）四十年》，吉隆坡朝花企业 1999 年版，第 132—13 页；丘光耀《超越教条与务实：马来西亚民主行动党研究》，吉隆坡大将出版社 2007 年版，第 104—105 页。

④ 作为已故吉打苏丹王子的东姑阿都拉曼自己说因为他的侄儿吉打州苏丹将在 1970 年登基就任为马来西亚最高元首，作为叔叔的他认为不宜再继续成为马来西亚首相，唯吉打州苏丹希望东姑阿都拉曼能至少在他治下担任首相一天，因此他在吉打州苏丹 9 月 20 日登基为元首后的次日，才辞去首相的职务。Tunku Abdul Rahman Putra al-Haj, "The King and I: Malaysians are Better Served with Rulers-A Unique System in Operation Here", in Tunku Abdul Rahman Putra al-Haj, *Looking Back: Monday Musings and Memories*, pp. 340–346.

巫统大会上作出了以下宣示：

> 这个政府是由巫统所支撑的政府，我将这个政府的责任交予巫统，以让巫统能够决定政府的形式，这个政府必须要因循巫统本身的意愿和需要，必须要在任何时候皆执行巫统所决定的政策。①

此后敦拉萨陆续拉拢包括伊斯兰党在内的众多在野党加入内阁，组成一个大联合政府，这个大联合政府在1974年6月被正式命名为"国民阵线"（Barisan National，BN），即"国阵"。② 透过国阵的成立，马华公会和印度国大党在原联盟的地位被稀释，"所有加入国阵的成员党必须要遵循巫统所开出的条件"③；从此之后，除了正副首相之外，巫统党员从此也一直占

---

① 这句话多次被不同的著作引用，他是敦拉萨在巫统1970年的代表大会的演讲。请参考 Tun Abdul Razak, "Tekad Order Baru: Ucapan di Perhimpunan Khas Pemimpin-pemimpin UMNO, Dewan Bahasa dan Pustaka, Kuala Lumpur, September, 22, 1970", in Wan Mohd. Mahyiddin & Hj. Nik Mustaffa Yussof eds., *Amanat Presiden*, Vol. 2, Kuala Lumpur: Fajar Bakti, 1997, pp. 69－77。

② 此时加入国阵的反对党计有：槟城州的执政党民政党（1972年2月）；吉兰丹州的执政党伊斯兰党（1973年1月）；霹雳州实力坚强的人民进步党（1972）以及砂拉越和沙巴的执政党等。此时期唯一没有加入国阵的是华人为主的在野党民主行动党（DAP）。其主要原因不言而喻，原执政联盟内已有华人政党马华公会（MCA），让华人一派在朝一派在野，可以维持"以华制华"的局面。无论如何，在一连串的运作下，民主行动党纵使没有加入国阵，党内的13名国会议员也跳槽了4名，31名州议员更跳槽了11名；至于伊斯兰党（PAS）因已执政吉兰丹州，让他加入国阵既可以维持马来人大团结之形象，又可以让吉兰丹州政府纳入执政党旗下。这次大联合使原本损失两州政权（即槟城和吉兰丹）的执政党联盟一下子收复了全国各州。见丘光耀《超越教条与务实：马来西亚民主行动党研究》，吉隆坡大将出版社2007年版，第377—378页。

③ Harold Crouch, *Government and Society in Malaysia*, p. 34.

据内阁阁员人数的六成以上，并把持所有的关键部会，这种内阁人事安排，并没有严格按照国阵各成员党在国会议员人数的比例来分配，而是按照族群政党的地位来排列。① 非但如此，敦拉萨也透过各种立法途径对国家施以更进一步威权的统治。如同黛安·K. 莫齐（Diane K. Mauzy）所示，巫统在 1969 年之后不但透过国阵政府对国家施以威权的统治，而且更在国阵内以霸权的方式来维系成员党间的协和式领导关系，其他成员党鲜少能反对巫统的对国家的政策；在这样的情况下，所谓的协和式民主的理想（Ideal Consociationalism）在实践上已演变成一种"霸权协和主义"（hegemonic consociationalism）。② 简言之，1974 年国阵成立开始至 2018 年 5 月 9 日国阵政府垮台，这 40 多年期间巫统都以一党独大的姿态统治马来西亚。

---

① 依据笔者的调查，1971 年 24 位含正副首相在内的内阁部长级阁员中，巫统占了 16 席，1983 年较为特殊，在其 26 席内阁部会首长中，巫统"只占"15 席，1999 年 29 席内阁部会首长中占有 18 席。再者自马华公会主席陈修信（Tan Siew Sin）于 1974 年退休后，到 2018 年为止，财政部长从此就一直由巫统党员担任，自此之后所有重要的部会如内政部、财政部、国防部、外交部、贸工部、教育部等皆是由巫统党员担任首长，而非巫统党员则长期担任相对而言较不重要的卫生部长、交通部长、原产业部长、科学发展部长、房屋及地方政府部长、劳工部长、公共工程部长等。见 Department of Information, *Malaysia 1971 Official Year Book*, Kuala Lumpur: Malaysian Government, 1972, pp. 580 – 581; Cheong Mei Sui & Faridah Ibrahim eds., *Information Malaysia 1984 Year Book*, Kuala Lumpur: Berita Publishing Sdn. Bhd., 1984, pp. 20 – 21; Jayum A. Jawan. *Malaysian Politics & Government*, Shah Alam: Karisma Publications Sdn. Bhd..2003, p. 126。

② 这里可以举出一个能反映巫统在联合政府内一党独大的例子：20 世纪 70 年代马华公会党主席陈修信基于马华公会为国阵内的"第二大执政党"，华人又占总人口三分之一以上的客观现实而合理要求行政内阁应增设第二副首相的职位于华人，但却遭敦拉萨的断然拒绝，而之后马华公会也未再提及此事，更无任何"抗议"的手段。当然李光耀不作如是想，他认为"陈修信当不成副首相，就辞职不干"，以作柔性抗议。他说"10 年前他不自觉协助把新加坡逐出马来西亚时，就已经输了"。见 R. S. Milne & Diane K. Mauzy, *Malaysian Politicc under Mahathir*, p. 18；李光耀：《李光耀回忆录》，台北世界书局 1998 年版，第 713 页。

自从国阵成立后,"非马来人政党都在巫统的虎威下俯首帖耳,所以国阵里的主从关系非常明显"①。总言之,此时的巫统在国阵或整个行政体制内的地位事实上就等同一党独大的威权政党,这种支配地位透露出国家政策的根源来自巫统,② 马来西亚政府在实践上可说是等同于巫统政府,③ 马来西亚从此真正进入"马来人统治"(Malay rule)、"有限民主"(limited democracy)或"一党独大"(one party dominance)的时代。④

第三节 马来西亚建国初期伊斯兰党
       对巫统的挑战

1974 年 6 月组成国阵是继巫统在 1946 年成立时短暂出现的马来大团结之后,再一次出现的马来人政治大团结,此次大团

---

① 何启良:《面向权威》,吉隆坡十方出版社 1995 年版,第 2 页。

② 敦拉萨对国阵威权的领导远胜于东姑阿都拉曼时期:如他不但全权独立决定巫统候选人的名单,而且也决定国阵成员党(即马华、国大党、民政党等)的候选人之选派,更决定全国各州州务大臣或州首席部长的人选;而他也建立了今后巫统主席的领导方式(按:其继任者胡先翁和马哈蒂尔也同样地以这种一人独断的方式来领导党和政府)。如此遂展开了所谓巫统威权领导的时代。见 John Funston, *Malay Politics in Malaysia*: *A Study of UMNO and PAS*, p. 239。

③ 对此,学者哥美兹(Edmund Terence Gomez)说"巫统在国阵拥有霸权的地位,这个霸权延伸至政府"。见 Edmund Terence Gomez, "Capital Development in Malaysia", pp. 74 – 140。

④ "有限民主"的说法乃依据 Wan Hashim 的意见,"马来人统治"乃依据 R. K. 瓦西尔(R. K. Vasil)的意见,"一党独大"乃出自李活安(Lee Hwok Aun)的意见。见 Wan Hashim, *Race Relation in Malaysia*, p. 78; R. K. Vasil, *Ethnic Politics in Malaysia*, p. 225; Lee Hwok Aun, "Development Politics, Affirmative Action and the New Politics in Malaysia", in Gomez, Edmund Terence, Stephens Robert, eds., *The State*, *Economic Development and Ethnic Co-Existence in Malaysia and New Zealand*, Kuala Lumpur: University of Malaya, 2003, pp. 29 – 52。

结的两方是代表右倾马来民族主义的巫统，以及代表伊斯兰民族主义的伊斯兰党。

由马来贵族和前马来殖民官僚把持的巫统虽然取得国家的主控权并以马来民族的捍卫者自居，唯自19世纪兴起的马来伊斯兰改革势力一直在马来社会保持其影响力。他们曾经在1948年3月组成穆斯林党（Hizbul Muslimin），此党在同年6月被英政府指控和共产党有关联而被查禁。① 回顾伊斯兰党的创党历史，其实它主要是巫统党内的伊斯兰派系，以及民间各伊斯兰经学院的乌拉玛（按：即伊斯兰学者）为了反对巫统过于世俗化，过于向非马来人妥协的路线而组成的政党。它的前身是1951年11月24日成立的泛马来亚伊斯兰协会，这个伊斯兰协会的主要目标是要建立一个民主的伊斯兰政府，以维护伊斯兰信徒的利益和领导主权，并推动伊斯兰法律和伊斯兰教育。1957年国家独立后，伊斯兰党就以一个反体制政党的姿态活跃于马来社会。②

1953年10月11日，泛马来亚伊斯兰协会参加由巫统和马华公会主导的国家大会（National Convention）商谈建国大业，唯

---

① 关于短命政党穆斯林党的历史，可参考下列著作 Farish A Noor. *Islam embedded: The Historical Development of the Pan-Malaysian Islamic Party-PAS* (1951 – 2003), Vol. 1, Kuala Lumpur: Malaysia Sociological Research Institute, 2004, pp. 56 – 61; Alias Mohamed, *PAS' Platform-Development and Change 1951 – 1986*, pp. 9 – 13。

② 依据其最初的党章，泛马来亚伊斯兰协会的主张如下：一、追求打造一个伊斯兰兄弟情谊的团体（persatuan persaudaraan Islam），使其作为集体的力量来落实伊斯兰教的所有要求，以及在祖国实践民主政治；二、伊斯兰党必须汇集所有的努力和力量来整合全国各州的伊斯兰行政和律法；三、伊斯兰党必须照顾、捍卫伊斯兰以及伊斯兰社群（Ummah）的权利、权益和尊严；四、为追求民主、社会正义和人道精神，伊斯兰党可在不违背伊斯兰教义的前提下与其他没有和伊斯兰相抵触的政治团体合作。见 Nasharudin Mat Isa, *50 Tahun Mempelopori Perubahan: Menyingkap Kembali Perjuangan PAS 50 Tahun*, Kuala Lumpur: Pernerbitan Ahnaf, 2001, p. 14。

1954年1月24日伊斯兰协会代表因巫统决定向马华公会妥协，支持在建国后实施出生地原则的公民权而宣布脱离大会，和巫统决裂。① 在同年8月12日至14日的第三次党代表大会上，伊斯兰协会宣示要"建立一个民主的伊斯兰政府"，② 以"维护伊斯兰信徒的利益和尊严并在服膺安拉之要求下致力在个人和集体生活层面实施伊斯兰法律和伊斯兰教育"③。1955年5月31日，伊斯兰协会注册为泛马来亚伊斯兰党（Pan Malayan Islamic Party, PMIP）——简称伊斯兰党，开始和巫统竞相争取马来人的支持。④

总的来说，20世纪70年代之前伊斯兰党和巫统的争斗，不只是意识形态的竞争，而是马来社会的阶级竞争。由于东姑阿都拉曼政府采"自由放任的经济制度"（laissez faire or free enterprise capitalist system），⑤ 不但长期委任马华公会的会长陈修信为位高权重的财政部长，⑥ 也任由华商开拓市场影响力，因此

---

① 伊斯兰党的前身伊斯兰协会和巫统是合作的，伊斯兰派系从巫统分裂主要也是基于人事问题，因此在伊斯兰协会创会初期其和巫统的理念差异不大。如1951年伊斯兰协会的成立大会就是在巫统的槟城北海区（seberang Perai）的党部大楼举行。唯曾经担任伊斯兰党署理主席的纳沙鲁丁（Nasharudin Mat Isa）却认为伊斯兰党一开始就是和巫统有着意识形态的冲突，否则不会另组一个团体。见 Nasharudin Mat Isa, *50 Tahun Mempelopori Perubahan: Menyingkap Kembali Perjuangan PAS 50 Tahun*, pp. 16 – 18。

② Alias Muhamed, *PAS' Platform-Development and Change 1951—1986*, p. 44.

③ Nakhaie Haji Ahmad, "Sejarah Kelahiran Harakah di Tanah Air", in *36 Tahun PAS Menti Liku Perjuangan*, Kuala Lumpur: Lajnah Penerangan dan Penyelidikan PAS Pusat, 1995, pp. 23 – 39.

④ 1971年伊斯兰党将其党名易名为马来名称"Parti Islam seMalaysia"。此党名一直沿用至今。见 Nasharudin Mat Isa, *50 Tahun Mempelopori Perubahan: Menyingkap Kembali Perjuangan PAS 50 Tahun*, p. 26。

⑤ 马来西亚一直到1966年才有一个规划全国经济的大型计划——"1966—1970第一个大马计划"。见 Wan Hashim, *Race Relation in Malaysia*, p. 62。

⑥ 陈修信从1959年8月就开始担任财政部长，一直到1974年8月因病退休为止，一共长达15年之久，是马来西亚史上任职最久的财政部长。

在独立初期半岛北部乡间的马来农民仍然贫困,形成一股以伊斯兰党为基础的抗议力量,使该党成功在北部伊斯兰教育发达却又相对贫困的边陲地区吉兰丹州建立深厚的基层势力。① 在20世纪60年代,巫统不是没有扶助马来族群,然而为避免伤害华商的经济地位,这种补助政策(affirmative action)是谨慎的,当时官方有两个专门扶助马来人的官方单位,其一是成立于1950年的乡村发展局(The Rural Industrial Development Authority, RIDA),后来它在1966年改名为人民信托理事会(Majlis Amanah Rakyat, MARA);其二是成立于1956年,提供马来人开拓国有土地,发展经济农作物的联邦土地发展局(Federal Land Development Authority, FELDA)。到了1970年,联邦土地发展局已开垦了250000英亩(hectares)的土地,受惠家庭有20700户,但仍不足以扶持广大的马来贫农。同时1968年的一项统计显示,在都市的专业人士多为非马来人,如医生马来人

---

① 吉兰丹州的前身吉兰丹苏丹国,1910年始沦为英国的保护国。在过去皆极为注重伊斯兰化的经院教育,在吉兰丹历任苏丹的推动下,该地成为马来半岛上最早拥有伊斯兰茅舍学校(Sekolah Pondok)和伊斯兰经院学校(sekolah Madrasah)的州属,其伊斯兰教育之兴盛为马来西亚各州所仅见,故而该州在20世纪初期就拥有"麦加走廊"(Serambi Mekah)的美名,且至今不坠。该州至今仍产生不少擅长阿拉伯语且留学中东的伊斯兰学者。事实上目前马来西亚大部分的伊斯兰学者多出生于该州,加上其被殖民的经验远比他州来得较少,故而吉兰丹州为马来半岛少数几个仍能在独立后保持高度文化主体性的州属。再者,吉兰丹州民日常用语为一种独特的马来方言,其州民的地方意识亦很高,外州人在该地遂通常被形容成"外人"(Orang Luar)。而吉打州也有类似的情形。伊斯兰党利用这个文化背景,在多年的专注经营下成功在吉兰丹取得长期执政:第一次执政是在1959年至1977年(共19年),第二次是1990年至今(至今已累积了30多年)。易言之,马来西亚独立以来吉兰丹州就被在野的伊斯兰党长期执政,堪称是马来西亚政治发展史上的一个异数。相关内容可参考W. R Roff, ed., *Kelantan—Religion Society And Politics In A Malay State*, Kuala Lumpur: Oxford University Press, 1974, pp. 2 – 202; Amran Kasimin, *Religion and Social Change Among the Indigenous People of the Malay Peninsula*, Kuala Lumpur: Dewan Bahasa Dan Pustaka, 1991, pp. 172 – 180。

仅占10%，工程师马来人只占16%。① 以上各种迹象显示，东姑阿都拉曼政府在改善马来社会生活方面力有未逮，无形之中也壮大了马来在野政党的力量。

当马来左倾的政治势力在紧急状态时期遭受沉重打击之后，标榜激进马来民族主义，伊斯兰改革和实施伊斯兰法的伊斯兰党自独立后就成为巫统政权最大的政治对手。学者约翰·方斯顿认为，两党在马来社会的竞争，不仅是意识形态上的竞争，也代表上层阶级和下层阶级间的竞争。② 这时期的伊斯兰党主要的支持者是中、下阶层的马来平民和乡村地区的马来农民，其主要的政纲多是批评巫统和非马来人合作，出卖马来人的权益，以及无法捍卫马来人的社经地位。③ 该党在1959年至1977年长

---

① 相关数据可参考 Edmund Terence Gomez, "Tracing the Ethnic Divide: Race, Rights and Redistribution in Malaysia", in Edmund Terence Gomez, Joanna Pfaff-Czarnecka etc., eds., *Ethnic Futures: The State and Identity Politics in Asia*, Petaling Jaya: Strategic Information Research Development, 2004, pp. 167 – 202; M. Fazilah binti Abdul Samad, "Bumiputeras in Corporate Malaysia: Three Decades of Performance, 1970 – 2000", in Edmund Terence Gomez, Stephens, Robert, eds., *The State, Economic Development and Ethnic Co-Existence in Malaysia and New Zealand*, Kuala Lumpur: University of Malaya, 2003, pp. 153 – 171。

② John Funston, *Malay Politics in Malaysia: A Study of UMNO and PAS*, p. 52.

③ 1956年在李特委员会制宪期间，伊斯兰党于7月14日向委员会提呈备忘录反对出生地原则的公民权，并强调马来亚是马来人的，他们拥有这个国家，他们是这个国家的主权者，1956年12月25日布哈努丁（Burhanudin）医生担任党主席后，伊斯兰党的反华态度更是强烈，他主张凡马来亚公民必须为马来人；非马来人须被马来人同化方得以成为马来亚的公民。内阁中的部长、副部长，州政府中的州务大臣等职位须由马来人担任。如同学者兰拉·阿当所言，伊斯兰党在布哈努丁担任党主席期间（1956—1969）将该党转化成一个马来族群主义的政党。虽然如此，伊斯兰党反华的立场并非一致，当时党的副主席朱杰菲·穆罕默德（Zulkifi Muhammad）曾经提议伊斯兰党应放弃马来族群主义，专注在伊斯兰方面的工作，并开放党员予华人，唯此项建议不得要领。关于伊斯兰在这时期的主张，可参考以下的著作：Alias Mohamed, *PAS' Platform-Development and Change 1951 – 1986*, pp. 77 – 90; John Funston, *Malay Politics in Malaysia: A Study of UMNO and PAS*, pp. 142 – 145, 150 – 157; Ramlah Adam, *Burhanuddin Al-Helmy: Suatu Kemelut Politik*, pp. 176 – 188, 247 – 248。

期执政马来人占90%以上的吉兰丹州，作为当时唯一执政地方政府的在野党，伊斯兰党对巫统在争取马来人选票方面形成莫大压力。在伊斯兰党和巫统党内激进派系不断施压要求进一步扩大马来领导权之后，巫统终于在"五·一三"事件后选择修正其"协合式体制"的立场，进一步扩张马来领导权的统治机制。

马来学者卡玛鲁尼占（Kamarulnizam）认为，迟至20世纪70年代马来西亚出现伊斯兰复兴运动之前，马来社会普遍仍视伊斯兰为一种仪式和个人信仰，伊斯兰化的要求比不上马来民族生存问题来得重要。[①] 伊斯兰党虽然在马来半岛北部以马来人居多的州属如吉兰丹、登嘉楼和吉打有稳定的支持力量，但也始终不足以挑战巫统主导的全国政权。伊斯兰党在这时期的政治理念是伊斯兰和马来民族主义的结合，一直到1983年，伊斯兰党才拥有一位正统伊斯兰教育出身的党主席，伊斯兰党才真正积极推动其伊斯兰至上、神权治国的理念。[②]

总言之，20世纪70年代之前，巫统和伊斯兰党除对伊斯兰的理念存有分歧外，两党皆视争取马来支配权为政党的第一要务，唯其实践的方式略有不同。巫统所主张的马来支配权是属于相对的支配权，即同意和非马来人分享国家的支配权，接受非马来人

---

① Kamarulnizam Abdullah, *The Politics of Islam in Contemporary Malaysia*, p. 52.
② 伊斯兰党历任党主席如下：阿末·傅瓦（Hj. Ahmad Fuad bin Hassan, 1951－1953）、阿巴斯·艾烈斯医生（Dr. Abbas Elias, 1953－1956）、布哈鲁丁医生（Dr Burhanuddin al-Helmy, 1956－1964）、穆罕默德·阿斯里（Muhammad Asri, 1964－1982）、尤索夫拉瓦（Hj. Yusof Rawa, 1982－1989）、法兹诺（Fazdil Mohamed. Noor, 1989－2003）、阿都·哈迪·阿旺（Abdul Hadi Awang, 2003－?）。其中只有第一任、第五任至第七任才是伊斯兰教育出身的乌拉玛，其他党主席的出身是医生（第二任、第三任）和报业编辑（第四任）。

成为马来西亚公民的一分子，但前提必须是以马来族群为国家体制的支配者。反之，伊斯兰党则主张只有马来族群才具有国家的政治支配权，非马来人必须被同化成马来人之后方能成为马来西亚公民。① 作为唯一的马来族群执政党，巫统在 1969 年仍未建立一个支配政党的形象。② 因此，巫统当时面对的政治包袱是如何提升马来族群经济实力，建构马来支配权的问题。

在这个背景下，1969 年 "五·一三"事件后，敦拉萨号召推动全国马来人大团结，终于说服伊斯兰党加入国阵。伊斯兰党在 1974 年 8 月至 9 月的全国大选以国阵的标志竞选，并取得空前大胜，赢得 14 席国席和 50 个州席（按：当时总国席只有 154 席），党主席穆罕默德·阿斯里（Mohd Asri bin Haji Muda）也当上联邦土地发展部部长。但仅仅在 4 年后的 1977 年 12 月 13 日，伊斯兰党因为吉兰丹州务大臣人选争执和巫统起了严重冲突，而选择退出国阵。③ 事实上，早在 1974 年国阵成立之后，

---

① 相关数据可参考 John Funston，*Malay Politics in Malaysia：A Study of UMNO and PAS*，p. 135。

② John Funston，*Malay Politics in Malaysia：A Study of UMNO and PAS*，p. 16。

③ 1976 年 1 月胡先翁（Tun Hussin Onn）出任马来西亚第三任首相后，其动用国民阵线（BN）主席的权力来撤换伊斯兰党籍的州务大臣拿督依沙（Dato' Ishak Lofti），委任另一位伊斯兰党州议员拿督纳希尔（Dato' Haji Mohamad bin Nasir）为新任的州务大臣，原州务大臣拿督依沙却联合伊斯兰党党主席穆罕默德·阿斯里抵制新任州务大臣拿督纳希尔，甚至将其开除出党来表达对巫统安排的不满，此举导致拿督依沙和拿督纳希尔两方的支持者在吉兰丹首府哥打峇鲁市（Kota Bahru）分别发动示威，最终酿成街头暴力冲突，中央政府在 1977 年 11 月 18 日冻结吉兰丹民主议会，宣布该州进入紧急状态。此事件直接造成伊斯兰党选择退出国阵联盟政府，而再度成为反对党。穆罕默德·阿斯里更因此事件而声望大跌。紧接着在 1978 年 3 月 12 日的吉兰丹州议会的选举中，伊斯兰党遭受前所未有的惨败，将盘踞近 20 年的吉兰丹州政权拱手让给了巫统。直到 1990 年全国大选伊斯兰又再重新执政吉兰丹州至今。相关内容见 Alias Muhamad，*PAS' Platform-Development and Change 1951 – 1986*，pp. 129 – 160。

伊斯兰党和巫统就面临了两大冲突，其一是意识形态的冲突，伊斯兰党指控巫统只是虚晃一招，并没有真正落实伊斯兰化的政策，伊斯兰党参组联合政府不久后，广大的基层就发现"受骗上当"而萌生退意；其二是官职分配的冲突，巫统一方指责伊斯兰党执政的吉兰丹州没有让出更多行政官职给他们，而且利用当部长的便利竟然游说联邦土地发展局（Felda）的受惠家庭成员集体离开巫统，加入伊斯兰党，大挖巫统墙脚，伊斯兰党一方则又指责巫统大权独揽，只让出区区一席部长职，两党联合执政的其他州属如吉打和登嘉楼也都出现官职分配不均的问题，双方因为利益而结合，合作不久就积怨加深，最终因吉兰丹州州务大臣人选事件而拆伙。①

之后的40多年，虽然马来社会一直都有推动巫统和伊斯兰党再合作的建议，但一直都是空中楼阁。1983年伊斯兰党以法兹·穆罕默德·诺（Fadzil bin Muhammad Noor）和阿都·哈迪·阿旺（Abdul Hadi bin Awang）为首的少壮派联合党内以聂·阿都·阿齐兹（Nik Abdul Aziz bin Nik Mat）为首的乌拉玛派系，在1983年成功修改党章，改组伊斯兰党，他们创设了位居党领导层之上的"乌拉玛理事会"（Ulama Syura Council），以作为党理念与政策的最高裁决机构，由此伊斯兰党就开启了一个乌拉玛领导的时代，积极仿效沙特阿拉伯和伊朗等国，推动全面实行包含伊斯兰刑法在内的一切古典伊斯兰法律。②

---

① 关于伊斯兰党和巫统的分歧以及两党分裂的相关讨论，见 Alias Muhamad, *PAS' Platform-Development and Change 1951 – 1986*, pp. 129 – 180。
② 关于伊斯兰党在20世纪80年代以后的发展，可参考陈中和《马来西亚伊斯兰政治——巫统和伊斯兰党之比较》，新纪元学院族群研究中心、策略资讯研究中心2006年版，第203—258页。

对伊斯兰国的实施内容，巫统和伊斯兰党都有不同的想象，对巫统的领导如马哈蒂尔而言，提高伊斯兰法律地位，实行伊斯兰金融制度等的措施，就是实践伊斯兰国，马哈蒂尔甚至在2001年9月29日公开宣告马来西亚已经是伊斯兰国。然而，对伊斯兰党而言，一旦没有完全落实古典的伊斯兰刑法（按：如偷窃者断肢、通奸者乱石处死，叛教者处死等的刑罚），马来西亚成为伊斯兰国的目标仍然不算达成。因此自从1983年伊斯兰党改组后，主张立即、全面实行伊斯兰刑法就成为伊斯兰党主要的政治立场，亦是它和巫统的最大区别。从伊斯兰党自1983年改组以来，我们可以看见该党一贯主张伊斯兰和穆斯林至上，全面实行伊斯兰法的路线，其间为了政治利益而稍作妥协，但终究离不开这个基本路线，尽管这种罔顾现实，违反马来西亚原初立国精神的主张并没有得到大多数国民的认同。①

第四节　马来领导权体制的推动与新经济政策

巫统自1971年起，透过其政治霸权，就建立了一个强调马来人至上的马来领导权体制，这个马来领导权体制乃体现在其各项提升马来支配权和土著主义（Bumiputeraism）至上的公共政策，这些政策在根本上改变了马来西亚的政经结构。综合而言，这个马来领导权体制展现在以下几个层面：

其一，颁布新法令以加强控制。除了1960年订定了一项授

---

① 关于马来西亚伊斯兰法律实施的相关情况和讨论，可参考陈中和《当代马来西亚政教关系研究——以伊斯兰法律地位的变迁为视角》，《南洋问题研究》2018年第1期，第46—62页。

权内政部长可以不经任何法律程序逮捕任何人并扣留多达两年的《内部安全法令》(Internal Security Act, ISA) 之外，1971 年之后巫统乘势实施更加严厉的法令管制。1969 年"五·一三"事件后副首相敦拉萨领导的全国行动理事会颁布《紧急（公共秩序与防范罪案）法令》，允许政府任意逮捕及未经审讯拘留任何被认为危害公共秩序的人士。① 1970 年国家行动理事会提出第 45 号紧急命令，修改了《1948 年煽动法令修正案》(Amendment of Sedition Act)，1971 年 2 月 23 日国会开议后亦修宪将《煽动法令》的有效范围扩大到国会议员身上。② 该法令明确指出任何对公民权事项、马来统治者地位、马来语为国语、马来人特

---

① 《紧急法令》是以《内安法令》为蓝本，制定了无审讯拘留的条文，让警方有权以"维护公共秩序"与"防止罪案发生"为由将任何人拘留 60 天，60 天后由内政部长下令可延长拘留 2 两年，或限制居留 2 年，2 年后再由内政部长定夺是否延长拘留或限制居留多另外 2 年。

② 1971 年宪法的增修条文如下：其一，第 63 条（4）规定国会议员的言论免责权不限于《煽动法令》所规定的事项；其二，《联邦宪法》第 72 条规定各州立法议会的言论免责权不限于《煽动法令》所规定的事项；其三，《联邦宪法》第 10 条"言论、集会及结社自由"之（4）："国会可立法禁止质疑宪法《第三篇》、第 152 条、153 条或 181 条所确定或保障之任何事项、权利、身份、地位、优先权、主权或特权，唯不禁止在该有关法律规定下质疑有关上述各项之执行问题。"在这里，《第三篇》是指第 14 条至第 31 条，关于公民权和公民权申请的部分，第 152 条是关于马来语为唯一国语的条文，第 153 条是关于最高元首有权力要求立法赋予马来人和原住民特殊地位和权利（如马来保留地；商业执照等）的条文，第 181 条是关于各邦马来统治者的特殊地位；其四，《联邦宪法》第 159 条（3）关于修宪的程序，即"宪法第 10 条（4）的修正必须要在国会两院二读和三读时，不少于三分之二多数议员的投票支持方能通过"。这些宪法增修条文在赞成 125 票，反对 17 票的情况下以包裹的方式通过。投反对票的是以非马来人为基础的民主行动党（DAP）和人民进步党（PPP）。可参考马来西亚《联邦宪法》以及 Gordon P. Means, *Malaysia Politics: The Second Generation*, New York: Oxford University Press, 1991, pp. 14–15。

权的规定提出质疑的个人将可受到对付。① 以上课题之后也被国家行动理事会定义为"敏感课题"（sensitive issues），不得被公开质疑。② 此举不单严重地限制了国会议员的言论自由，而且也一举把马来族群对马来西亚的支配权无限上纲成一个不可动摇的政治权威。

为了巩固政权，1972 年 7 月巫统政府也进一步正式废除地方县市议员的选举，同时亦制定《官方机密法令》（*Official Secrets Act of 1972*），规定任何被部长、州务大臣、州首席部长等认定为"机密"的文件不得被任何人（含国会议员）公开，否则将面对终身监禁的最高刑责，此法压制了在野党议员获取"机密文件"的可能。③ 1973 年巫统又主导了一项宪法修正案将宪法中关于选区人口比例的限制废除，此举可让国阵扩大马来选区数目，从而巩固巫统的霸权统治。④ 为了压制学运，巫统政府亦在 1975 年作出了《大专法令》（*Universities and University Colleges Act 1971，Amendment 1975*）的修正，规定"除非得到

---

① 《煽动法令》（*Sedition Act 1948*［*Act 15*]）第 3 条说明 6 种构成煽动倾向的行为，兹摘译个别条文如下：（a）项为"导致对任何统治者或政府的憎恶和蔑视或激起对统治者或政府的不爱好态度"；（e）项为"在马来西亚群体或族群间散布邪恶和敌对的感受"；以及（f）项为"质疑联邦宪法第三篇、152、153 和 181 所确定或保障之任何事项、权利、身份、地位、优先权、主权或特权"。煽动法令罪成最高可罚款 5 千元或监禁 3 年或两者兼施。而该法令第 11 条亦规定警长可以视"正在进行煽动活动者"为现行犯来加以逮捕。

② Cheah, Boon Kheng, *Malaysia：The Making of a Nation*, p. 132.

③ 见《官方机密法令》第 2 条和第 3 条。

④ 原《联邦宪法》第 13 条之 2 （c）规定"允许某些乡村国会选区的选民人数只有任何城市选区人数的一半"之条文在此次修宪过程中被废除。2018 年全国最小的国会选区是行政中心布特拉再也（Putrajaya），一共有 15608 名选民；最大国会选区是加埔区（Kapar），它拥有 146317 名选民，两者选民人数相差近十倍之多。见 Nathaniel Tan, "We need a maximum ratio for constituency size", March 13, *Malaysiakini*, https：//www.malaysiakini.com/columns/415462, accessed December 2, 2019。

校长批准，大学生不得和任何社团、政党、职工会有任何关系"，"大学生不可支持、同情或反对任何政党"，由此截断了大学生对在野党的支持。①

其二，马来—伊斯兰垄断的国家文化政策。作为国族整合的第一步，国家最高元首在 1970 年 8 月 31 日的国庆日演讲中颁布了"国家五大原则"（Rukun Negara）。以作为国家的意识形态（national ideology），② 这五大大原则是："信奉上苍、忠于君主和国家、维护宪法、尊崇法治及培养德行。"③ 以"协助塑造一个真正强大、进步和团结的马来西亚国族"④。为了包容国内不同的信仰群体，此原则仅鼓励国民信奉"上苍"（*Tuhan*）。但此原则的精神仍然不言而喻，"以国家原则强调宪法中有关君主立宪制度及马来特殊地位绝不可侵犯。换句话说，国家原则很坚决但含蓄地肯定了马来西亚就是马来人的国家"⑤。在国家原则颁布不久，巫统在 1971 年 8 月 16 日所资助的国家文化大会

---

① 以上见《大专法令》第 15（2）、第 15（3）和第 15（4）条，至于触犯大专法令的大学生，最高可被罚 1 千元或监禁 6 个月或两者兼施。多年来学界皆要求废除此法令，2008 年 8 月马来西亚砂拉越大学第一副校长穆罕默德·查瓦威·伊斯迈（Dr Mohamad Zawawi Ismail）就表示此法令扼杀了学生的成长和思想，应加以废除，但当年提案此法令的马哈蒂尔（按：时任教育部长）则表示："今天我们的大学生仍然被有心人利用进行示威，为了保护大学生免于政治的干扰，大学法仍有存在的必要。"见 Chan Kok Leong, "UUCA amendments half baked", August 16, 2008, *Malaysiakini*, http：//www.malaysiakini.com/news/87940, accessed November, 11, 2018。

② Gordon P. Means, *Malaysia Politics：The Second Generation*, pp. 12 – 13.

③ 马来原文："Kepercayaan kepada Tuhan, Kesetiaan kepada Raja dan negara, keluhuran perlembagaan, kedaulatan undang-undang, kesopanan dan kesusilaan."

④ Tun Abdul Razak, "Tekad Order Baru：Ucapan di Perhimpunan Khas Pemimpin-pemimpin UMNO, Dewan Bahasa dan Pustaka, Kuala Lumpur, September, 22, 1970", pp. 72 – 73.

⑤ 杨建成：《马来西亚华人的困境》，台北文史哲出版社 1982 年版，第 243—244 页。

规定国家文化必须：一、以本地区的原住民文化（indigenous culture）为核心；二、其他适合及恰当的文化元素可被接受为国家文化的元素，但是必须符合第一项及第三项的概念才会被考虑；三、伊斯兰为塑造国家文化的重要元素。① 为配合国家文化的伊斯兰化，巫统政府于 1974 年成立了马来西亚伊斯兰宣教基金会（*Yayasan Dakwah Islamiah Malaysia*，YADIM），以"统整所有伊斯兰宣教团体"以及"提升穆斯林社会对伊斯兰的理解"②。

其三，马来人优先的教育政策。首先，1971 年巫统政府不顾马来族群教育水平低落的客观事实，宣布实施大学入学的配额制，全国大学的入学名额须严格地按全国族群人口比例来分配，而非只以学业成绩作入学资格的考虑，此举固然使国内大学快速提高马来学生的录取名额，但却也加重了非马来学生入学的困难；③ 其次，开始限制华文、印度文等非马来文学校的发展并逐步废除国内所有的英语学校；④ 再次，提供大量优厚的海外升学奖学金于全国众多成绩优良的马来学生出国深造；最后，在 1976 年

---

① Harold Crouch，*Government and Society in Malaysia* Crouch，1996，p. 166.

② Ab. Aziz Mohd. Zin. ed，*Dakwah Islam di Malaysia*，Kuala Lumpur：Akademi Pengajian Islam Universiti Malaya，2006，pp. 140 – 141.

③ 1963 年全国马来西亚大学生土著仅占 20.6%，1970 年虽提高至 39.7%，但这对占马来西亚人口六成的土著而言，是一种难堪的局面，亦不符合马来统治的现况。在实施配额制后，1980 年马来西亚全国大学生马来人增为 67%，1988 年更增为 70%，已经远远超越土著的人口比例，这种大幅度保障马来土著入学的机制，影响了大学录取的公平竞争性，对非马来人学生而言，也是一种变相的排挤。见 Harold Crouch，*Government and Society in Malaysia*，pp. 187 – 188。

④ 为了安抚马来人的情绪，巫统政府在 1969 年 7 月 11 日就宣布把英语小学的教学媒介由英语转为马来语，并在 1975 年宣布将全国所有的英语中学逐步改制为马来语中学（按：当时的教育部长正好为马哈蒂尔），至 1980 年马来西亚英语中学的全面改制宣告完成，英语学校在马来西亚不复存在。见柯嘉逊《马来西亚华教奋斗史》，华社资料研究中心 1991 年版，第 115—129 页。

立法设立一所百分百马来人或原住民就读的综合型国立大学。①

其四，也是影响最为深远的，就是马来人优先的经济政策。1971年7月巫统政府在国会提出第二大马计划（1971—1975），其中包括为期20年的"新经济政策"（New Economic Policy, 1971—1990），根据敦拉萨的说法，这个政策主要乃追求两个目标："不分族群消除所有马来西亚人的贫穷"以及"重新整顿马来西亚社会"；后者的意义是"以降低城乡差距的方式来纠正各族群间的经济不平衡"，"创造一个马来人工商业社会"以及"消除个别族群和单一经济活动挂勾的印象"。②

这个新经济政策在实践上就是透过各种立法和措施把国家的财富重新分配，以转移到马来人的手上。其最具体的政策目标首先就是在20年内尽可能提高马来人的平均所得，将马来人在上市股票公司的股权比例由1970年的2.4%提高至1990年的30%，再来就是提高马来专业人士和工商团体的数量和提高马来人都市人口之比例。其具体的实践方法如下：

其一，以立法来给予土著优惠：如规定土著买房子的价格必须少于非土著6%—10%；③ 1975年立法强制全国的上市公司

---

① 这个法令是 *Universiti Teknologi MARA Act 1976*（Act 173）。这所大学简称 UiTM，在全马来西亚拥有多个分校，是全国学生人数最多的大学，学生必须百分之百是土著。2008年8月人民公正党（PKR）籍的雪兰莪州务大臣 Abdul Khalid Ibrahim 呼吁为促进族群融合，提升马来人竞争力，应开放至少10%的名额给非马来人，立即引起亲巫统的报章《马来西亚前锋报》（*Utusan Malaysia*）的强烈批评，说其"蔑视马来人的权益"，该大学数千名马来大学生也在8月13日至15日进行游行抗议以反对让非马来人就读。见"UiTM Terbaik walau Hanya Bumiputera", *Utusan Malaysia*, August 16, 2008, A5.

② Tun Abdul Razak, "Dasar Ekonomi Baru: Siaran Akhbar, May 27, 1971", in *One Nation, One Vision-Malaysia*, Kuala Lumpur: Permodalan Nasional Berhad, 2007, pp. 114–118.

③ Edmund Terence Gomez, "Affirmative Action and Enterprise Development in Malaysia: The New Economic Policy, Business Partnerships and Inter-Ethnic Relations", *Kajian Malaysia: Journal of Malaysian Studies*, Vol. 21, No. 1 & 2, 2003, pp. 59–104.

必须要有30%的土著股权和土著员工名额。①

其二,以政策手段如扶持土著的大型企业来全面提升土著的经济实力,如1974年订定《石油发展法》(*Petroleum Development Act*, *PDA 1974*)设立国营石油公司(Petronas),规定由其垄断未来所有新油田的开采权;② 国家的发展计划只开放土著公司招标,③ 设立其他大型土著财团并提供它们特许、专利权或垄断性的执照如交通营运权、土地开发权等以增加土著的财富,提供土著优惠的都市迁移方案,④ 收购民办银行将其转化为官股

---

① 此法令就是著名的《工业协调法令》(*Industrial Coordination Act*, *1975*)。

② 在1974年《石油发展法》(*Petroleum Development Act*, *PDA 1974*)下,全国新开采的油田将由马来西亚新设立的国家石油公司(Petronas)垄断,而国油公司旗下的加油站皆为马来人公司。

③ 虽然如此,大部分的土著公司在得标后仍外包给华人企业负责经营,许多华商开始拉拢马来企业挂名申请承包计划,或透过委任巫统政治人物的姻亲等合组公司以取得工程合约,形成一种华人和土著互利互惠的情况。

④ 在这里有原先就在1966年成立,专司教育贷款、投资经营和乡村交通与建设计划的人民信托理事会(MARA),成立于1969年11月29日,通过建立批发和进出口经营权来协助土著中小企业的国民集团企业(Perbadanan Nasional Berhad, PERNAS),成立于1971年11月12日,协助在都市规划土著的工厂、商业发展以及提供土著集体的信托单位累积土著资金的都市发展局(Urban Development Authority, UDA),以及1979年成立,专司累积土著股权的国民资本公司(Permodalan Nasional Berhad, PNB),其旗下有两大集团,即1979年成立的国民信托基金(Amanah Saham Nasional Berhad, ASNB),其以低利率货款方式或廉价出让上市公司股权等的方式扶助土著中小企业;以及1990年成立的土著信托基金(Amanah Saham Bumiputra Berhad, ASB),以低价的方式将上市和非上市公司股权转让于土著。在这各项措施下,1980年代土著的资本累积大幅提升。到了1992年,国民资本公司(PNB)在吉隆坡所有上市公司的股权达226.45亿马币,在股权总额上仅次于财政部旗下的财政控股公司(Khazanah Nasional Berhad)。后者一共拥有621.96亿的股权。见Ariffin Omar, "Origin and Development of the Affirmative Policy in Malaya and Malaysia: A Historical Overview", *Kajian Malaysia*: *Journal of Malaysian Studies*, Vol. 21, 2003, pp. 13 – 29; Edmund Terence Gomez and Jomo K. S., *Malaysia's Political Economy*, pp. 38 – 39。

银行以贷款给土著企业,① 设立官方机构以收购股权并将之低价移转至土著身上等。②

马哈蒂尔1981年上台后,于1983年进一步推行国营企业私营化政策,对大型国企进行股份的重分配,如此更进一步塑造了大批的马来巨富。③ 这些马来股商,成为支持巫统政权的支柱。此外,巫统也在1972年10月2日设立了一个党营事业——舰队集团(Fleet Holding),此集团通过对各种工程的垄断在20世纪80年代发展成国内主要的财团。④

---

① 1966年马来西亚官方成立一个专门扶助土著企业的银行土著银行(Bank of Bumiputra)。1976年马来西亚最大的银行马来亚银行(Malayan Bank)被官股公司收购,其他华人资本银行也陆续被收购,华资银行从1970年超过14家,锐减到1990年的8家,2006年随着南方银行被收购之后,就仅剩两家,即大众银行和丰荣银行。其余银行均属土著资本银行。见Edmund Terence Gomez, "Affirmative Action and Enterprise Development in Malaysia", 2003, pp. 59-104。

② 马哈蒂尔在1994年透露,光国家资本公司(PNB)在1977年至1994年就"一共将总值4百亿的股票提供给超过3百万名的土著"。这个金额不可谓不惊人,因1994年马来西亚只有约1200万名土著,也就是说,全国每四位土著就有一位获得政府信托单位提供的股票。见Mahathir Mohamed, "Hapuskan Politik Wang: Ucapan di Perhimpunan Agung Khas UMNO, Jun. 19, 1994", in Wan Mohd. Mahyiddin & Hj. Nik Mustaffa Yussof eds., *Amanat Presiden*, Vol. 2, Kuala Lumpur: Fajar Bakti., 1997, pp. 567-577。

③ 以上来自马哈蒂尔的演讲,他进一步说:"现在即使发生族群暴动,被烧的奔驰、劳斯莱斯汽车有可能是马来人本身的",依他的逻辑,新经济政策透过提升马来人的财富保障了社会的稳定。见Mahathir Mohamed, "Hapuskan Politik Wang: Ucapan di Perhimpunan Agung Khas UMNO, Jun 19, 1994", pp. 567-577。

④ 舰队集团旗下独占南北大道经营权的马友乃德公司(United Engineers Malaysia Bhd.)承揽了全西马来西亚绝大部分高速公路的工程,全马来西亚高速公路用户至今仍然每天要在全国三百个以上的收费站缴交过路费于该公司,这个庞大的过路费成为巫统重大的收入。截至2000年,以股市总额计,舰队集团旗下的玲珑集团是马来西亚排行第16位的财团。见Edmund Terence Gomez, "Capital Development in Malaysia", pp. 74-140; Jamaie Hamil, *UMNO dalam Politik dan Perniagaan Melayu*, pp. 124-125。

到了 1990 年，土著在股票市场的总资本额已提升至
19.2%，在新经济政策下，不但产生了一大批的马来中产阶级
和专业人士，① 大幅增加了马来人的都市人口，亦提升了马来族
群的所得与教育水平。在马哈蒂尔而言，这全是"来自巫统和
巫统领导的政府之努力与功劳"②。之后马哈蒂尔以新经济政策
仍未达到预期目标为由而 1990 年以 10 年为期的国家发展政策
（National Development Policy，NDP）为名，2000 年复以 10 年为
期的国家宏愿政策（National Vision Policy，NVP）为名而继续
延长新经济政策的主体内容。

2006 年 11 月副财政部长阿旺·阿迪博士（Awang Adek
Hussin）透露，若把专门扶助土著的国营企业的股权纳入计算，
2005 年马来人拥有吉隆坡股市所有股权的 36.54%，唯若根据
全国 717935 注册的公司来计算，马来人仍然"只控制全国的
24% 公司"，因此毫无疑问新经济政策仍要持续。③ 2008 年 3 月
8 日以华人为基础的在野党民主行动党（DAP）首次执政槟城

---

① 1970 年至 2000 年，马来/土著族群的专业人士数量增加了 10 倍，华人和印度人只分别增加 6 倍和 5 倍。见 Shyamala Nagaraj and Lee Kiong Hock,"Human Resource Development and Social Reengineering: Which Part of the Field Are we Levelling?", in Jahara Yahaya, Tey Nai Peng, Yeoh Kok Kheng eds., *Sustaining Growth, Enhancing Distribution: The NEP and NDP Revisited*, 2003, pp. 16 – 70。

② Mahathir Mohamed,"UMNO Pembawa Perubah: Ucapan di Perhimpunan Agung UMNO, November 5, 1993", in Wan Mohd. Mahyiddin & Hj. Nik Mustaffa Yussof eds, *Amanat Presiden*, Vol. 2, pp. 548 – 566。

③ 以上乃根据他在国会透露的信息。又，吉隆坡股市上市公司一共有 918 家，他的统计乃根据土著股权最初的面值（par value）来计算。唯亚洲策略与领导学院（Asia Strategy and Leadership Institute, Asli）在较早时根据所有上市公司的股票"市值"来计算，事实上土著拥有的股权已经高达 45%，但副财政部长认为是项统计不能作为"参考"。见 Beh Li Yi,"Gov't Bumi Share Ownership at 36.6%", *Malaysiakini*, Nov. 7, 2006, http: //www.malaysiakini.com/news/59162, accessed May 1, 2008。

州，新上任的首席部长林冠英就提出逐步"废除新经济政策"，将所有政府的工程公开招标予各族企业竞争，此举引发巫统发动马来族群的示威，并报警指林氏触犯《煽动法令》。① 从此之后，马来西亚再也没有任何重要的政治人物公开质疑扶助马来人和土著的政治规划，可见从 1971 年开始实施新经济政策的近40 多年来的时光，这种补助特定族群和财富重分配的政策如今已经深入官方和私人各界，已成为不变的惯例，② 而作为一个巩固马来主权的指标性政策，新经济政策至今仍然深入马来民心，并成为巫统政府对抗在野党的利器。即使到了 2018 年国阵政府垮台之后，上述新经济政策的大部分措施仍然延续。事实上，由于国家已经长期制度化地扶持马来人和土著，面对大批的马来选民，任何政党上台，也都不敢放弃这个惯长做法，以免被指责保护马来人不力。

学者旺哈欣认为，以上一系列国家整合的改革（the integrative revolution）就是要在马来西亚重新塑造马来政治霸权（Malay political hegemony），③ 柯嘉逊认为就是"五·一三"事件后恐怖和压制的气氛使新的政府可以推介一系列马来人中心的经济、教育和文化政策，这些政策是新兴马来统治阶层赢得马来大众支持的关键，也成为新兴马来资产阶级攫取资

---

① 此案后来不了了之，相关新闻可见《槟城废除新经济政策，雪州马来人行动机构报警 指林冠英煽动种族情绪》，新加坡《联合早报》，2008 年 3 月 12 日，http://www.zaobao.com/special/malay/pages/my2008elect080316.shtml，上网检视日期：2018 年 8 月 10 日。
② Lee Hwok Aun, "Development Politics, Affirmative Action and the New Politics in Malaysia", pp. 29–52.
③ Wan Hashim, *Race Relation in Malaysia*, p. 97.

本的方式。①

时间来到 2016 年 9 月 8 日，长期执政的巫统出现了空前的大分裂，已经在 2003 年从首相一职退休的党国元老马哈蒂尔，自创另一个标榜马来民族主义，只限马来人和原住民入党的土著团结党（Parti Pribumi Bersatu Malaysia，PPBM），并很快加入之前由三大在野党人民公正党（Parti Keadilan Rakyat，PKR）、民主行动党（DAP）和国家诚信党（Parti Amanah Negara）在 2015 年 9 月组成的希望联盟。四党组成的联盟选择由马哈蒂尔领军，在 2018 年 5 月 9 日的全国选举前夕，希望联盟再和沙巴州的地方政党沙巴民族复兴党（Parti Warisan Sabah）结盟，一举赢得全国国会 222 议席的 121 席次，成功推翻了巫统所领导的国阵政府，完成了马来西亚自独立建国以来首次的政党轮替。92 岁高龄的马哈蒂尔再度出任首相一职，新任首相大量任用非马来人出任各个部会首长，令人耳目一新，唯除财政部长一职外，关键的部会首长如国防部，教育部、内政部、经济部和乡村发展部等仍然由马来议员担任，事实上马哈蒂尔除了任命民主行动党秘书长林冠英为财政部部长，打破了自 1974 年以来该首长职由马来人担任的惯例之外，其余各种优待马来土著，强调马来人领导主权的方针和政策仍然沿袭以往。

2020 年 2 月 29 日，土著团结党的二号领袖慕尤丁（Muhyiddin bin Haji Muhammad Yassin），联同人民公正党二号领导阿兹敏阿里（Mohamed Azmin bin Ali）双双带领大批国会议员出走，和原先的在野党巫统领导的国阵、伊斯兰党以及砂拉越

---

① Kua Kia Soong, *May 13: Declassified Documents on the Malaysian Riots of* 1969, p. 123.

和沙巴的政党，以促成马来人和原住民大团结为由，成功推翻马哈蒂尔领导的希望联盟政府，组成了国民联盟政府（National Alliance），并由慕尤丁担任新一任的首相。马来西亚政局，又回到右倾民族主义政党和伊斯兰民族主义政党合作的局面，这是以上两大政治源流继巫统成立、国阵成立之后的第三次合作，如前所示，基于前两次的合作没几年就不欢而散的先例，这两大民族主义源流彼此之间，不论是教育背景、生活方式、社经地位，还是思维方式，皆有很大的歧见，这些歧见在一些马来社群甚至世代相传，从战后至今至少历经三代，要说融合，亦不容易，如果面对共同的敌人，以维护马来民族和原住民大团结为理由，这些歧见自然可以暂时隐藏，但一旦合作掌权，它们很可能就会浮上水面，成为下一波冲突的导火线。[①]

从马来西亚建国以来政治发展来看，不管马来西亚政府是由哪一个政党，哪一个阵营执政，马来民族主义主导的政治格局仍然根深蒂固，马来领导权至上的体制仍然将会持续下去。但因为国家严格区分马来人/土著和非马来人/非土著的民族政策，国内为数庞大的非马来人事实上也难以被同化成为马来人，马来西亚未来的数十年，仍然是马来人和非马来人合作又竞争的态势发展下去，对马来西亚而言，国族整合之路，仍然是一条漫漫长路。

[①] 关于巫统和伊斯兰党两党之间理念分歧的进一步讨论，可参考陈中和《马来西亚伊斯兰政治——巫统和伊斯兰党之比较》，新纪元学院族群研究中心、策略资讯研究中心2006年版，第89—318页。

第九章

结语:对马来民族主义运动的
总结与反思

马来半岛地处海上丝绸之路的要道,在西方殖民主义兴起之前,就已经是印度文明、中国文明和伊斯兰文明汇聚之地,半岛上的马来邦国也和迁居到此地的印度、中国人和平相处,马来统治者们自13世纪开始陆续信奉伊斯兰教后,一个以马来伊斯兰君主制为中心的社会传统逐渐建构起来,同时也塑造了各邦马来穆斯林社会的文明认同。

马来学者 A. B. 山苏认为一群社会成员的身份认同,可分为"权威界定的认同"(authoriy-defined identity)和"日常生活界定的认同"(everyday-defined identity),"权威界定的认同"是一种从上而下所建构的身份认同,其主要内容来自社会的权威者如社会领袖和知识分子的诠释,而"日常生活界定的认同",是人们在经由日常生活的实在体验所建构的身份认同,属于一种庶民百姓的认同,也是一种在地化的认同表述。① 对马来族群而言，由于他们散居各邦，属于不同的君王所统治，因此从来没有出现过一个泛马来亚的民族主义，等到英国殖民在1874年全面接管马来半岛各邦后，一方面在当地积极实施英国的法律制度和管理体系，另一方面也透过西方文化的输入和教育的普及，启迪了马来社会的民智，一种由英国人和马来统治上层所诠释与规范的"权威界定的认同"逐渐起了影响作用，一种泛马来化的民族认同才逐渐地建构起来，各邦的马来族群开始拥有一个跨地域的马来民族认同。

由于伊斯兰主义和社会主义的传播，传统阶层化的马来封建社会也出现了变化，长期处于下层的平民阶级也意识到马来社会不能只有以服从君王和贵族为中心的封建主义，加上殖民经济并没有让广大的马来平民受惠，20世纪初期马来社会的阶级矛盾也逐渐升高。

由于非马来人的大量输入，不论是他们强大的经济实力，还是庞大的人口数量，都让马来人出现了前所有未有的危机感，由于英殖民者对马来亚各族群长期实施居住分化、教育分化、职业分化和公民政策分化的分而治之方针，使早已在马来亚落地生根的各个族群，除了经济场域之外，各自皆生活在权威者所建构的围城当中，各族群彼此之间也缺乏交流，这种以华人、马来人、印度人作为界限的族群分化政策，一方面使"我方"对"他者"的刻板印象日益清晰，我方和他方的识别也日渐明显，族群的不安感，他者的威胁也就日渐真实，促使太平洋战

---

① A. B. Shamsul, "Identity Construction, Nation Formation, and Islamic Revivalism in Malaysia", in Robert W. Hefner, Patricia Horvatich eds., *Islam in an Era of Nation-States: Politics and Religious Renewal in Muslim Southeast Asia*, University of Hawai'i Press, 1997, pp. 207 – 228.

争前马来人社群出现了不同程度的民族自强和自救运动,唯基于不同的出身背景,不同的生活经验和教育环境,20世纪初马来社会的民族自救运动发展成三种不同倾向的民族主义,即主张伊斯兰立国的伊斯兰民族主义,主张马来传统精英统治,右倾的民族主义和主张国族融合,左倾的民族主义。

诚然,马来人的政治觉醒主要是面临其他族群强大的挑战下所产生的反应。大体而言,战前英国分而治之的政策有效降低马来人和华人冲突的可能,也成功维系了马来人的顺从态度。然而日本殖民统治却改变了这一切,日本占领马来亚,除了在当地一举打破了大英帝国不可战胜的神话之外,还导致当地产生两个重要的现象。首先,战前马来亚社会内存在已久的阶级矛盾在日本的统治下,逐渐由族群和宗教的矛盾所取代,使马来人和华人的关系空前紧张,大战前华人威胁论的出现,大战期间马来人和华人的族群冲突,让马来族群的民族主义迅速发展成一种排斥其他族群,只强调马来民族立国的族国主义运动;其次,日本对马来人大规模实施军事训练和管理,组织马来人的兵团强化了马来社会的动员和组织能力。让英国人在1945年回来实施马来亚联盟计划时,马来社会迅速出现了前所未见的大规模抗争,这种史无前例的抗争和动员对英方形成前所未有的压力,最终导致英方选择妥协与退让,让马来政党主导了马来亚的建国进程。

当民族自救、民族建国高于一切,加上英国人的有意扶持,在战后推动独立建国的时期,保守、右倾的马来民族主义透过其代言政党巫统,快速压倒了左倾的民族主义和伊斯兰民族主义,而最终成为马来亚建国的主导力量。然而在和平建国的协商过程中,基于马来人自身相对弱势的经济地位和人口数量,以及英国殖民当局的外在干预,他们不得不透过族群政党之间的政治协商,与非马来人取得妥协,以逐步开放出生地原则的公民权予非马来人,来换取非马来人认可马来人领导和伊斯兰为国家宗教的宪政体制。

在立国的宪政规划上,为了彰显马来统治和马来领导主权,马来族群政党巫统在宪法订下一条马来民族认同的"权威标准",为马来族群塑造一个官方定义的族群边界以和非马来人作区隔。而这种民族归属的检验标准就是伊斯兰、马来语言与马来文化习俗。在其中伊斯兰成为马来人和非马来人最为鲜明的分界,这也就长期影响了非马来人对伊斯兰的观感,也同时影响了马来人本身对伊斯兰的认知。

对马来人而言,马来西亚就是传统马来伊斯兰国家的延续,它是一个由马来民族主义而生成的国家,对非马来人而言,马来西亚却是所有族群共同协商而打造出来的新生国家,而这种透过族群代言政党协商建国的过程,促成了马来族群优先的宪法制度,但也促成一个以多元族群的国民为基础,各个族群代表政党联合共治的政治格局。因此在现行的体制下,马来西亚的建立与发展,必须考虑其他族群代言政党的意见,也必须以照顾国内所有的族群为考虑,而非完全独厚马来人。

对此,已故马来著名政论家鲁斯坦·A. 沙尼(Rustam A. Sani)在他的著作《马来民族主义何处去?》就很透彻地陈明若马来民族主义是以塑造马来民族国家为目的的,则马来西亚独立时三个族群政党联合主政的体制就注定了马来国族主义是一个失败的国族主义:因为这个体制不仅维系了殖民时期族群分化的社会,而且还创造了一个将国家民族严格定义为马来/土著族群和非马来/土著族群的宪政制度,且对他们实施若干的差别待遇。① 此举不但影响了族群平等，也使得马来西亚的国族整合之路受到很大的挑战。

换言之，右倾马来民族主义者成功推动马来西亚独立建国，并没有真正达到他们族国主义的建国目的，他们只妥协性地建立一个将国民一分为二，名义上的马来民族国家。他们也把当初所恐惧的对象，人数众多的非马来人纳为国家的一分子，还让他们分享统治大权，这也不是马来族国主义原先的建国目的。在建国成功后，马来民族反而抗拒族群同化，努力巩固族群边界以维持一个在族群共治下，马来族群领导的体制。在这个情况下，开国领袖如东姑阿都拉曼等对族群同化的国族主义观，纵然有所支持，亦是消极的。因为担心破坏马来人固有的文化特质，马来人不愿意同化非马来人，反之非马来人也抗拒被马来人同化，如此一来各自的族群都徘徊在"族群优先"或"国族优先"的命题中打转，国家就在这种族群竞争又合作的态势下发展下去，因此所谓的国族，变成一个文化基础薄弱，只有在国庆等的重大节日，体育竞技的场合，或面对外在的威胁时才会出现的马来西亚意识。

在此必须指出，这种明显独厚某个主流族群，却又防堵其他族群加入主流族群的体制就是马来西亚国族整合的最大障碍，也是导致族群霸权统治的根本原因。唯对于开国政党巫统而言，它协助催生了一个马来主权的宪法，并以捍卫马来族群领导权自居而在马来族群中取得不可动摇的统治正当性，即使巫统/国阵政府在2018年垮台，新上台的政党联盟——希望联盟，以及之后在2020年执政的国民联盟事实上也沿袭此种论述，以捍卫

---

① Rustam A. Sani. *Ke Mana Nasionlisme Melayu*, p. 7.

马来领导权自居。

事实上，单一族群政党只有在多元族群，且族群间处于竞争的状态下才能发挥其合理的影响力，换言之，若在一个族群高度融合的地区，以个别族群效忠为要求的单一族群政党也就没有存在的价值。因此可以说马来西亚各个族群完全的融合即是族群政治，族群领导权的终结。

在这个背景下，马来西亚在1957年建国之后，它拥有了一个马来领导的宪政体制，并由一个强调马来民族主义的执政党长期执政，随着时间的推移，"五·一三"事件之后，我们看到不是多元族群融合成单一国族的国族整合，我们看到的却是独厚马来人利益的马来领导权日渐在各个领域中得到加强与巩固，马来人和非马来人之间的差别待遇也日渐深化，反之，持续被边缘化的非马来人却无法被同化为马来人，凡此种种，导致马来西亚多元族群之间的国族整合仍然充满艰困。由于马来族群政党仍然主导马来西亚政治，直至今日，强调马来人大团结，马来人特权以回应非马来人威胁论的说法，仍然大有市场，社会上各种现实的问题如贫富不均，经济低迷等的问题反而被忽视。

谈到马来西亚的国族整合之路，也许我们可以从马来西亚"独立之父"东姑阿都拉曼的主张找出一些线索。审思东姑阿都拉曼的主张，我们可以发现如同其他保守、右倾的马来民族主义者，早期东姑阿都拉曼的国族论述是相对狭隘排外的，他以国内某个居于优势地位，在数量上却是居于少数的"外来族群"为目标来号召己身的族群起来反抗，进而达成建国的目的，这种操作无疑是成功的，他的主张使他能够在建国期间赢得马来族群的支持，进而取得开国领袖的不朽地位。在成功建国之后，东姑阿都拉曼的国族论述出现了根本性的转变，因为他意识到他不但是马来族群的领袖，也是全国所有族群的国家领袖，因此他开始对国内的其他族群展现更大的包容。这种国族论述的转变，就是将族群整合的目标以一族为主体的"族国"变更为以全体国民为主体的"国族"。而这个国族的构造，就是对马来族群赋予适度的权利保障之余，也对所有国民强调族群共治，权力分享的国族主义，这种国族主义观，可以说是济弱扶倾，互助合作，进而尊重多元，异中求同，以打造一个共有的"马来西亚意识"。因此终东姑阿都拉曼担任马来西亚首相的期间（1957—1970），马来西亚对马来人特权保护的实施，一直都是谨慎地执行，以避免国家的过度干预，而造成对国内的经济和社会发展产生过度的冲击。

尽管对族群同化的态度是消极的，东姑阿都拉曼始终相信多元族群、多元宗教能够在一个宪法，一种官方语言的架构下永久和平地生活。这样的治国理念，大幅减弱了族群霸权统治的色彩。唯这个透过族群政党共治，让各族群分享权力的政治形态在他下台，国家出现一个巫统一党独大的体制后已名存实亡。在被边缘化却又难以被同化的效应下，非马来人社群各自的族群认同反而比东姑阿都拉曼执政的时代更加巩固。如果马来族群的执政党不实践东姑阿都拉曼时代族群共治的精神，不准备和非马来人适当分享更多的权力，则强调全民认同的"马来西亚意识"仍然是一个脆弱的空中楼阁，马来西亚的国族整合之路依然充满艰辛。

正面而言，我们可以参考马来西亚国父东姑阿都拉曼强调族群共治，不强求同化的"国族观"。这个观点并不要求个人为国家负担沉重的文化使命，个体仍然可以维持他自身族群的文化认同，乃值得其他多元族群国家所仿效，但它必须具有高度的忍让和妥协，以及一个国家意识的精神。其实东姑阿都拉曼在他撰写的《独立宣言》之中，早就揭示了马来亚就是以为"人民的基本人权和自由，为他的人民谋取福利和幸福"为目的,[①] 如果马来西亚真正实践东姑阿都拉曼的理想，回复建国初期族群共治，强调民主宪政的环境，落实保障全民的制度，使"族群优先"让步于"国族优先"，则一个超越族群、宗教，全民共有的国家意识，将会自然而生。

诚然，按照当代民主国家的基本原则，国家是属于全体公民，而非某一族群或某一宗教所能够垄断，马来西亚已经独立了60余年，华人和印度人的移民潮早就在20世纪30年代基本结束，马来西亚当局也应正视绝大多数的非马来人都在马来西亚土生土长，当中许多更已经繁衍数代的客观现实，非马来人和马来人都是马来西亚的命运共同体，过度强调族群差别待遇，却忽视国民待遇的国家政策，对巩固全民的国家认同，无疑有一定的伤害性。

在可预见的未来，随着独立后60多年来马来人人口比例逐渐上升，非马来人的人口比例持续下降，非马来人根本难以挑战马来人对这个国家的主导地位，主张马来人大团结，以防止非马来人威胁的论述随时间的推移，也将越来越苍白无力，越来越难以自圆其说，因此马来人社会内不同党派的多元竞争，将是未来马来西亚政治必然出现的发展趋势。[②] 事实上，实施新

[①] 《马来亚独立宣言》的全文可参考东姑阿都拉曼的自传。见 Tunku Abdul Rahman Putra Al-Haj, *Looking Back: Monday Musings and Memories*, p. 96。

[②] 2010年马来人和其他原住民已经占总人口的67.36%，比起1957年独立时期的49.8%，已有大幅的增长，非马来人的比例已从50.2%大幅降至32.64%，相关内容请回看导言。

经济政策之后，马来社会也出现了不少富裕阶层，作为国内多数族群的马来人，在未来其人口比例将会越来越高，基于资源有限的道理，对马来族群的各项扶持，应以真正补助少数的弱势群体为目标，否则长期大规模贴补支持大多数的人，不但会排挤真正需要扶助的少数弱势群体，也会拖累国家的财政规划，妨碍国家的进步。

最后，主导马来西亚的马来族群政党如果仍然强调非马来人的竞争力和威胁，固然可以有效团结马来族群，合理化族群偏差的政策，但长期下来却也在马来社会间制造了自我矮化的自卑情结（inferiority complex），诸如一旦将马来人和华人置放在公平的平台下竞争，马来人将不如华人，或一旦取消马来人的种种保障和优惠，马来人将被边缘化等的论调成为马来社会里头的流行论述。这种说法无疑让主张以人种差异来为文明判定优越（superior）或低等（inferior）的说法借尸还魂，它不但严重乖离事实，也深深地伤害了马来族群的自尊。

对此，马来学者阿斯鲁·查曼（Asrul Zaman）指出，许多马来人仍然认为他们不比其他族群来得更有能力，当他们和勤奋和认真刻苦的华人相比较时，他们更被办不到的心理（cannot do mentality）束缚，而对自己的能力毫无信心。他更进一步指出，马来人的孩子生长在缺乏强调创业精神和企业成就的环境，因此过去马来人比其他族群来得更不成功，而当他们发现非马来人往往在学校中的考试名列前茅时，更容易相信华人比他们更为聪明。① 因此不少新生代的马来知识分子意识到这些只优惠

---

① Arrul Zamani, *The Malay Ideals*, Kuala Lumpur: Golden Books Centre Sdn Bhd., 2002, pp. 241 – 242.

单一族群的政策事实上会产生各种负面效应，主张应解散族群性政党主政的政府，朝向全民国家的概念。

换言之，任何扶弱和补助，必须有一个适当的程度，否则不但改变不了弱势，反而让弱势更加自我矮化，培养出一种惯性的依赖心理。对此马哈蒂尔多次警示，马来族群应该自力自强，培养良好的工作态度和金钱管理，而不是不思长进，惯性地依赖补助政策（affirmative action），长久以往，马来人将会成为如美国原住民一样，变成一个永远依赖他人的民族，这对整个民族都将会一个灾难。然而，面对已长期习惯马来特权体制的马来社会，这种改变也不是一朝一夕可以办到的，马哈蒂尔认为，这就是马来人的新困境（new Malay dilemma），即使马来统治已经确立，但马来人却仍然无法真正的自力自强。① 究其因，当代马来西亚的政治和经济，马来人已经是无可讳言的主导者，除了马来人自己之外，在国内没有人可以撼动这种主导的地位，因此马来民族主义必须反省自身的不足，从受害意识中走出，从恶性的斗争转为良性的竞争，从族群国家转为全民国家，才能真正从过度依赖的泥沼中脱离，走出一个民族自信和自强的道路。

---

① 相关的讨论，可见 Mahathir bin Mohamad, *A Doctor in the House*：*The Memoirs of Tun Dr Mahathir Mohamad*, pp. 229 – 237。

参考文献

中文参考文献

［马］马哈蒂尔（Mahathir Mohammad）：《马来人的困境》，刘鉴铨译，吉隆坡世界书局（马）有限公司1981年版。

［马］穆罕默德·沙烈·兰利（Mohamed Salleh Lamry）：《马来西亚马来左翼运动史》，谢丽玲译，策略资讯研究中心2007年版。

［美］艾尼斯特·葛尔纳（Ernest Gellner）：《国族与国族主义》，李金梅，黄金龙译，台北联经出版事业股份有限公司2001年版。

［美］班纳迪克·安德森（Benedict Anderson）：《想象的共同体：民族主义的起源与散布》，吴叡人译，台北时报出版社1999年版。

［美］哈洛德·伊萨克（Harold R. Isaacs）：《族群》，邓伯宸译，台北立绪文化事业有限公司2004年版。

［美］约翰·雷克斯（John Rex）：《种族与族类》，顾骏译，台北桂冠图书馆有限公司1991年版。

［日］原不二夫：《马来亚华侨与中国：马来亚华侨归属意识转

换过程的研究》，刘晓民译，泰国曼谷大通出版社 2006 年版。

［英］艾瑞克·霍布斯邦（Eric J. Hobsbawm）:《民族与民族主义》，李金梅译，台北麦田出版社 1997 年版。

21 世纪编辑部:《马来亚共产党历史画册》，21 世纪出版社 2012 年版。

曾庆豹:《与 2020 共舞——新马来人思潮与文化霸权》，吉隆坡华社资料研究中心 1996 年版。

曾文福:《霹雳华人矿务公会简史》，《霹雳华人矿务公会 37 周年纪念特刊》，怡保霹雳华人矿务公会 1972 年版。

陈鸿瑜:《东南亚各国政府与政治》，台北翰芦图书出版有限公司 2005 年版。

陈鸿瑜:《民国前中国与东南亚关系史料编注（二）》，台北新文丰出版公司 2018 年版。

陈剑:《马来亚华人的抗日运动》，策略资讯研究中心 2014 年版。

陈平、伊恩·沃德（Ian Ward）和诺玛米拉·弗洛伊德（Norma Miraflor）:《我方的历史》，方山等译，新加坡媒体万事达有限公司 2004 年版。

陈松沾:《日治时期的华人》，林水檺、何启良等编《马来西亚华人史新编第一册》，马来西亚中华大会堂 1998 年版。

陈崇智:《我与一三六部队》，亚太图书有限公司 1994 年版。

陈中和:《马来西亚伊斯兰政治——巫统和伊斯兰党之比较》，新纪元学院族群研究中心、策略资讯研究中心 2006 年版。

——:《当代马来西亚政教关系研究——以伊斯兰法律地位的变迁为视角》，《南洋问题研究》2018 年第 1 期。

——:《太平洋战争前后英日殖民统治与马来亚独立建国运动》，

《世界历史》2018年第3期。

——:《马来西亚穆斯林脱教的法律问题及其影响》,《南洋问题研究》2019年第3期。

崔贵强:《新马华人国家认同的转向1945—1959（修订版）》,新加坡青年书局2007年版。

戴渊:《英属马来亚华人资本主义经济：1900—1941》,南大教育与研究基金会,2018年。

龚晓辉:《马六甲王朝与明朝的朝贡关系》,《韶关学院学报》2009年第2期。

辜瑞荣编:《内安法令（ISA）四十年》,吉隆坡朝花企业1999年版。

古鸿廷:《东南亚华侨的认同问题》,台北联经出版事业股份有限公司1994年版。

何国忠:《独立后华人文化思想》,林水檺、何启良、何国忠等合编《马来西亚华人史新编第三册》,马来西亚中华大会堂1998年版。

——:《马来西亚华人：身份认同、文化和族群政治》,华社研究中心2002年版。

何启良:《面向权威》,吉隆坡十方出版社1995年版。

华社资料研究中心编辑部:《马来西亚种族两极化的根源》,华社资料研究中心1987年版。

黄明来:《一党独大：日本和马来西亚政党政治比较研究》,吉隆坡大将事业出版社2003年版。

江宣桦:《自由主义、民族主义与国家认同》,台北扬智文化事业1996年版。

柯嘉逊:《马来西亚华教奋斗史》,华社资料研究中心1991

年版。

柯嘉逊编：《最后的访谈：东姑与达斯对话录》，策略资讯研究中心 2006 年版。

李光耀：《李光耀回忆录》，台北世界书局 1998 年版。

李亦园：《一个移殖的市镇：马来亚华人市镇生活的调查研究》，台北"中央"研究院民族所 1970 年版。

李盈慧：《华侨、国民政府和汪政权的抗日与附日》，台北水牛出版社 2003 年版。

林连玉：《伦敦之行》，林连玉《风雨十八年（下集）》，马来西亚华校教师会总会（教总）1990 年版。

林延辉：《皈依伊斯兰教则成为马来人?》，《文道月刊》1983 年第 31 期。

林一叶：《吉打人民抗英前奏》，足印丛书编委会编《抗英战争和独立：1948—1957》，香港足印出版社 2008 年版。

陆培春：《马来西亚的日本时代：惨绝人寰的 3 年零 8 个月》，马来西亚二战历史研究会 2014 年版。

南宫二：《马华风云卅六年》，吉隆坡大众报有限公司 1985 年版。

丘光耀：《超越教条与务实：马来西亚民主行动党研究》，吉隆坡大将出版社 2007 年版。

铁木：《论联合行动（1947 年 8 月 15 日）》，《马来亚民族运动史料选辑（1945 年 8 月—1948 年 9 月）》下册，马来亚劳工党党史委员会 2009 年版。

王国璋：《马来西亚的族群政党政治》，台北唐山出版社 1995 年版。

王明珂：《华夏边缘：历史记忆与族群认同》，台北允晨文化有限公司 1997 年版。

谢诗坚：《马来西亚华人政治思潮演变》，槟城友达企业 1984 年版。

新马侨友会：《马来亚人民抗日军》，香港见证公司 1992 年版。

许德发：《宪政与族群纠葛：马来亚制宪过程及其族群因素》，魏月萍、苏颖欣编《重返马来亚：政治与历史思想》，策略资讯研究中 2017 年版。

杨建成：《马来西亚华人的困境》，台北文史哲出版社 1982 年版。

杨进发：《新马华族领导层的探索》，新加坡青年书局 2007 年版。

杨培根：《法律常识第九集——宪法》，华社资料研究中心 1993 年版。

张集强：《英参政时期的吉隆坡》，吉隆坡大将出版社 2007 年版。

张连红主编：《日侵时期新马华人受害调查》，江苏人民出版社 2004 年版。

张奕善：《二次大战间中国特遣队在马来亚的敌后活动（1942—1945）》，《东南亚史研究论集》，台湾学生书局 1984 年版。

郑良树：《陈祯禄：学者型的政治家》，何启良主编《马来西亚华人历史与人物：政治篇》，吉隆坡华社研究中心 2003 年版。

周伟民、唐玲玲：《中国和马来西亚文化交流史》，台北文史哲出版社 2003 年版。

朱浤源：《族国到国族：清末民初革命派的民族主义》，《思与言》1992 年第 20 卷第 2 期。

朱自存：《独立前新马华人政治演变》，林水檺、何启良等编

《马来西亚华人史新编第二册》，马来西亚中华大会堂1998年版。

祝家华：《种族威权民主国家的政治反对势力之形成与结盟——大马两线政治的评析（1985—1992年）》，硕士学位论文，台北政治大学，1993年。

中文报章和网络文献

《马联合邦内部组织结构钦差大臣权高于一切》，《南洋商报》1948年2月8日第8版。

《联邦趋向自治之路，当局宣布阁员名单委任状由四月九日起有效》，《南洋商报》1951年3月14日第7版。

《刘伯群辞公民公会会长及马华总会产业受托人称以后只愿为华人福利而工作》，《南洋商报》1956年4月25日第10版。

《陈修信认当局须采取行动对付反马来亚人士，马华公会将大力支持，指出二团代常到台湾去访问》，《星洲日报》1957年4月18日第9版。

《吡州马华会员吁请总会重新考虑清党计划欲与其他民族团结华人自身不容分裂》，《南洋商报》1957年10月18日第10版。

《回教福利理事会秘书说廿五年中五万华人皈依回教，部分是为享受权益而成为土著》，《星洲日报》1985年6月15日第8版。

［马］詹德拉（Chandra Muzaffar）：《改造马来政治文化的挑战》，吴益婷译，《星洲日报》2000年1月30日第26版。

周泽南：《不获同胞体谅，宗教待遇不公：华裔穆斯林陷两难》，《东方日报》2007年2月12日第16版。

《槟城废除新经济政策,雪州马来人行动机构报警 指林冠英煽动种族情绪》,新加坡《联合早报》,2008年3月12日,http://www.zaobao.com/special/malay/pages/my2008elect080316.shtml,上网检视日期:2008年8月10日。

佚名:《印裔7.3%非第三多人口》,《星洲日报》2011年7月30日第3版。

英文参考文献

Abdul Rahman Haji Ismail, 2003,"Bumiputera, Malays and Islam: A historical Overview", *Kajian Malaysia: Journal of Malaysian Studies*, Vol. 21, No. 1& 2.

Abraham, Collin E. R., *Divide and rule: the roots of race relations in Malaysia*, Kuala Lumpur: Insan, 1997; Anthony Reid, 2004.

Abu Talib Ahmad, 2000,"The Malay Community and Memory of the Japanese Occupation", in P. Lim Pui Huen & Diana Wong eds., *War and Memory in Malaysia and Singapore*, Singapore: Institute of Southeast Asian Studies.

Ahmad Ibrahim, 1992, *Towards a history of Law in Malaysia and Singapore*, Kuala Lumpur: Dewan Bahasa dan Pustaka.

——, 2000, *The Administration of Islamic Law in Malaysia*, Kuala Lumpur: IKIM.

Alias Mohamed, 1994. *PAS' Platform-Development and Change 1951 – 1986*, Kuala Lumpur: Gateway Publishing House Sdn. Bhd.

Amoroso, Donna J., 2014, *Traditionalism and the Ascendancy of* the Malay Ruling Class in Colonial Malaya, Singapore: National University of Singapore Press.

Amran Kasimin, 1991, Religion and Social Change Among the Indigenous People of the Malay Peninsula, Kuala Lumpur: Dewan Bahasa Dan Pustaka.

Andaya, Barbara Watson & Leonard Y. Andaya, 2001, A History of Malaysia, 2nd ed, Hampshire: Palgrave.

Andaya, Leonard Y., 2004, "The Search for the 'Origins' of Melayu", in Timothy P. Barnard, Contesting Malayness: Malay Identity Across Boundaries.

Ariffin Omar, 1993, Malay Concepts of Democracy and Community: 1945–1950, Kuala Lumpur: Oxford University Press.

——, 2003, "Origin and Development of the Affirmative Policy in Malaya and Malaysia: A Historical Overview", Kajian Malaysia: Journal of Malaysian Studies, Vol. 21.

Barber, Andrew, 2012, Kuala Lumpur at War, 1939–1945, Karamoja Press.

Bayley, Christopher and Tim Harper, 2005, Forgotten Armies: Britain's Asian Empire and the War with Japan, London: Penguin.

Carnell, F. G. 1952, "Malayan Citizenship Legislation", The International and Comparative Law Quarterly, Vol. 1, No. 4, Oct..

Chandra Muzaffar, 2006, "Foreword", in, Rahman, S. A. Punishment of Apostasy in Islam. Kuala Lumpur: The Other Press.

Chapman, Freddy Spencer, 1954, The Jungle is Nature, London: Chatto & Windus.

Cheah Boon Kheng, 2012, *Red Star Over Malaya*: *Resistance and Social Conflict During and After the Japanese Occupation of Malaya 1941 – 1946*, Singapore: National University of *Singapore Pres.*

——, 2002, *Malaysia*: *The Making of a Nation*, Singapore: Institute of Southeast Asian Studies (ISEAS).

Cheong Mei Sui & Faridah Ibrahim eds., 1984, *Information Malaysia 1984 Year Book*, Kuala Lumpur: Berita Publishing Sdn. Bhd.

Chin Peng, 2003, *My Side of Story*, Singapore: Media Masters.

Choo Chin Law, 2017, *Report on Citizenship Law Malaysia and Singapore*, Global Citizenship Observatory (GLOBALCIT).

Comber, Leon, 2015, *Templer and the Rpad to Malayan Independence*: *The Man and His Time*, Sungapore: Institute of Southeast Asian Studies, ISEAS.

——, 2008, *Malaya's Secret Police 1945 – 1960*: *The Role of the Special Branch in the Malayan Emergency*, Monash University Publishing.

Crouch, Harold, 1996, *Government and Society in Malaysia*. Ithaca and London: Cornell University Press.

Department of Information, 1972, *Malaysia 1971 Official Year Book*, Kuala Lumpur: Malaysian Government.

Department of Statistics Malaysia, 2011, "Table 2.1: Total Population by Age Group, Sex, Ethnic Group and Stratum and State, Malaysia, 2010", in *Population Distribution and Basic Demographic Characteristics* 2010, Putrajaya: Department of Statistics Malaysia.

Departmentof Statistics, 2011, "Table 4.1: Total Population by ethnic Group, Religion, Sex and State, Malaysia, 2010", *Population Distribution and Basic Demographic Characteristics* 2010, Putrajaya: Department of Statistics Malaysia.

Emerson, Rupert, 1970, *Malaysia: A Study in Direct and Indirect Rule*, Kuala Lumpur: University of Malaya Press.

Enayat, Hamid, 2001, *Modern Islamic Political Thought*. Kuala Lumpur: Islamic Book trust.

Farish A Noor, 2004, *Islam embedded: The Historical Development of the Pan-Malaysian Islamic Party-PAS (1951 – 2003)*, Vol. 1, Kuala Lumpur: Malaysia Sociological Research Institute.

Faruqi, Shad Saleem, 2003, "Affirmative Action Policies and the Constitution", *Kajian Malaysia: Journal of Malaysian Studies*, Vol. 21, No. 1& 2.

Fell, H., J. M. N, 1957, *Population Census of the Federation of Malaya Report No. 14*, Kuala Lumpur: Departmant of Statistics.

Fernando, Joseph M., 2009, *The Alliance Road to Independence*, Kuala Lumpur: University of Malaya Press.

——, 2002, *The Making of the Malayan Constitution*, Kuala Lumpur: The Malayan Branch of the Royal Asiatic Society, JMBRAS.

Funston, John, 1980, *Malay Politics in Malaysia: A Study of UMNO and PAS*, Kuala Lumpur: Heineman Educational Books (Asia) Ltd.

Furnival, J. S. 1956, *Colonial policy and practice: a comparative study of Burma and Netherlands India*, New York: New York University Press.

Gomez, Edmund Terence and Jomo K. S., 1997, *Malaysia's Politi-*

cal Economy. Cambridge: Cambridge University Press.

Gomez, Edmund Terence, 2003, "Affirmative Action and Enterprise Development in Malaysia: The New Economic Policy, Business Partnerships and Inter-Ethnic Relations", *Kajian Malaysia: Journal of Malaysian Studies*, Vol. 21, No. 1& 2.

——, 2003, "Capital Development in Malaysia", in Jahara Yahaya, Tey Nai Peng, Yeoh Kok Kheng eds, *Sustaining Growth, Enhancing Distribution: The NEP and NDP Revisited*, Kuala Lumpur: Centre for Economic Development and Ethnic Relations, University of Malaya.

Gomez, Edmund Terence, 2004, "Tracing the Ethnic Divide: Race, Rights and Redistribution in Malaysia", in, Edmund Terence Gomez, Joanna Pfaff-Czarnecka etc., eds., *Ethnic Futures: The State and Identity Politics in Asia*, Petaling Jaya: Strategic Information Research Development.

Hale, Christopher, 2013, *Massacre in Malaya: Exposing Britian's MyLai*, UK: The History Press.

Harper, T. N., 1999, *The End of Empire and the Making of Malaysia*, Cambridge: Cambridge University Press.

Heng Pek Koon, 1988, *Chinese Politics in Malaysia: A History of Malaysian Chinese Association*, Singapore: Oxford University Press.

Hickling, R. H. 1991, *Essays in Malaysian Law.* Petaling Jaya: Pelanduk.

Hirschman, Charles, 1986, "The Making of Race in Colonial Malaya: Political Economy and Racial Ideology", *Sociological Fo-*

rum, Vol. 1, No. 2.

Hodgson, Marshall G. S., 1974, *The Venture of Islam: Conscience And History in A World Civilization*, Vol. 1, Chicago: University of Chicago Press.

Hooker, M. B. 1976, *The Personal Law of Malaysia*, Kuala Lumpur: Oxford University Press.

Horme, Gerald, 2004, *Race War: White Supremacy and the Japanese Attack on the British Empire*, New York University Press.

Hua, Wu Yin, 1983, *Class and Communalism in Malaysia: Politics in a Dependent Capitalist State*. London: Zed Book Ltd.

Hwang, In-Won. 2003, *Personalized Politics: The Malaysian State under Mahathir*. Singapore: ISEAS.

Ibrahim Abu Bakar, 1994, *Islamic Modernism in Malaya: The Life and Thought of Sayid Syekh al-Hadi 1867 – 1934*. Kuala Lumpur: University of Malaya Press.

Jawan, Jayum A., 2003, *Malaysian Politics & Government*, Shah Alam: Karisma Publications Sdn. Bhd.

Johns, A. H., 1993, "Political Authority in Islam: Some Reflections Relevant to Indonesia", in Anthony Reid ed. *The Making of an Islamic Political Discourse in Southeast Asia*. Victoria: Centre of Southeast Asian Studies, Monash University.

Kamarulnizam Abdullah, 2003, *The Politics of Islam in Contemporary Malaysia*, Bangi: Penerbit Universiti Kebangsaan Malaysia.

Khong Kim Hoong, 2003, *Merdeka: British Rule and the Struggle for Independence in Malaya 1945 – 1957*. Petaling Jaya: Strategic Information Research Development.

Khoo Kay Kim, 1991, *Malay Society: Transformation & Democratisation*, Kuala Lumpur: Pelanduk Publication.

Kivisto, Peter & Paul R. Croll, 2012, *Race and Ethnicity*, NY: Routledge.

Kratoska, Paul H. 1997, *The Japanese Occupation of Malaya 1941 – 1945*, London: C. Hurst & Co. Publishers Ltd.

Kua Kia Soong, 2007, *May 13: Declassified Documents on the Malaysian Riots of* 1969, Petaling Jaya: SUARAM Komunikasi.

Lebra, Joyce C., 2010, *Japanese Trained Armies in Southeast Asia*, Singapore: Institute of Southeast Asian Studies.

Lee Hwok Aun, 2003, "Development Politics, Affirmative Action and the New Politics in Malaysia", in Gomez, Edmund Terence, Stephens Robert, eds., *The State, Economic Development and Ethnic Co-Existence in Malaysia and New Zealand*. Kuala Lumpur: University of Malaya.

Liaw Yock Fang ed., 1976, *Undang-Undang Melaka. The Laws of Malacca*, The Hague: Nijhoff.

Lijphart, A. 1977, *Democracy in Plural Societies: A Comparative Exploration*, New Haven: Yale University Press.

M. Fazilah binti Abdul Samad, 2003, "Bumiputeras in Corporate Malaysia: Three Decades of Performance, *1970 – 2000*", in, Edmund Terence Gomez, Stephens, Robert, eds., *The State, Economic Development and Ethnic Co-Existence in Malaysia and New Zealand*. Kuala Lumpur: University of Malaya.

Mahathir bin Mohamad, 2011, *A Doctor in the House: The Memoirs of Tun Dr Mahathir Mohamad*, Kuala Lumpur: MPH Group Publishing Sdn. Bhd.

——, 1970, *The Malay Dilemma*. Singapore: Donald Moore.

Means, Gordon P., 1970, *Malaysian Politics*, London: University of London Press Ltd.

——, 1991, *Malaysia Politics: The Second Generation*, New York: Oxford University Press.

Milne, R. S. & Diane K. Mauzy, 1999, *Malaysian Politics under Mahathir*. London: Routledge.

Milner, Anthony, 1995, *The Invention of Politics in Colonial Malaya*, Cambridge: Cambridge University Press.

——, 2003, "Who Created Malaysia's Plural Society?", *Journal of the Malaysian Branch of the Royal Asiatic Society*, Vol. 76, Part 2.

——, 2011, *The Malays*, UK: Blackwell Publishing Ltd..

Mohamed Suffian, Tun, Lee, H. P. & Trindade, F. A., eds. 1978, *The Constitution of Malaysia; Its Development: 1957 – 1977*, Kuala Lumpur: Oxford University Press.

Mohd Rizal bin Mohd Yaakop, 2010, The British Legacy on the Development of Politics in Malaya", *International Journal for Historical Studies*, 2 (1).

Moussalli, Ahmad, 1999, *Moderate and Radical Islamic Fundamentalism: The Quest for Modernity, Legitimacy, and the Islamic State*. Gainesville, FL: University Press of Florida.

Moynahan, Brian, 2010, *Jungle Soldier: The True Story of Freddy Spencer Chapman*, UK: Quercus Publishing Plc.

Muhammad Kamil Awang, 1998, *The Sultan and the Constitution*,

Kuala Lumpur: Dewan Bahasa dan Pustaka.

Munro-Kua, Anne, 1996, *Authoritarian Populism in Malaysia*. London: Macmillan Press Ltd.

Nadhirah, Anis, 2007, *Tun Dr. Mahathir bin Mohamad*, Petaling Jaya: Nur-Ilmu Sdn. Bhd.

Nagaraj, Shyamala and Lee Kiong Hock, 2003, "Human Resource Development and Social Reengineering: Which Part of the Field Are we Levelling?", in Jahara Yahaya, Tey Nai Peng, Yeoh Kok Kheng eds., *Sustaining Growth, Enhancing Distribution: The NEP and NDP Revisited*.

Nair, Shanti, 1997, *Islam in Malaysia Foreign Policy*, London: Routledge.

Nonini, Donald M., 1992, *British Colonial Rule and the Resistance of the Malay Peasantry, 1900 – 1957*, New Haven, Connecticut: Yale University Southeast Asian Studies.

Norhashimah Mohd. Yasin, 1996, *Islamization/Malaynisation: A Study on The Role of Islamic Law in The Economic Development of Malaysia 1969 – 1993*, Kuala Lumpur: A. S. Noordeen.

Ong Hak Ching, 2000, *Chinese Politics in Malaya: 1942 – 1955: The Dynamics of British Policy*, Bangi: Penerbit Universiti Kebangsaan Malaysia.

Ongkili, P. James. 1985, *Nation-building in Malaysia: 1946 – 1974*. Singapore: Oxford University Press.

Pawancheek Maricen, 2004, "The Syariah/Civil Law Dicthotomy and Its Impact on the Malaysian Legal Syatem", *International Islamic University of Malaysia (IIUM) Law Journal*, Vol. 12,

No. 2, July-December.

Plamenatz, John, 1976, "Two Types of Nationalism", in Eugene Kamenka ed. , *Nationalism: The Nature and Evolution of an Idea*. New York: St. Martin's Press.

Purcell, Victor, 1960, *The Chinese in Modern Malaya*, Singapore: Eastern Universities Press.

——, 1967, *The Chinese in Malaya*, Kuala Lumpur: Oxford University Press.

Rais Yatim. 1995, *Freedom under Executive Power in Malaysia: A Study of Executive Supremacy*, Kuala Lumpur: Endowment Sdn. Bhd.

Ratnam, K. J. , 1965, *Communalism and the Political Process in Malaya*, Kuala Lumpur: University Malaya Press.

Reid, Anthony, 2004, "Understanding Melayu (Malay) as a Source of Diverse Modern Identities", in Timothy P. Barnard, *Contesting Malayness: Malay Identity Across Boundaries*, Singapore: Singapore University Press.

Rejai, Mostafa and Cynthia H. Enloe, 1969, "Nation-States and State Nations", *International Studies Quarterly*, Vol 13, No 2, Jun.

Riddell, Peter G. , 2001, *Islam and the Malay-Indonesian World: Transmission and Responses*, London: Hurst & Company.

Roff, William, 1974, *Kelantan: Religion Society And Politics In A Malay State*, Kuala Lumpur: Oxford University Press.

——, 1974, *The Origins of Malay Nationalism*, Kuala Lumpur: Penerbit University Malaya.

——, 1985, "Kaum Muda-Kaum Tua: Innovation and Reaction amongst the Malays, *1900 – 41*", in Ahmad Ibrahim, Sharon Siddique and Hussain, eds. *Reading on Islam in Southeast Asia.* Singapore: Institute of Southeast Asian Studies.

Rustam A. Sani, 2008, *Social Roots of the Malay Left*, Petaling Jaya: Strategic Information and Research Development Centre.

Safie bin Ibrahim, 1981, *The Islamic Party of Malaysia: Its Formative Stages and Ideology*, Kelantan: Nuawi bin Ismail.

Saw Swee Hock, 1988, The Population of Peninsular Malaysia, Singapore: Singapore University Press.

Scott Ross, Alice, 1990, *Tun Dato Sir Cheng Lock Tan: A Personal Profile*, Singapore: A. Scott-Ross.

Shaharuddin Maaruf, 2014, *Malay Ideas on Development: From Feudal Lord to Capitalist*, Strategic Information and Research Development Centre.

Shamsul, A. B., 2005, "Islam Embedded: 'Moderate' Political Islam and Governance in the Malay World", in K. S. Nathan & Mohammad Hashim Kamali eds, *Islam in Southeast Asia: Political, Social and Strategic Challenges for the 21st Century*, Singapore: Institute of Southeast Asia Studies (ISEAS).

——, 2004, "A History of an Identity, an Identity of a History: The Idea and Practice of 'Malayness' in Malaysia Reconsidered", in Timothy P. Barnard, *Contesting Malayness: Malay Identity Across Boundaries*, Singapore: Singapore University Press.

——, 1997, "Identity Construction, Nation Formation, and Islamic Revivalism in Malaysia", in Robert W. Hefner, Patricia Horvatich eds., *Islam in an Era of Nation-States: Politics and Religious*

Renewal in Muslim Southeast Asia, University of Hawai'i Press, 1997.

Shenna, Margaret, 2014, *Our Man in Malaya*, Singapore: Monsoon Books.

Shennan, Margaret, 2000, *Out in the Midday Sun: The British in Malaya 1880 – 1960*, London: John Murray.

Shome, Anthony S. K., 2002, *Malay Political Leadership*, London: Routledge Curzon.

Stockwell, A. J., 1979, *British Policy and Malay Politics during the Malayan Union Experiment: 1945 – 1948*, Kuala Lumpur: MBRAS.

Syed HusinAli, 2008, *Ethnic Relations in Malaysia: Harmony and Conflict*, Kuala Lumpur: Strategic Information and Research Development Centre.

Syed Muhd Khairudin Aljunied, 2015, *Radicals Resistance and Protest in Colonial Malaya*, Northern Illinois University Press.

Tan Chee Beng, 1988, *The Baba of Melaka: Culture and Identity of a Chinese Peranakan Community in Malaysia*, Kuala Lumpur: Pelanduk Publications.

Tan Cheng Lock, 1947, "Memorandum on the Future of Malaya", in Tan Cheng Lock, *Malayan Problems: From a Chinese Point of View*, Singapore: Tannsco.

Thio, Eunice, 1969, *British Policy in the Malay Peninsula, 1880 – 1910: Vol. 1, The Southern and Central States*, Kuala Lumpur: University of Malaya Press.

Thomson, Peter, 2013, *The Battle for Singapore: The True Story of* the Greatest Catastrophe of World War 2), Piatkus.

Tunku Abdul Rahman Putra al-Haj, 1977a, "Alliance Tussle over Election and a Walkout", in Tunku Abdul RahmanPutra al-Haj, *Looking Back: Monday Musings and Memories*, Kuala Lumpur: Pustaka Antara.

——, 1977b, "Alliance Wins the First Round in Elections Shouts of Medeka Fill the Air", in Tunku Abdul Rahman Putra Al-Haj, *Looking Back: Monday Musings and Memories*.

——, 1977c, "Formation of Malaysia: The Trend Towards Merger Cannot be Reversed", in Tunku Abdul Rahman Putra Al-Haj, *Looking Back: Monday Musings and Memories*.

——, 1977d, "Tan Siew Sin's Historic Decision: Why He Became a Staunch Leader of the Alliance", in Tunku Abdul Rahman Putra Al-Haj, *Looking Back: Monday Musings and Memories*.

——, 1977e, "The Final Break: No Choice but to Go Our Separate Ways", in Tunku Abdul Rahman Putra, *Looking Back: Monday Musings and Memories*.

——, 1977f, "The King and I: Malaysians are Better Served with Rulers-A Unique System in Operation Here", in Tunku Abdul Rahman Putra al-Haj, *Looking Back: Monday Musings and Memories*.

——, 1977g, *Looking Back: Monday Musings and Memories*, Kuala Lumpur: Pustaka Antara.

——, 1978, *Viewpoint*, Kuala Lumpur: Heinemann Educational Books (Asia) LTD.

——, 1981, "The Path to Independence", in Tunku Abdul Rahman Putra Al-Haj, *As a Matter of Interest*, Kuala Lumpur: Heinemann Asia.

——, 1986, "Role of Religion in Nation Building", in Tunku Abdul Rahman Putra Al-Haj, Tan Chee Khoon eds. *Contemporary Issues on Malaysia Religious*, Kuala Lumpur: Pelanduk Publication.

——, 2007a, "A New Constitution: Speech in the Federal Legislative Council on July 10, 1957", in Tunku Abdul Rahman Putra Al-Haj, *Malaysia: The Road to independence*, Kuala Lumpur: Pelanduk Publication.

——, 2007b, "Malay Special Rights: Speech Over Radio Malaya, April 22, 1956", in Tunku Abdul Rahman Putra Al-Haj, *Malaysia: The Road to Independence*, Subang Jaya, Malaysia: Pelanduk Publication.

——, 2007c, *Challenging Time*, Subang Jaya, Malaysia: Pelanduk Publication Sdn. Bhd.

——, 2007d, *Political Awakening*, Subang Jaya, Malaysia: Pelanduk Publication Sdn. Bhd.

Vasil, R. K. 1980, *Ethnic Politics in Malaysia*, New Dehli: Radiant Publishers.

Verma, Vidhu, 2004, *Malaysia: State and Civil Society in Transition*, Petaling Jaya: Strategic Information Research Development.

Vlieland, C. A. 1932, *British Malaya: A Report on the 1931 Census and in on Certain Problems of Vital Statistics*, London: Waterlow & Sons.

Wan Arfah Hamzah and Ramy Bulan, 2003, *An Introduction to The*

Malaysian Legal Syatem. Shah Alam: Penerbit Fajar Bakti Sdn. Bhd.

Wan Hashim, 1983, *Race Relation in Malaysia*, Kuala Lumpur: Heinemann Educational Books (Asia) Ltd.

Winstedt, Richard, 1961, *The Malay: A Cultural History*. London: Routledge & Kegan Paul Ltd.

Wu Min Aun, 1999, *The Malaysian Legal System*, Kuala Lumpur: Addison Wesley Longman Malaysia Sdn. Bhd.

Yegar, Moshe, 1979, *Islam and Islamic Institutions in British Malaya: Policies and Implementation*. Jerusalem: The Magnes Press.

Yoji, Akashi & Yoshimura Mako eds., 2008, *New Perspectives on the Japanese Occupation in Malaya and Singapore, 1941 – 1945*, Singapore University Press.

Yong, C. F. and Mckenna, R. B., 1990, *The Kuomintang Movement in British Malaya*, Singapore: Singapore University Press.

英文报章和网络文献

Winstedt, Sir Richrad, "The Birth and Death of the Malayan Union", *The Straits Times*, July 1, 1949.

Lim, Ida, "Why 'Islam' is on Malaysian Muslims' identity cards", Jan 20, 2020, *Malay Mail*, https://www.malaymail.com/news/malaysia/2020/01/28/why-islam-is-on-malaysian-muslims-identity-cards/1831992, accessed: February 25, 2020.

Tan, Nathaniel, "We need a maximum ratio for constituency size", March 13, *Malaysiakini*, https://www.malaysiakini.com/columns/415462, accessed December 2, 2019.

Abraham, Collin, "Khoo Khay Kim's comments highly impressionistic", *Malaysiakini*, November 27, 2006, http://www.malaysiakini.com/letters/60149, accessed December 1, 2017.

A. M. Raj, "The Indian-Muslim opportunists in Umno", *Malaysiakini*, Nov 21, 2007, http://www.malaysiakini.com/letters/75098, accessed December 5, 2019.

"MPs back Bangsa Malaysia concept", *Malaysiakini*, November 6, 2006, http://www.malaysiakini.com/news/59130, accessed December 1, 2018.

"Johor MB intimidating minorities", *Malaysiakini*, November 7, 2006, http://www.malaysiakini.com/letters/59180, accessed December 1, 2018;

Beh Li Yi, "Gov't Bumi Share Ownership at 36.6%", *Malaysiakini*, Nov 7, 2006, http://www.malaysiakini.com/news/59162, accessed May 1, 2008.

"The Mutilation of Malaya Letter", *Malaya Tribune*, 26 April 1946.

"Annexation", *The Straits Times*, April 27, 1946.

英文档案文献

Federation of Malaya Constitutional Commission, *Report of the Federation of Malaya Constitutional Commission* 1957, *Colonial* 330, London: HMSO, 1957.

"Minutes at Kuala Lumpur, Wednesday, May 7, 1952 at 10am", *Federation of Malaya Official Report of the Proceedings of the Legis-*

lative Council, *Fifth Session*, *February*, 1952 *to February*, 1953, The Government of the Federation of Malaya, 1953.

"Constitution of the State of Terengganu", in *Constitution of the states of Malaysia*, Kuala Lumpur: International law book Services, ILBS, 1998.

"Laws of the constitution of Johore", in *Constitution of the states of Malaysia*, 1998.

马来文参考文献

Ab. Aziz Mohd. Zin. ed, 2006, *Dakwah Islam di Malaysia*, Kuala Lumpur: Akademi Pengajian Islam Universiti Malaya.

Abdul Aziz Bari, 2006a, *Majlis Raja-raja: Keduidukan dan Peranan dalam Perlembagaan Malaysia*. Kuala Lumpur: Dewan Bahasa dan Pustaka.

——, 2006b, *Politik Perlembagaan: Suatu Perbingcangan Tentang Isu-isu Semasa dari Sudut Perlembagaan dan Undang-undang*, Kuala Lumpur: Institut Kajian Dasar, IKD.

——, 2005, *Islam dalam Perlembangaan Malaysia*, Petaling Jaya: Intel Multimedia and Publication.

Abdul Kadir bin Hj. Muhammad. 1996, *Sejarah Penulisan Hukum Islam di Malaysia*, Kuala Lumpur: Dewan bahasa dan Pustaka.

Abdul Rahman Haji Abdullah, 1998, *Pemikiran Islam di Malaysia*, Kuala Lumpur: Dewan Bahasa dan Pustaka dan Pusat Pendidikan Jarak Jauh.

Abu Bakar Hamzah eds., 1992, *Takhta Kekal di Tangan*

Rakya. Kuala Lumpur: Media Cendiakawan Sdn. Bhd.

Abu Talib Ahamd, 2005, "Zaman Pra-Melaka/Pra Islam dan Identiti Politik Melayu", in Abdul Rahman Haji Ismail ed. *Malaysia: Sejarah Kenegaraan dan Politik*, Ampang, Selangor: Dawama Sdn. Bhd.

Ahmad Mustapha Hassan, 2007, *The Unmaking of Malaysia: Insider's Reminiscences of UMNO, Razak and Mahathir*, Petaling Jaya: Strategic Information and Research Development Centre.

Ariffin Omar, 2005, "Dari Malayan Union ke 13 Mei", in Abdul Rahman Haji Ismail ed., *Malaysia: Sejarah Kenegaraan dan Politik*, Ampang, Selangor: Dawama Sdn. Bhd.

Azlan Shah, Tan Seri Raja Sultan, 1992, "Ucapan di Majlis Konvokesyen Universiti Sains Malaysia. Pulau Pinang", in Abu Bakar Hamzah eds., *Takhta Kekal di Tangan Rakya*. Kuala Lumpur: Media Cendiakawan Sdn. Bhd.

Haji Buyong Adil, 1981, *Sejarah Negeri Sembilan*. Kuala Lumpur: Dewan Bahasa Dan Pustaka.

Hamid Josh, 1995, "Pemakaian undang-undang Islam Kini dan Masa Depannya di Malaysia", in Ahmad Ibrahim ed, . *Al-Ahkam Jilid 1: Undnag-undang Malaysia Kini*. Kuala Lumpur: Dewan Bahasa Dan Pustaka.

Ho Hui Ling, 2004, *Darurat 1948 – 1960: Keadaan Sosial di Tanah Melayu*, Kuala Lumpur: Penerbit Universiti Malaya, 2004.

Ismail Noor dan Muhammad Azaham, 2000, *Takkan Melayu Hilang di Dunia*, Kuala Lumpur: Pelanduk Publication.

Jamaie Hamil, 2004, *UMNO dalam Politik dan Perniagaan Mel-*

ayu, Bangi: Penerbit Universiti Kebangsaan Malaysia.

Leong Yee Fang, 2005, "Zaman Penjajahan dan Munculnya Susunan Politik Baharu di Tanah Melayu", in Abdul Rahman Haji Ismail ed, *Malaysia: Sejarah Kenegaraan dan Politik.* Ampang, Selangor: Dawama Sdn. Bhd.

Lian, C. 1995, *Fakta Bersepadu Sejarah Malaysia Tingkatan* 4 *dan* 5, Kuala Lumpur: Sistem.

Mahathir Mohamed, 1997a, "Hapuskan Politik Wang: Ucapan di Perhimpunan Agung Khas UMNO, Jun 19, 1994", in Wan Mohd. Mahyiddin & Hj. Nik Mustaffa Yussof eds, *Amanat Presiden vol.* 2, Kuala Lumpur: Fajar Bakti.

——, 1997b, "UMNO Pembawa Perubah: Ucapan di Perhimpunan Agung UMNO, November 5, 1993", in Wan Mohd. Mahyiddin & Hj. Nik Mustaffa Yussof eds, *Amanat Presiden*.

Mahayudin Haji Yahaya, 1998, *Islam Di Alam Melayu*, Kuala Lumpur: Dewan Bahasa Dan Pustaka.

——, 1999, *Tamadun Islam*, Shah Alam: Penerbit Fajar Bakti Sdn. Bhd.

Mahmood Zuhdi Ab. Majid, 2001, *Bidang Kuasa Jenayah Mahkamah Syariah di Malaysia*, Kuala Lumpur: Dewan Bahasa dan Pustaka.

——, 1997, *Pengantar Undang-undang Islam Di Malaysia*, Kuala Lumpur: Penerbit Universiti Malaya.

Mohammad Redzuan Othman, 2005, *Islam dan Masyarakat Melayu: Peranan dan Pengaruh Timur Tengah*, Kuala Lumpur: Penerbit Universiti Malaya.

Mohd. Ashraf Ibrahim, 2004, *Gagasan Bangsa Malayan yang Bersatu: 1945 – 1957*, Bangi: Universiti Kebangsaan Malaysia.

Mohd. Zain, Hj. bin Hj. Serudin, 1998, *Melayu Islam Beraja: Suatu Pendekatan*, Brunei: Kementerian Kebudayaan, Belia dan Sukan.

Muzaffar, Hj. Dato' Hj. Mohamad dan Tun Suzana Hj. Othman, eds., 2003, *Suatu Menifesto Melayu: Melayu Islam Beraja; Menggali Hakikat Leluhur*, Kuala Lumpur: Pustaka BSM Enterprise.

Nakhaie Haji Ahmad, 1995, "Sejarah Kelahiran Harakah di Tanah Air", in 36 *Tahun PAS Menti Liku Perjuangan*, Kuala Lumpur: Lajnah Penerangan dan Penyelidikan PAS Pusat.

Nasharudin Mat Isa, 2001, 50 *Tahun Mempelopori Perubahan: Menyingkap Kembali Perjuangan PAS 50 Tahun*. Kuala Lumpur: Pernerbitan Ahnaf.

Onn bin Ja'afar, Dato', 1997, "Bercakap Tentang Kemerdekaan Terlalu Mudah (1947)", in Wan Mohd. Mahyiddin & Hj. Nik Mustaffa Yussof eds., *Amanat Presiden*, Kuala Lumpur: Fajar Bakti, Jilid 1.

Ramlah Adam, 2003, *Burhanuddin Al-Helmy: Suatu Kemelut Politik*, Kuala Lumpur: Dewan Bahasa dan Pustaka.

——, 2005, *Dato' Onn Ja'afar: Pengasas Kemerdekaan*, Kuala Lumpur: Dewan Bahasa dan Pustaka.

——, 2009, *Biografi Politik Tunku Abdul Rahman Putra*, Kuala Lumpur: Dewan Bahasa dan Pustaka.

Ruslan Zainuddin, 2006, "Pelembagaan Malaysia dan Hubungan

Etnik: Proses Penggubalan dan Pelaksaan", in Zaid Ahmad; Ho, Hui Ling; Gill, Sarjit Singh etc. eds. , *Hubungan Etnik di Malaysia*, Shah Alam: Okford Fajar Sdn. Bhd, 2006.

Rustam A. Sani, 2004, *Ke Mana Nasionlisme Melayu*, Kuala Lumpur: R Publishing Services.

Ruzian Markom, 2003, *Apa Itu Undang-undang Islam.* Bentong, Pahang: PTS Publications & Distributor Sdn. Bhd.

Tun Abdul Razak, 1997, "Tekad Order Baru: Ucapan di Perhimpunan Khas Pemimpin-pemimpin UMNO, Dewan Bahasa dan Pustaka, Kuala Lumpur, September, 22, 1970", in Wan Mohd. Mahyiddin & Hj. Nik Mustaffa Yussof eds, *Amanat Presiden.* Vol. 2, Kuala Lumpur: Fajar Bakti.

——, "Dasar Ekonomi Baru: Siaran Akhbar, May 27, 1971", in *One Nation, One Vision-Malaysia*, Kuala Lumpur: Permodalan Nasional Berhad.

Tunku Abdul Rahman Putra Al-Haj, 1997a, "Persetujuan Mengenai Perlembagaan Negara: Ucapan di Persidangan Agung Khas UMNO di Dewan Ibu Pejabat UMNO, Kuala Lumpur pada 28 Mac 1957", in Wan Mohd. Mahyiddin & Hj. Nik Mustaffa Yussof, *Amanat Presiden*, Kuala Lumpur: Fajar Bakti.

——, 1997b, "Hapuskan Perasaan Curiga", Ucapan di Majlis Mesyuarat Agung UMNO di Dewan UMNO Pulau Pinang pada 16 dan 17 Oktober, 1954. ", in Wan Mohd. Mahyiddin & Hj. Nik Mustaffa Yussof, *Amanat Presiden*.

——, 1997c, "Jawatan yang Ditakdirkan: Ucapan di Majlis Menyuarat Agung UMNO pada 25 Ogos 1951", in Wan Mohd. Mahyiddin & Hj. Nik Mustaffa Yussof eds, *Amanat Presiden*.

——, 1997d, "Menentukan Nasib dan Corak Dasar Kita: Ucapan di Perhimpunan Agung di Dewan Ibu Pejabat UMNO Kuala Lumpur pada 29 dan 30 Jun, 1957," in Wan Mohd. Mahyiddin & Hj. Nik Mustaffa Yussof, *Amanat Presiden*.

——, 1997e, "Menghebahkan Kemerdekaan: Ucapan di Majlis Mesyuarat Agong UMNO di Hotel Majestic, Kuala Lumpur pada 29 dan 30 Mac 1952", in Wan Mohd. Mahyiddin & Hj. Nik Mustaffa Yussof, *Amanat Presiden*.

——, 1997f, "Tahap Kedua Perjuangan: Ucapan di Perhimpunan Agung Khas di Dewan Ibu Pejabat UMNO Kuala Lumpur pada 9 Februari, 1959", in Wan Mohd. Mahyiddin & Hj. Nik Mustaffa Yussof, *Amanat Presiden*.

——, 1997g, "Persidangan Antara Semua Bangsa: Ucapan di Majlis Agung UMNO di Melaka pada 4 dan 5 April 1953", in Wan Mohd. Mahyiddin & Hj. Nik Mustaffa Yussof, *Amanat Presiden*.

——, 1997h, "Agenda Negara yang Merdeka: Ucapan di Perhimpunan Agung UMNO di Dewan Ibu Pejabat UMNO Kuala Lumpur pada 7 dan 8 Jun 1958", in Wan Mohd. Mahyiddin & Hj. Nik Mustaffa Yussof, *Amanat Presiden*.

——, 1997i, "Anak yang Perlu Ditatang: Ucapan di Perhimpunan Agung UMNO di Dewan Bahasa dan Pustaka Kuala Lumpur pada 6 September, 1964", in Wan Mohd. Mahyiddin & Hj. Nik Mustaffa Yussof, *Amanat Presiden*.

——, 1997j, "Berjuang Menyelamatkan Bangsa dan Negara: Ucapan di Majlis Mesyuarat Agong UMNO di Alor Setar, Kedah, pada 12 dan 13 September, 1953", in Wan Mohd. Mahyiddin & Hj. Nik Mustaffa Yussof, *Amanat Presiden*.

——, 1997k, "Menentang Sebarang Penindasan, Ucapan di Perhimpunan Agung UMNO di Panggung Wayang Capital Melaka pada 6 dan 7 Mei, 1962", in Wan Mohd. Mahyiddin & Hj. Nik Mustaffa Yussof, *Amanat Presiden*.

——, 1997l, "Perjalanan Perlu Diperbaiki: Ucapan di Majlis Mesyuarat Agong UMNO di Butterworth Pulau Pinang pada 14 dan 15 September 1952", in Wan Mohd. Mahyiddin & Hj. Nik Mustaffa Yussof, *Amanat Presiden*.

——, 1997m, "Usaha Mengukuhkan Parti: Ucapan di Perhimpunan Agung UMNO di Dewan Bahasa dan Pustaka Kuala Lumpur pada 23 dan 24 Ogos, 1962", in Wan Mohd. Mahyiddin & Hj. Nik Mustaffa Yussof, *Amanat Presiden*.

Wan Hashim Wan Teh, 1993, "UMNO dan Bangsa Melayu: Sejarah Silam dan Cabaran Mutakhir", in Wan Hashim Wan Teh eds.. *UMNO: Dalam Arus Perdana Politik Kebangsaan*. Kuala Lumpur: Mahir Publication Sdn. Bhd.

马来文报章文献

"UITM Terbaik walau Hanya Bumiputera", *Utusan Malaysia*, August 16, 2008, A5.

后　　记

　　马来西亚位于国际交通要道，自古以来就是人文荟萃之地，千百年来，不同的文化和族群都在这里落地生根，人类的四大宗教文明即伊斯兰教、佛教、印度教、和基督教文明，都在这里落地生根，来自南洋各地的马来人，来自南亚的印度人，以及来自南方的中国人，都在这里披荆斩棘，最终成为国家独立时期的三大族群，创造出属于他们的传奇故事，也为马来西亚留下丰厚宝贵的人文资产。

　　我生在马来西亚，从小就沐浴在这个多元族群，多元文化社会的氛围，享受它的阳光和雨露。马来西亚建国已逾半世纪，不同文化的族群在这里共同生活了好几个世代，也早已建立了一定程度的国民共识。我们彼此之间，偶而也许会感受到一些族群间的偏见和矛盾，我以为这种不同族群，不同文明的磨擦与碰撞，大多因为我们彼此之间相互了解不足，或缺乏相互谅解，相互关怀的同理心。除此之外，马来西亚的族群政党政治，以及国家体制对族群差别待遇的制度化，某种程度也减缓了马来西亚国族的整合。

　　究其实，国族主义建构的主要条件，应是国内所有国民，不分族群和文化，都融合在一个共同的体制之下，并享受平等、公正的国民待遇，国家纵然对特定的族群有所偏袒，也应以扶持少数的弱势群体为前提。如果一个国家过度强调某个族群的领导主权，或不断强调不同族群的差别待遇，国家可能会陷入族群待遇和国民待遇之间，无休止的矛盾和竞争，终究不利于族群的团结与整合。有鉴于此，本书透过整理马来西亚多元族群社会的形成过程及其影响，从中梳理马来民族主义的发展和马来西亚的建国之路，来反思以上的种种问题，并期许为马来西亚的未来建设与规划，提出一些可以思考的方向。

这本书应是中文学界近年来第一本深入探讨马来民族主义和马来西亚建国的著作。江山代有人才出，近年来中国国内越来越多年青有为的学者投入更多的时间和心力来从事东南亚课题的研究，范围早已跨越传统的海外华人研究，假以时日，我深信中国新一代的学者会有更丰盛的研究成果。因此我诚心希望此书的出版，可以起抛砖引玉之效，吸引更多优秀的学者投入相关的研究。诚然，本书内容庞杂，难免有不够周全，也或有一些错误和疏漏之处，以上文责仍归于笔者，在此也希望各界不吝给予批评和指教，以期待未来能够有更多改进的机会。

这本书的内容主要来自我博士论文的部分篇章，加上近 10 年来在中国和马来西亚各学术期刊所发表的论文，以及一些专书和研讨会论文所整理并加以改写而成。我自 2006 年在马来西亚新纪元大学学院出版了第一本个人学术专书后，期间虽多次出版单篇的期刊或专书论文，但要等到 15 年之后的今天，才有机会在中国社会科学院下属的中国社会科学出版社出版第二本个人学术专书，对于这个难得的际遇和肯定，我感到十分荣幸。

这本书得以付梓出版，首先必须要深切地感谢厦门大学南洋研究院范宏伟教授和院内许多学术前辈和老师们的支持和推荐，其次要诚挚地感谢中国社会科学出版社宋燕鹏教授的耐心协调和细心编辑，再来要诚恳地感谢各位审查委员们，如果没有您们的协助和支持，所有这一切都不可能发生。

这本书的完成，可以说是我2009年博士毕业12年来，一个学术生涯阶段性的总结。学术研究之路是艰苦的，但吾道不孤。我虽专注研究马来西亚的课题，在这段期间我仍然很荣幸地被多次邀请访问中国，深受中国国内各位学者专者们的厚爱与照顾。在此我要特别感谢厦门大学国际关系学院和南洋研究院院长李一平教授、南洋研究院王付兵教授、张淼教授、衣远教授和其他老师们；同时我也要感谢中国社会科学院世界历史研究所所长汪朝光教授、中国社会科学院亚太与全球战略研究院许利平教授、北京大学历史学系吴小安教授、中国华侨华人研究所张秀明教授、华侨大学钟大荣教授、广西民族大学东盟学院葛红亮教授和陈丙先教授等的学术先辈和专家们，他们都曾经提供我难能可贵的演讲机会，让我可以在上述学校和单位向众多的学者专家们以及同学们分享研究成果，交换心得，这些分享和交流的过程，每每让我获益良多，感佩于心。

回想1996年的秋天，我修过新北市淡江大学历史系黄建淳教授的一门东南亚历史课，让我有了进一步读硕士的想法。在淡江大学读硕士班期间，又深受新加坡大学退休教授麦留芳教授的启发，开始关注和研究马来人和伊斯兰的政治发展。后来我的硕士论文导师林长宽教授，博士论文导师陈鸿瑜教授和周阳山教授，都先后给了我很多的指点和协助，最后就踏上了学术研究这条不归路。在此我也要感谢马来西亚拉曼大学的老师和同仁们，在我从2012年加入拉曼大学中华研究院的团队以来，拉曼大学中华研究院就一直给予我学术研究上的各种便利和支持，在这里，老师和同学们相濡以沫，相互扶持，不断克服各种困难和挑战，让我在处理繁重的行政、教学和研究工作之余，还可以完成指导3位博士和7位硕士生。对于这些小小的成就，我也要诚恳地感谢前院长何启良教授，现任院长张晓威教授以及院内各位老师和同事们的鼎力支持和鼓励。

最后，我要感谢我父亲陈少安，母亲李素梅，姐姐陈晓芙、陈晓蓉和弟弟陈中兴长期对我的包容和支持，我三位活泼、可爱的侄女陈怡均、陈怡如和陈怡惠，您们给了我很多的欢笑和鼓励，希望您们可以快乐、健康、平安地成长，做个有贡献的人。您们是我们这一代人的希望，感恩有您们，让我可以继续前进。在这个纷扰喧嚣的年代，但愿岁月静好，现世安稳，足矣。

陈中和（Chin Chong Foh）
马来西亚拉曼大学中华研究院
Institute of Chinese Studies, Universiti Tunku Abdul Rahman, UTAR, Malaysia
2021年2月21日